情报与反情报丛书

情报欺骗

反欺骗与反情报

[美] 罗伯特·克拉克（Robert M. Clark） [丹] 威廉·米切尔（William L. Mitchell）／著
孟　林／译

Deception

Counterdeception and Counterintelligence

金城出版社
GOLD WALL PRESS
·北京·

图书在版编目（CIP）数据

情报欺骗：反欺骗与反情报 /（美）罗伯特 · 克拉克（Robert M. Clark），（丹）威廉 · 米切尔（William L. Mitchell）著；孟林译 .—北京：金城出版社有限公司，2022.3
（情报与反情报丛书 / 朱策英主编 . 第二辑）
书名原文：Deception: Counterdeception and Counterintelligence
ISBN 978-7-5155-2075-9

Ⅰ. ①情… Ⅱ. ①罗… ②威… ③孟… Ⅲ. ①军事情报—研究 Ⅳ. ① E87

中国版本图书馆 CIP 数据核字（2020）第 210943 号

情报欺骗：反欺骗与反情报
QINGBAO QIPIAN FANQIPIAN YU FANQINGBAO

作　　者 [美] 罗伯特 · 克拉克　[丹] 威廉 · 米切尔
译　　者 孟　林
策划编辑 朱策英
责任编辑 李晓凌
责任校对 李凯丽
责任印制 李仕杰
开　　本 700毫米 × 960毫米　1/16
印　　张 23.75
字　　数 341千字
版　　次 2022年3月第1版
印　　次 2022年3月第1次印刷
印　　刷 天津旭丰源印刷有限公司
书　　号 ISBN 978-7-5155-2075-9
定　　价 108.00元

出版发行 **金城出版社有限公司** 北京市朝阳区利泽东二路3号　邮编：100102
发 行 部 (010) 84254364
编 辑 部 (010) 64271423
交流邮箱 gwpbooks@yahoo.com
总 编 室 (010) 64228516
网　　址 http://www.jccb.com.cn
电子邮箱 jinchengchuban@163.com
法律顾问 北京市安理律师事务所　(电话)18911105819

目录

前　言　001

第一部分　欺骗和反欺骗的基本原理

第1章　基本要素　007

一、欺骗为何重要　011

二、定义　015

三、目标　021

四、基本原理　028

五、行动和情报的作用　041

第2章　方法论　044

一、OODA 循环　046

二、OODA 循环的三个视角　048

三、策划欺骗：逆向 OODA 循环　053

四、执行欺骗：正向 OODA 循环　057

第 3 章　结果想定　063

一、结果想定：PMESII 的六个方面　064

二、政治　066

三、军事　068

四、经济　070

五、社会　072

六、信息　074

七、基础设施　078

第 4 章　明确目标　080

一、个体决策建模　080

二、集体决策建模　088

三、文化建模　095

第 5 章　构建故事　108

一、好故事的要素　108

二、好故事的特点　109

三、影响力网络　119

第 6 章　开发和利用渠道　122

一、了解渠道　123

二、传感器绘图　125

三、描述渠道　129

四、开发渠道　138

第 7 章 **传统情报渠道** **142**
一、开源情报 144
二、通信情报 148
三、人力情报 153
四、图像情报 160
五、技术搜集 163

第 8 章 **网络空间渠道** **168**
一、网络空间中的欺骗 169
二、基于网站的欺骗 170
三、基于网站的计算机网络利用和攻击 176
四、离线计算机和内联网 188
五、网络欺骗 194

第 9 章 **策划和执行欺骗** **198**
一、验证决策和行动模型：红队分析 198
二、验证不利结果：备选分析 200
三、规避 204
四、执行过程概述 206
五、达成突然性 208
六、在敌方 OODA 循环内运行 212
七、重视细节和时机 217
八、管理不断变化的想定 220

第10章 **准备反欺骗** **223**
一、评估弱点 224

二、评估威胁 233

第11章 **识别欺骗** **237**
一、通过渠道管理侦测欺骗 237
二、评估来源 241
三、评估渠道 253
四、评估证据 256

第二部分 练 习

第12章 **传感器绘图和渠道跟踪练习** **263**
一、传感器绘图练习 263
二、渠道管理练习：布设欺骗 274

第13章 **普通欺骗策划练习** **280**
一、练习 1：破坏贸易谈判 281
二、练习 2：保护贩毒集团的运输活动 283
三、练习 3：破坏福尔多铀浓缩设施 289
四、练习 4：反制以色列破坏福尔多设施的努力 297
五、练习 5：支持非战斗人员撤离 300
六、练习 6：破坏“博科圣地”的行动 308

第14章 **军事欺骗策划练习** **315**
一、军事欺骗行动构想的示范练习：“推土机行动” 316
二、练习 1：“熄灯行动” 321
三、练习 2：“浮木行动” 327

四、练习 3："打烊时间行动" 335

第15章 欺骗侦测练习 339

一、练习 1：疑谷 339

二、练习 2：悠太的"幽灵"号 345

免责声明 351

致 谢 352

作者简介 353

参考文献 355

英汉人名对照 359

英汉术语对照 361

图表目录

图 1-1　欺骗和突然性对伤亡的影响　012
图 1-2　突然程度对冲突结果的影响　013
图 1-3　描述功能重叠情况的文氏图　043
图 2-1　约翰 · 博伊德的 OODA 循环　047
图 2-2　你方的 OODA 循环　049
图 2-3　敌方的 OODA 循环　051
图 2-4　敌方如何看待你方的 OODA 循环　052
图 2-5　加入明确结果后的 OODA 循环　052
图 2-6　策划欺骗行动　054
图 2-7　执行欺骗　058
表 4-1　低权力距离社会与高权力距离社会的差异　099
表 4-2　个人主义社会与集体主义社会的差异　100
表 4-3　弱不确定性规避社会与强不确定性规避社会的差异　101
表 4-4　女性气质社会与男性气质社会的差异　103
表 4-5　短期导向社会与长期导向社会的差异　105
表 4-6　放纵社会与克制社会的差异　106
图 5-1　“水银行动”的影响力网络　121
图 6-1　敌方传感器绘图　126
表 6-1　关于图 6-2“伊斯兰国”的“黑匣子”式汇总表　134
表 6-2　6 × 6 式情报源评估与评级图式　136

图 6-2 “伊斯兰国”的“黑匣子”式模型 137
图 6-3 “水银行动”的分支点想定 141
图 9-1 识别渠道 207
表 9-1 巴顿 · 惠利的 5 种突然性模式 208
图 9-2 管理欺骗的执行活动 211
图 9-3 同步欺骗的执行活动 211
图 11-1 用于侦测欺骗的渠道管理活动 238
图 11-2 侦测欺骗 238
图 12-1 罗伯茨家族行动区域 264
表 12-1 罗伯茨家族汇总表 265
图 12-2 关于罗伯茨家族传感器和情报源的目标网络模型 266
表 12-2 “红方第 5 营”情报汇总表 268
表 12-3 “地狱十字架摩托车黑帮”情报汇总表 270
表 12-4 “人民党民兵联队”情报汇总表 272
图 12-3 渠道跟踪方法 275
表 12-5 “选择港口”欺骗行动的渠道跟踪表 277
表 12-6 “班吉备选路线”欺骗行动的渠道跟踪表 279
图 13-1 的黎波里控制区和提议撤离路线 301
图 13-2 “博科圣地”在尼日利亚的活动区域 310
图 14-1 扎加威里的传感器绘图 317
图 14-2 扎加威里的渠道跟踪图 317
图 14-3 军事欺骗行动构想可视图 319
图 14-4 2017 年 5 月态势图 322
表 14-1 北方反政府自卫军第 1 机动步枪师 324
表 14-2 暴君国机动地面部队 325

表 14-3 暴君国两栖部队 325
图 14-5 北方反政府自卫军的传感器绘图 328
图 14-6 帕斯顿态势图 329
表 14-4 帕斯顿武装部队第 1 预备装甲师 331
表 14-5 帕斯顿海岸警卫队 331
表 14-6 尼伯利亚皇家武装部队机动地面部队 332
表 14-7 尼伯利亚皇家海军两栖部队 332
表 14-8 尼伯利亚皇家武装部队空中突击部队 332
图 14-7 帕斯顿的传感器绘图 334
图 14-8 绿区态势图 336
图 14-9 绿区叛乱分子的传感器绘图 337
图 15-1 红蓝两国态势图 340
表 15-1 红蓝两国渠道跟踪表 341
图 15-2 悠太“幽灵”号态势图 346
表 15-2 悠太“幽灵”渠道跟踪表 347

文本框目录

电影《骗中骗》 007
针对爱尔兰共和军的“侵占骗局” 027
营造习惯性：赎罪日战争 030
伊拉克大规模杀伤性武器项目 033
印度核试验 038
“肉糜行动” 054
“刚毅行动” 058
古巴导弹危机 066
在科索沃的战术防御性欺骗行动 069
1972 年苏联小麦欺骗事件 071
“黑色回旋镖行动” 073
保护“超级”的欺骗行动 075
“再会”档案 078
埃塞俄比亚战争中的欺骗行动 083
“沙漠风暴行动” 093
二战期间针对日本的欺骗行动 102
“阿戈尔行动” 112
“亚速尔岛人计划” 114
德国重新武装 117
“活页文件夹”欺骗行动 126

保护埃姆斯和汉森 130
GRAB 卫星 145
再谈“黑色回旋镖行动” 146
“大刀行动” 149
针对爱尔兰共和军的“监狱骗局” 157
叙利亚的其巴欺骗行动 161
“未来” 180
“杜齐”、“火焰”和“高斯” 185
“杜齐 2 号” 187
“震网” 190
“索龙计划” 193
1955 年莫斯科航展 201
生化武器欺骗行动 202
拉布塔、泰尔胡奈的欺骗和反欺骗行动 213
再谈“阿尔戈行动” 218
再谈“肉糜行动” 221
技术欺骗：“白色冰屋” 226
再谈古巴导弹危机 229
再谈“活页文件夹”欺骗行动 234
拉布塔反欺骗行动 239
关于伊拉克大规模杀伤性武器的错误预测 247
三谈“肉糜行动” 255
莫斯科航展：评估证据 259

前　言

兵者，诡道也。

——孙武

本书主题是欺骗（deception），确切地说，就是认为欺骗是一种能够在冲突中获得优势的手段。因此，我们将阐释并讨论在各级政府活动和非政府活动中，开展欺骗时的各种原理和实践活动，重点讨论在支持军事行动、国家安全和执法等的过程中，开展欺骗时的原理和实践活动。

本书虽然主题是欺骗，但也探讨了欺骗、反情报 (counterintelligence，CI) 和心理战行动（psychological operation，PSYOP）的共性。长期以来，它们一直被视为互不统属的独立学科，因为它们在组织结构上往往是相互独立的。然而，将它们分开讲授的做法是错误的，因为它们有着太多的共同特征。本书从多个视角开展讨论，强调构成三者基础的共同原理和方法论。三者都有共同的最终目的：影响目标（个人或集体）的认知和后续行动，以便在组织或政府间的冲突中，制造对己有利的结果。

欺骗的核心原则和方法论是成功开展反情报的基础，因此本书在提及

"反情报"一词的时候，使用的就是这个术语最常用的意义。大多数反情报书籍的重点主要集中在反间谍领域，即发现和挫败间谍。但反情报却不止于此。一切反间谍都是反情报，但并非一切反情报都是反间谍。所以，可以看出本书列举的许多例子都是关于反情报的，即针对敌方情报机构使用欺骗手段，诱使其得出错误结论。

同样的核心原理和方法论也是成功开展心理战行动的基础。和讨论反间谍时一样，本书并没有深入讨论这个问题。本书侧重讨论欺骗在心理战行动中的应用，特别是在该科目某种形式下的应用。心理战行动有三种形式：白色（情报源被承认）、灰色（情报源被隐藏）和黑色（声称来自另一个情报源，通常来自敌方）。白色和灰色心理战行动偶尔会使用欺骗。黑色心理战行动通常是在隐蔽行动中实施的，它不可避免地会使用欺骗。因此，它将是本书在探讨欺骗这个主题时的主要背景设定。

虽然许多书籍和期刊文章都介绍过欺骗的历史和理论，但重点往往是讨论苏联时代与虚假信息（disinformation）有关的那些科目。然而这些科目在今天已经过时了。本书使用了许多历史案例，因为它们体现的原理仍然具有相关性，但本书也强调了许多较为现代的案例。通常在情报和行动等课程中，欺骗几乎都是在事后讨论阶段才会介绍。但欺骗理应得到它应得的教学和培训等"基础设施"，这样才能适合今天的战略背景。2014年，俄罗斯使用欺骗手段支持吞并克里米亚的行动，此后欺骗的概念便愈发受到重视。本书旨在提高情报与行动的授课水平，深入讲授策划、侦测和反制欺骗等内容。

欺骗的基本原理从未改变过，我们将对其进行详细介绍。但信息技术，特别是社交媒体，已经成为一种新型情报搜集力量（和一种新型欺骗渠道）。这样一来，它为欺骗活动的实施和侦测增加了新的动力，无论在其传统的角色中，还是作为反情报或心理战行动的一部分。例如，网络领域为欺骗提供了一个有效的实施渠道。因此，它受到特别的关注。

本书提供了欺骗策划课程的主要框架，可供民间学术团体、情报界和军方使用。它弥合了欺骗在理论和实践之间的差距，有时这种差距会导致上述各群体相互隔绝。它的目标受众包括情报分析人员和行动策划人员——这两个领域在本书均有涉及。行动领域专业人员在自己整个职业生涯中，很少有机会能观察欺骗行动成功展开。如果有一本书能够使用历史和现代的案例来阐释欺骗理论，并且能够让人在虚拟案例研究中实践这些理论，将对上述人员大有裨益。

本书的第一部分提供了组织框架（概念），供探讨欺骗使用。它拓展了现有的概念和理论，使用系统方法展开讨论，重点介绍结果想定[1]思维（outcome scenario thinking）。欺骗必须与行动策划人员的最终目的相关，然而在过去，这个概念并没有得到很好的理解或实践。理论章节之后，本书将讨论用以开展欺骗的方法论，以及敌方发动欺骗时侦测欺骗的方法论。本书为欺骗策划活动的实际执行情况提供指导，可以填补欺骗在历史和理论等方面存在的差距。因此，本书的独到之处在于，它可以为情报分析人员和行动策划人员（欺骗的实施者）提供循序渐进的培训，供其学习如何策划和发动欺骗行动，学习如何侦测敌方发动的欺骗。

本书的第二部分提供了一系列关于欺骗和反欺骗的练习。虽然欺骗的基本概念不会改变，但是由于信息技术的进步，开展欺骗的新手段现在已经是可用的了。

[1] 译注：想定（scenario），是情报学等领域的专业术语，指拟定、设想、预期或希望事件发生时的可能情景、场景或情况。

第一部分

欺骗和反欺骗的基本原理

[第 1 章]

基本要素

哦，当我们第一次实施欺骗的时候，

我们编织了一张多么错综复杂的网啊！

——《玛米恩：弗罗登战役传奇》

沃尔特·司各特爵士（Sir Walter Scott）著

本章介绍了欺骗的基本要素，以及情报在支持和挫败欺骗时所发挥的作用。本章用定义和一套基本原理为后面的章节奠定基础，供这些章节阐释如何实施欺骗，以及如何侦测敌方使用了欺骗。但首先，我们来探讨一个“完美”骗局的案例——当然，它只会发生在电影当中。

电影《骗中骗》

关于完美实施的骗局，大众媒体已经为我们讲述了许多精彩的故事。《猎杀“红十月”号》（*The Hunt for Red October*）（1990）中策划苏联弹道导弹潜艇“沉没”的事件，以及《十一罗汉》（*Ocean's Eleven*）（2001）中从赌场老板手中盗走 1.6 亿美元的周密骗局，便会浮现在我们的脑海当中。但好莱坞电影很少能有像 1973 年电影《骗中骗》（*THE STING*）那样，展现一个完美执行的欺骗行动。

这部电影以 1936 年大萧条的深渊为背景。在影片中，一个名叫约翰尼·胡克（罗伯特·雷德福饰）的小骗子，和朋友鲁萨联手完成一个小小的街头骗局。他们很不走运，因为事后才知道，被骗的正是黑帮老大多伊尔·罗纳根（罗伯特·肖饰）的信使。鲁萨很快就被找到并被干掉了，胡克被迫逃命，以躲避罗纳根的报复。（罗纳根并不知道胡克的相貌，这也正是故事的一个关键部分。）有人建议胡克说，也许鲁萨的老朋友，传说中的诈骗大师亨利·康多尔夫（保罗·纽曼饰）可以帮他卷土重来。于是，他找到藏身芝加哥以躲避联邦调查局追捕的康多尔夫。胡克说服康多尔夫，让他针对罗纳根实施一次精心设计的骗局，部分原因也是为了给鲁萨报仇。

骗局开始时，康多尔夫假扮成芝加哥赌徒，在火车上参加罗纳根主持的豪赌牌局，凭借机智的头脑和精湛的千术，赢得了 1.5 万美元。他打牌时举止粗鲁，赢钱时又趾高气扬，而且还总是说错罗纳根的名字，这让罗纳根大为光火。胡克假扮康多尔夫的手下来到罗纳根的包厢，人们以为他是来收钱的，实则不然。他用花言巧语取得了罗纳根的信任，说自己打算背叛粗鲁的康多尔夫，打算找一个在西联汇款芝加哥办事处工作的同伙帮忙，夺走康多尔夫的赌场生意。具体计划是把赛马结果通过电报发给罗纳根，让罗纳根抢在结果送达康多尔夫的赌马室之前，把赌注压在获胜赛马的身上。罗纳根用这种方式押中了一场比赛，随后决定在下一场比赛中下注 50 万美元（按今天的价格计算，约合 1000 万美元），以击垮康多尔夫的生意，同时一雪前耻。

与此同时，一名不速之客登门到访：这是一个腐败的警察，名叫斯奈德，他也在寻找胡克，因为胡克在芝加哥用假钞对他行贿。以波尔克探员为首的联邦调查局秘密探员将他拦下，并命令他帮助他们逮捕康多尔夫。斯奈德随后抓到胡克，并把他交给波尔克。然后波尔克强迫胡克背叛康多尔夫。

第二天，就在约定的时间，罗纳根收到提示说“押幸运丹[1]”，于是在康多尔夫的赌马室下注 50 万美元。赛马解说是骗局的另一部分，因为这是藏身赌马室密室里的解说员念的。赛马开始后，内线出场。当他得知罗纳根押幸运丹冠军后便解释称，自己说的“押”就是字面意思，并没说要押它冠军[2]。恐慌的罗纳根冲到柜台前要求撤销赌注，但荷官说买定离手。就在这时，波尔克探员、斯奈德探员和 6 名联邦调查局官员冲进赌马室。波尔克探员对康多尔夫说他被捕了，又对胡克说他可以走了。康多尔夫这才发现胡克背叛自己，盛怒之下开枪将其打死。波尔克探员开枪打死了康多尔夫，并让斯奈德把罗纳根带离犯罪现场。

罗纳根和斯奈德刚一离开，康多尔夫和胡克便毫发无损地站了起来——他们的骗局完成了。自然，“波尔克探员”和其他“探员”也是骗局的一部分。

除娱乐价值外，这部电影还展示了本书所述的欺骗行动的许多特点：

- 它有一个目的，也就是理想结果想定（desired outcome scenario）：从目标，也就是罗纳根手中骗走 50 万美元，并在他发现上当之前逃脱。
- 它提供了一个故事（story，关于现实的虚假图景）供罗纳根相信，目的是让他下注 50 万美元。
- 它使用多个渠道来呈现这个故事：牌局上的布置、胡克说想要取代康多尔夫的言辞、伪造的赌场、赌马室密室的假冒解说、安排在西

[1] 译注：幸运丹（Luck Dan），赛马的名字。

[2] 译注：内线称，幸运丹赢得了亚军。

联汇款办事处的会见内线、“波尔克探员”的闯入，以及康多尔夫与波尔克的开枪杀人。

- 它证明深入了解敌方的重要性。在这个骗局当中，罗纳根的贪婪当然是一项重要因素。但同样重要的是他压倒一切的需求，即想要“报复”自己遭受的羞辱或伤害——在这里，遭受羞辱或伤害的原因，是在牌局输给了一个自己鄙视的人。另外，骗局成功的一项要素，是罗纳根很看重面子，他也因此离开枪击现场，连钱也不要了。
- 它让罗纳根做出骗子所希望的决策或行动，具体方法就是为罗纳根提供机会，让他得以“报复”康多尔夫在牌局中对自己的羞辱。
- 它展现了对时机的精准把握，通常这正是执行骗局的关键——西联汇款的内线在正确时间出场，才能让罗纳根陷入恐慌；“波尔克探员”抢在罗纳根恢复理智之前赶到，才能强制结束游戏。

这部电影还阐释了其他一些理论。大多数欺骗都需要精湛的表演技巧，而好莱坞很清楚如何呈现一场精彩的表演——这种才能美国政府偶尔也会用到，我们将在后面的案例研究中加以介绍。在每场骗局中，意外总是不请自来。要想成功，就需要在事件依次浮现时，不断地观察、判断[1]和反应。腐败的当地警察斯奈德突然出现，四处寻找胡克，这件事必须解决。于是骗局调整，把他也当作目标。电影制造了通常是最理想的结果——“目标”或者说对方，也就是罗纳根完全没有意识到自己被骗（斯奈德也没有）。但是，在某些情况下，你更希望对方知道自己被骗，因为只有这样，他才会在后面做出错误的决策。

一直以来，欺骗一词都在各种环境中被人使用，大到两国交战中的蓄意行为，小到电影《骗中骗》所示的人际交往中的蓄意行为，不一而足。从这个意义上讲，欺骗是一个过程。本书在使用该词的时候，指的也是一

[1] 译注：判断（orient），指人们对时间、地点、人物及自身状况的认识。

个行为体（actor）所开展的蓄意且理性的过程，目的是在某种主观环境下为自己带来利益。本书所涉及的各种环境，主要是指那些旨在推动政府利益而非个人利益的活动。例如，它包括军方、警方和（或）文官组织开展情报和行动策划的过程。

在阐述欺骗的定义、环境和框架所衍生出的具体原理之前，应当稍事赘述，回答以下问题：为什么对冲突态势中互相敌对的各方来说，欺骗都是有用的？

一、欺骗为何重要

讨论这个问题的最优切入点，就是去解释为什么在处理国家和国内安全事务时，欺骗是重要的甚至是不可或缺的。国家权力工具优势明显的国家，通常会认为欺骗对弱国有益，但往往并不值得强国付出太多努力。但统计数据（至少军事冲突中的统计数据）并不支持这种假设，我们将在稍后加以说明。

人们不会为了欺骗而欺骗。它总是作为冲突的组成部分开展的，或是在竞争环境下开展的，目的是支持参与方的某个总体计划或目的。在军事和非军事情报的环境下，人们通常会明确阐述总体计划或策略。因此，在这种环境下，这个问题的最直接答案就是以下公理：支持一项计划的欺骗行动越是成功，该项计划就越有可能成功。在处理战争和安全问题时，在成功的案例中，人们通常采取的措施都是动用宝贵的资源——这里的资源包括材料和人力。关于"在行动和战略层面开展军事策划时，使用欺骗手段能造成什么影响"这个问题，最容易获得的研究材料就是巴顿·惠利（Barton Whaley）1969 年撰写的《谋略：战争中的欺骗与突然性》(*Stratagem: Deception and Surprise in War*),不过它对这个问题的研究也并不深入。[1] 惠利对 122 个历史案例进行比较分析,揭示出欺骗、突然性与交战中敌我伤亡比之间存在明确关系。图 1-1 展示了他的结论,其中横轴就是敌我伤亡比——数值越大越好。当己方成功实施欺骗或实现突然性时,这个比率将变得对己方较为有利。当己方成功实施欺骗**并且**实现突然性时,这个比率将显著提高。

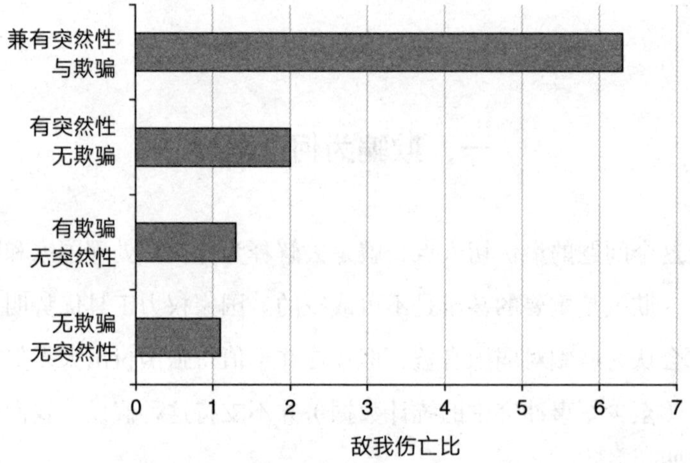

图 1-1　欺骗和突然性对伤亡的影响

来源:笔者从巴顿·惠利书中提取数据,参见:Barton Whaley, *Stratagem: Deception and Surprise in War* [reprint of 1969 edition] (Norwood, MA: Artech House Publishing, 2007), 104, tables 5.19 and 5.20。

有利的伤亡比率固然重要。然而,要想在冲突中获胜,就必须抢占先手,这就需要成功的作战行动。在图 1-2 中,比较研究的结果阐释了这样一条明确无误的规律:敌方面对的突然程度越高,己方作战行动获胜的概

[1] 原注:Barton Whaley, *Stratagem, Deception and Surprise in War* [reprint of 1969 edition] (Norwood, MA: Artech House Publishing, 2007), 104, tables 5.19 and 5.20.

率也就越高。(在 0—5 的区间内,0 为无突然性,1 或 2 为低突然性,3、4 或 5 为高突然性。)

因此,关于"欺骗为何重要"这个问题,答案其实早已包含在冲突动态当中。成功的欺骗可以提高突然程度,而突然程度越高,作战行动获胜的概率就越大。在武装冲突中,高突然性意味着更高的敌方伤亡和更低的己方伤亡。就最后这种动态而言,如果必须最大限度减少伤亡和物资损失,那就应该尝试使用欺骗,以提高突然程度。事实上,许多观察人员指出,负责总体计划的指挥官应当对手下士兵的生命负责。

很明显,突然性在一切冲突结果中都是关键要素,欺骗也是如此;二者几乎总是相互关联的,因为突然性往往正是欺骗造成的。如图 1-1 所示,二者结合,成效显著。如图 1-2 所示,突然程度也是关键要素。当突然程度从无(对应 60% 的失败率)上升至高(对应 2% 的失败率)时,冲突中进攻方的失败率下降最为显著。

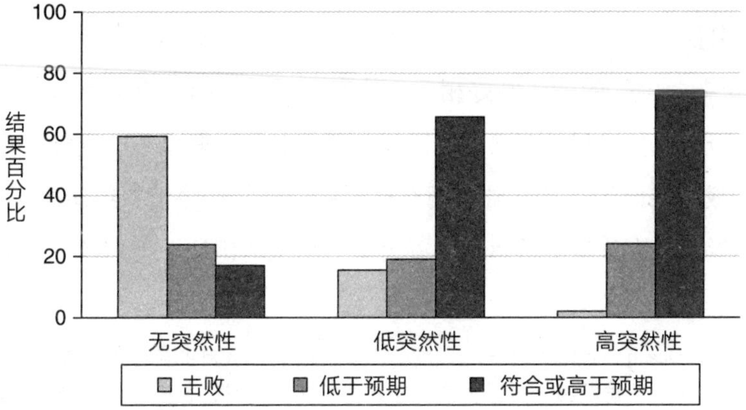

图 1-2 突然程度对冲突结果的影响

来源:笔者从巴顿·惠利书中提取数据,参见:Barton Whaley, *Stratagem: Deception and Surprise in War* [reprint of 1969 edition] (Norwood, MA: Artech House Publishing, 2007), 115, merged tables 5.30 and 5.31。

军方开展作战行动的范围大大拓展，已不再局限于20世纪那种以国家为中心的互动。冲突普遍变得更加复杂，具有不同功能和组织文化的行为体构成群体，开始参与跨国冲突。与情报和行动策划相关的欺骗基本技巧，其重要性无论怎样强调都不过分。欺骗是冲突的一项基本动态，或许这种情况在今天较以往更甚。因此，如何实施和侦测欺骗，将成为21世纪军队准备作战空间（battlespace）时一项不可或缺的工作。

更重要的是，欺骗可以在一切冲突中发挥重大作用，并不仅限于军事冲突。政府必须有能力在政治、军事、经济、社会、基础设施和信息（以下简称PMESII）等领域的冲突中开展欺骗活动。恐怖分子、犯罪集团和其他各类武装人员等非国家行为体，会在社会和经济等战线直接履行政府职能。阿富汗叛乱分子会实行“影子统治”。真主党民兵会在黎巴嫩深度参与社会和经济事务，这一点与“伊斯兰国”（Daesh[1]，又称ISIS、ISIL或IS）在叙利亚、利比亚和伊拉克的情况一样。然而，阿富汗的“影子统治”是为了给贩毒卡特尔[2]打掩护。真主党参与社会和经济活动，是为了掩饰其所开展的意识形态活动，即支持自己的好战路线和伊朗的外交政策。“伊斯兰国”的做法刚好相反，他们利用激进的宗教意识形态来打掩护，隐匿自己与逊尼派部落之间脆弱的经济和社会联系——这种联系是该组织在战略层面的支持基础。而在行动层面，他们将情报组织改头换面，伪装成设在各大族群的部落事务办公室所组成的组织。他们还把军事指挥

---

[1] 译注：Deash，音译为达伊沙，即“伊斯兰国”。该词由当时的英国首相卡梅伦率先提出，目前已被英国、美国和法国等官方机构所使用，但全球媒体仍然普遍使用IS（“伊斯兰国”）。我国官方未有明确规定，但新华社等媒体机构使用的还是“伊斯兰国”。虽然本书作者在指称该组织时几乎全部采用Daesh，但为与我国国内媒体统一，译者采用“伊斯兰国”这一译法。

[2] 译注：卡特尔（cartel），是垄断组织的一种，指串谋实施垄断的若干企业组成的集团，这里用来指代以卡特尔形式存在的贩毒集团。

与控制（C2）隐藏在其所控制民众的社会生活当中。

图 1-1 和图 1-2 所示的统计数据，通常出现在军事冲突的结果中。在政治、经济和社会等领域中，目前尚未发现类似的、能够反映众多欺骗结果的统计数据，部分原因是在这些领域里，人们更加难以确定什么结果才算是“战胜”或“战败”。但很有可能出现的情况是，欺骗和突然性也有类似的成功率，并且这种成功率适用于本书所涵盖的所有冲突领域。反情报或心理战行动等科目却没有类似的统计数据，这是有充分理由的。这些统计数据几乎都是二元对应的：欺骗失败，几乎总是意味着行动失败。苏联及后来俄罗斯的情报机构执行了一系列欺骗活动，在近 20 年的时间里，一直保护着奥尔德里奇 · 埃姆斯（Aldrich Ames）和罗伯特 · 汉森（Robert Hanssen）这两个关键的美国内线——此事例将在第 6 章介绍。这两人早就应该被捕，但却一直逍遥法外，原因就是这些欺骗非常成功。在第 3 章中，二战期间代号“黑色回旋镖”的心理战行动之所以能够成功，是因为听众坚信自己听到的就是德国国防军的无线电广播。

以上为本章导言，接下来我们将更加深入地介绍欺骗、反欺骗、反情报和心理战行动等术语的定义。本书将在其他章节用到它们。

二、定义

（一）欺骗

欺骗的定义有很多，在不同环境下各有不同，其中有些是重叠的。欺骗领域著名作家巴顿 · 惠利给出定义，称欺骗是：

> 一种（通过陈述、行动或目的来传递的）信息，目的是诱使他人

接受对现实（他所处的物质、社会或政治环境）的虚假或扭曲的认知，意图操纵此人的行为。[1]

该领域另一位著名作家博耶尔 · 贝尔（J. Boyer Bell）对欺骗的定义非常简单：

欺骗是一种过程，它以对己有利的方式，将假象强加于目标对现实的认知。[2]

在定义最终结果这个意义上，从他人信念和（或）行为的角度来看，这两个定义都是准确的。二者都正确地将欺骗描述为一种过程，是蓄意在目标个人或人群中制造虚假认知。因此，欺骗并不是偶然或计划之外的结果。

惠利直接将这个定义向前推进一步，非常重要的一步。他强调的重点是：**操纵（对方）基于虚假图景所做出的行为**。这是得到广泛认可的观点：仅仅相信是不够的，必须要采取行动（或是不采取本应采取的行动），这样才是欺骗。

然而，贝尔的定义也明确承认，从行骗者的角度来看，操纵他人行为并不会产生有利结果。在惠利的定义中，一个人可以通过欺骗获得成功，但也会得到不利结果——这种情况在历史上曾多次发生，某些案例也将在本书中出现。贝尔的定义也考虑到这一情况，因为他使用“对己有利”

[1] 原注：Barton Whaley, “The Prevalence of Guile: Deception through Time and across Cultures and Disciplines,” essay prepared for the Foreign Denial and Deception Committee, DNI, Washington, DC, February 2, 2007, https://cryptome.org/2014/08/prevalence-of-guile.pdf.

[2] 原注：J. Bowyer Bell, “Toward a Theory of Deception,” *International Journal of Intelligence and CounterIntelligence* 16, no. 2 (2003): 244–79, doi: 10.1080/08850600390198742.

（advantageously）一词；但这样一来，排除了对己不利的结果。无论成功还是失败，欺骗就是欺骗。

在本书中，我们只需简单地在贝尔的定义中增加一个词，就可以涵盖前面讨论的所有情况：

> 欺骗是一种过程，它希望以对己有利的方式，将假象强加于目标对现实的认知。

这个定义非常简洁，包括了三个将在后文反复讨论的基本概念：

1. 它强调的理念是，欺骗必须要有**目标**。在下一节中，我们将使用一种结构化的方法来探讨目标。再下一节将介绍欺骗的基本原理，以此探讨欺骗的实施方法。

2. 它主张的理念是，使用欺骗以获取**优势**。策划欺骗的关键在于，能够预见一种未来态势，这种态势对行骗者所谋求的目的而言，比不执行欺骗时更加有利。这种未来态势所采取的形式是“理想”想定，它可以通过欺骗来实现。这个问题将在后面的章节中讨论。

3. 它突出的概念是，将**假象**强加于目标对现实的认知。这种虚假认知的载体是故事。这个问题将在第 5 章讨论。

欺骗通常有两种基本形式：误导和增加模糊。

- “误导式欺骗”（misleading deception）。它可以增加错误备选选项的吸引力，以此减少模糊。[1] 它的目的是让敌方相信关于态势的虚假图景。它在文献中被称为“M”型欺骗，目的是误导敌方走向某个特定的预设方向。

---

[1] 原注：D.C. Daniel and K. L. Herbig (Eds.), *Strategic Military Deception* (Elmsford, NY: Pergamon Press, 1982), 5, 6.

- “增加模糊式欺骗”(ambiguity-increasing deception)。相比之下，它可以增加不确定性或模糊性，导致目标无法确定应该相信什么。它通常被称为“A”型欺骗。这种欺骗往往试图确保模糊程度足够高，从而为现实行动保密。增加模糊式欺骗试图掩饰真相中的关键要素，它能使敌方偏离真相，但并不一定选择某个特定的备选选项。它只是扩大了敌方必须考虑的错误备选选项的范围。

（二）反欺骗

与欺骗定义的情况非常相似，“反欺骗”（counterdeception）的定义通常也随环境和组织任务的不同各有不同。例如，美国国防部的定义如下：

> （它是）一种努力，旨在否定、消除、削弱外国欺骗行动造成的影响，或从中获得优势。反欺骗不包含识别外国欺骗行动的情报功能。[1]

反欺骗在学说层面的这种区别，说明人们普遍认为情报（识别和评估欺骗）与以反制欺骗为目的、通过行动所做的回应之间存在明显区别。

情报组织和许多该领域教科书的作者都使用了与下文类似的定义，并认为情报分析有别于以反制欺骗为目而开展的行动：

> 反欺骗是一种分析过程，可以识别和评估敌方欺骗行动。它通常是一种情报功能。[2]

---

[1] 原注：“Counterdeception,” http://www.militaryfactory.com/dictionary/military-terms-defined.asp?term_ id=1334.

[2] 原注：Frank Stech and Kristin Heckman, “Cyber Counterdeception: How to Detect Denial and Deception (D&D),” conference paper, MITRE Corporation, March 2014.

本文主要讨论反欺骗中的情报部分。事实上，题为“识别欺骗”的第 11 章，将专门讨论负责识别任务的情报团队。这里强调的是先后次序：必须已经识别并评估欺骗，否则人们无法采取行动予以回应。

但是，将事实上同时涉及情报和行动的互动过程进行切分，这种做法是刻意人为的，而且只会适得其反。因此本书使用“反欺骗”一词时，指的都是同一种协作式活动，它既包含识别欺骗，又包含采取行动来回应欺骗。

（三）反情报

美国政府对反情报的定义如下：

> 反情报是已搜集的情报和已执行的活动，它的目的是提供保护，避免遭受因服务于或代表外国、外国组织或个人、国际恐怖主义活动而开展的间谍活动、其他情报活动、破坏或暗杀。[1]

这个定义强调的是反间谍。但在今天，反情报并不仅限于反间谍，而且在反情报这门学科的教学当中，我们需要一个更加广泛的视角。今天，大多数情报搜集都在依靠上述定义所指的“其他情报活动”：开源情报（OSINT）和技术手段。其中，技术手段指图像情报（IMINT）、信号情报（SIGINT）、网络情报（CYBER）和测量与特征情报（MASINT）。一般意义上的反情报，特别是欺骗，都必须考虑所有这些情报科目，即我们在本书中提到的通信**渠道**、敌方搜集活动和敌方分析过程。

[1] 原注：US Executive Order 12333, December 4, 1981. United States Intelligence Activities, Section 3.4(a). EO provisions found in 46 FR 59941, 3 CFR, 1981 Comp., p. 1.

（四）行动

行动（operation），通常被认为是在军事环境下开展的，本书列举的许多案例都介绍了如何开展欺骗活动以支持军事行动。但执法机构开展行动的目的是威慑犯罪活动和抓捕犯罪分子。正如上文定义所示的那样，反情报包括“活动”（activity），也就是行动。犯罪团伙和恐怖组织等非政府组织也会开展行动。因此，这个术语在全书中使用的是两种最普遍的意义：一是指所采取的活动，二是指开展政治、信息、经济和军事活动的组织。

（五）心理战行动

最后，在深入探讨欺骗这个主题之前，有必要对心理战行动做出定义。美军定义如下：

> “心理战行动”，指的是某些业已策划完毕的行动，目的是将选定的信息和指标（indicator）传递给受众，以影响其情绪、动机和客观推理，并最终影响政府、组织、团体和个人的行为。[1]

请注意，相比本节开篇介绍的几种欺骗定义，这个定义从某种程度上讲更加笼统，但可以包含前述所有定义。欺骗和心理战行动之间的区别，往往会使业外人士和执行人员感到困惑。区别之一是强调结果：心理战行动强调（开展行动）之后的**认知**，即预期将会出现己方希望的行为；欺骗

---

[1] 原注：Joint Publication (JP) 1-02, “Department of Defense Dictionary of Military and Associated Terms,” November 8, 2010 (amended through February 15, 2016), http://www.dtic.mil/ doctrine/new_pubs/jp1_02.pdf.

强调敌方的**行为**，它能够生成对己有利的结果。区别之二是心理战行动包括传递真实信息，有时完全没有虚假内容；相比之下，欺骗需要传递虚假信息。

三、目标

一切欺骗都是针对某个目标的。本书讨论的原理、方法论和案例涉及三类目标：一是决策者，通常是军方或国家领导人；二是敌方情报机构；三是（情报机构以外的）特定团体。目标随情况不同各不相同。但这三类目标也有共同点：针对这些目标开展的欺骗行动，都会有一个理想结果想定；另外不论针对的是哪种目标，行骗者既可以使用误导式欺骗，也可以使用增加模糊式欺骗。

（一）决策者

大部分探讨欺骗的文献，都会讨论以决策者为目标，开展误导式欺骗的做法，这样讨论自有充分理由。开展欺骗行动最多的当属军事行动，这时误导敌方指挥官的做法，通常可以带来战场上的胜利。美国陆军部前次长帮办撒迪厄斯·霍尔特（Thaddeus Holt）曾就二战期间同盟国发动的欺骗行动，作了最为出色的文献总结。在《欺骗者》（*The Deceivers*）一书中，他列举了二战期间制定的关于误导式欺骗的关键戒律。它们都很符合惠利对欺骗所下的定义：

- 你方目的不是让敌方**认为**什么，而是让敌方**做些**什么。
- 你方希望敌方不但要做些什么，而且要做某些特定的事情。
- 不强求目标网络中的决策者相信你方布设的虚假事态。能让其过分担心这种可能性，让其认为自己必须为此做好准备，这就足够了。

- 不采取行动正是采取行动的一种形式，决定什么都不做也是一种决策。
- 决策者是欺骗的目标，情报机构是欺骗的用户。[1]

在霍尔特笔下，欺骗是一个业已策划完毕的过程，它必须得到刻意的设计和执行，目的是让欺骗的目标去做或不做某些特定的事情。他并不希望单独介绍虚假信息或心理战行动，尽管二者必然是支持欺骗计划的活动。

有时，欺骗足以让敌方感到疑惑和不确定。但是，一个感到疑惑和不确定的敌方，很可能会以不可预测的方式采取行动，甚至连行骗者也无法控制这个敌方的行动。这种结果并非所愿。此外，当态势变得更加明朗时，敌方就可以改正这种疑惑和不确定状态。

以决策者为目标时，误导式欺骗的效果往往优于增加模糊式欺骗。最优结果往往发生在敌方已经确定自己犯错的时候。如果敌方到了一切都无可挽回的时候才发现自己被骗，其士气遭受打击的程度是绝对不能低估的。

（二）情报机构

敌方情报机构往往被认为是用以实施欺骗行动的渠道。霍尔特戒律的最后一条对这种观点做出总结，指出情报机构不是目标，而是客户。但情报机构也有可能成为目标。在反情报工作中，欺骗的常见目的，就是在行骗者的情报能力，也就是我们所说的“情报源和手段”这个问题上误导敌

---

[1] 原注：Thaddeus Holt, *The Deceivers: Allied Military Deception in the Second World War* (New York: Skyhorse Publishing, 2007), 54–61.

方情报机构。

因此，支持反情报的欺骗，往往目的就是误导。众所周知，如果行骗者能让一个情报机构得出某项结论，那么除非出现压倒性的反证，否则该机构会一直坚持这项结论。本书在第 6 章埃姆斯和汉森欺骗案例分析中，对这个问题做了更进一步的阐释。相比之下，增加模糊式欺骗可以在反情报工作中，产生相反的、通常并非希望的效果，它专门针对敌方负责厘清模糊的机构。当然，时间在这里也是一个具有相关性的要素。如果敌方机构厘清模糊的时间是一个月，那么，这或许正是己方成功执行欺骗行动所需要的全部时间。

（三）特定团体

在国际事务领域中，当涉及较新类型的冲突时，误导式欺骗和增加模糊式欺骗都可以发挥重要作用。随着这些非传统冲突不断发展，也随着可以向大型团体传递欺骗信息的新型渠道得到放开，人们开始需要一种长期欺骗，它不与具体事件相关联，也不是为了生成具体决策，它所造成的结果可能只是有利的态势或事态。这种欺骗通常针对某个特定团体（defined group），即某个组织甚或是全体民众。

这种欺骗往往将特定团体作为目标，目的是支持心理战行动。它往往会与误导式欺骗和增加模糊式欺骗相互重叠。它包括那些不会导致某个个人做出决策或采取行动的欺骗，也包括那些不属于反情报领域的欺骗。它与二者的共同之处在于，它确实产生了一个结果。

我们在前文曾经指出，情报机构会一直坚持某个结论，除非出现压倒性的反证。对于许多成为欺骗目标的特定团体而言，这种情况尤为严重。波士顿环球传媒集团的科学作家莎伦·贝格利（Sharon Begley），将这种现象称为“虚假信息的黏性”（stickiness of misinformation）。贝格利指出，我们对一种说法或谣言越是熟悉，就越有可能相信它，即使这种熟悉感来自揭穿这种说法或谣言的尝试。[1]

认为欺骗的目标可以是某个特定团体，这个观点始于大约两千年前的中国，载于一本名为《三十六计》(*Thirty-Six Stratagems*) 的著作当中。这部著作取材于口述和文献记载的中国历史，并随着时间的推移，被不同作者编纂出许多不同的版本。这本书在第二次世界大战期间被重新发现，并在中国共产党掌握政权后得到普及。三十六计使用了丰富多彩的比喻来表达概念，其中大部分计谋都是关于欺骗的，或是将欺骗作为推动力量。

《三十六计》提出的观点，与非西方世界对欺骗的认识，以及一些非政府组织，特别是恐怖组织和犯罪集团对欺骗的认识不谋而合。这种观点强调了增加模糊式欺骗的重要性，也强调了欺骗在制造不确定性甚或混乱状态上的重要性。

今天的西方世界认为敌方才是欺骗的目标，所以这些计谋的某个子集对他们来说是闻所未闻的。但尼科洛 · 马基雅维利（Niccolò Machiavelli）无疑会认可这些计谋，因为他在 16 世纪也曾提出过同样的计谋。这个计谋子集强调欺骗的目标不是敌方，而是中立方甚或盟友。部分示例如下：

- **借刀杀人**。攻击敌方时使用第三方的力量。例如，使用欺骗手段，说服盟友发动进攻。
- **隔岸观火**。避免参与多方势力间的冲突。待到其他所有势力(敌方、中立方和盟友) 全部元气大伤之后，再率领你方完好无损的部队介入冲突。这条计谋所代表的欺骗，是使用欺诈手段，对别人隐瞒你

[1] 原注：Sharon Begley, “The Stickiness of Misinformation,” *Mindful*, October 5, 2015, https://www.mindful.org/the-stickiness-of-misinformation/.

的真实意图。

- **假道伐虢**。向盟友借取某种手段以攻击共同的敌方。待到击败这个敌方之后，再用同样的手段攻击这些盟友。[1]

以下是第二个计谋子集，它们违反了前文提到过的霍尔特欺骗戒律中误导决策者的那一条：目的是让敌方**做些**什么。它们大多属于心理战行动范畴，目的是使用包括欺骗在内的一切手段，制造混乱并破除敌方稳定，从而制造一个对己有利的结果。这样的计谋在三十六计中不止一条，说明它们在中国人对冲突的认识中占据重要地位。部分计谋如下：

- **釜底抽薪**。主张采取间接手段，而不是与敌方正面对抗。行动的目的是打击敌方发动冲突的能力。
- **浑水摸鱼**。在敌方组织中制造疑惑，并利用混乱来实现你方目标。
- **假痴不癫**。假装自己是个傻瓜或疯子。制造疑惑，让人无法确认你方的动机和意图。鼓励敌方低估你方的能力，令其过于自信。
- **打草惊蛇**。做一些引人瞩目但显然没有任何目的的、奇怪的或是出人意料的事情，目的是迷惑敌方，或刺激敌方做出能够进一步实现你方目标的反应。
- **偷梁换柱**。扰乱敌方的组织或标准流程，其理念在于打散敌方的整体性。
- **反间计**。暗中在敌方与其朋友、盟友、顾问、家人、指挥官、士兵和民众之间制造不和，从而削弱敌方战斗力。当敌方全神贯注于解决内部争端时，其进攻或防御的能力就会受到破坏。

用一条或多条此类计谋打好基础之后，就应当开始执行欺骗行动，或执行以下后续计谋：

---

[1] 原注：Stefan H. Verstappen, *The Thirty-Six Strategies of Ancient China* (San Francisco: China Books & Periodicals, Inc., 1999).

- **趁火打劫**。当一个组织饱受内部冲突、组织混乱和满腹疑云等问题困扰时，当环境受到犯罪和腐败等外部因素侵扰时，这个敌方的实力就会受到削弱，无法在冲突中获胜。于是你方毫不留情地发动进攻，将其彻底消灭。[1]

有个案例可以阐释这条计谋，它载于 2000 年美国国家侦察局赞助出版的《变形杆菌》(*Proteus*)。这本书有一个假设的未来想定，被称为“好战分子的香格里拉”(Militant Shangri-La)。[2] 在该想定下，亚非两洲的国家组成联盟，执行一项有欺骗支持的战略。该战略的目的非常简单，就是想让美国及其盟友处于混乱的边缘——仅此而已。[3] 从西方的视角来看，这个战略带来的只是并不明确的威胁。但从许多亚洲文化的视角来看，这个战略简明扼要：让敌方感到疑惑和不确定，受困于内部分歧，无法有效地展开思考或采取行动。

《三十六计》提出的欺骗手段和目的，是从另一个不同的视角探讨欺骗，之所以需要强调这一点，原因有二：首先，在部分冲突中，使用欺骗手段可以有效地制造不确定性和疑惑，甚至混乱；其次，在反制欺骗时，必须认识到此类欺骗手段也可以被用来对付自己人。

使用欺骗手段来破坏稳定，这种做法常被用于打击犯罪团伙和恐怖组织，也被用于处理国际经济事务。英国曾在这个领域一展身手，如下例所示。

---

[1] 原注：Stefan H. Verstappen, *The Thirty-Six Strategies of Ancient China* (San Francisco: China Books & Periodicals, Inc., 1999).

[2] 原注：Pamela H. Krause, *Proteus: Insights from 2020* (Washington, DC: The Copernicus Institute Press, 2000), D-i–D-xx.

[3] 原注：同上，83。

针对爱尔兰共和军的“侵占骗局”

20 世纪 70 年代初，英国与爱尔兰共和军在北爱尔兰爆发激烈冲突。双方多次向对方发动欺骗行动。英国曾经发动一次行动，目的是在爱尔兰共和军内部，加剧老成派领导人和某少壮派领导人之间刚刚浮现的分歧。老成派有意考虑与英国人停火，但这个少壮派却反对一切停火。

这次欺骗行动被称为“侵占骗局”（Embezzlement Sting），主要由名为机动侦察部队（Mobile Reconnaissance Force）的英国机构实施。这次行动所使用的，主要是一个名叫路易斯·哈蒙德（Louis Hammond）的英国双重特工（double agent）向媒体提供的指控。哈蒙德是来自贝尔法斯特的天主教徒，1970 年加入英国陆军皇家爱尔兰骑警。

“侵占骗局”的第一步，是哈蒙德找到《星期日泰晤士报》两名记者，自称是爱尔兰共和军间谍，奉爱尔兰共和军命令打入机动侦察部队内部。哈蒙德向记者提供了一份文件，称这是爱尔兰共和军的内部备忘录，以此指控爱尔兰共和军领导人侵占资金。据他介绍，这份伪造文件是隆克什监狱（Long Kesh Prison）关押的一名爱尔兰共和军高级领导人亲手所写。文件可以指证爱尔兰共和军某营 7 名主官挪用爱尔兰共和军资金，总计 15 万英镑。哈蒙德向记者表示，自己联系他们是因为该营主官背叛信仰，自己希望看到他们受到惩罚。为了证明自己是与英国为敌的双重特工，他向记者提供了机动侦察部队的基本组织信息——不久后英国政府便在新闻发布会上证实了这些信息。

两名记者相信哈蒙德的故事是真实的，于是在《星期日泰晤士报》上发表系列文章，报道爱尔兰共和军的腐败情况。第一篇文章的标题是

“爱尔兰共和军临时派[1]多名领导人侵占资金 15 万英镑”，并称线人以前是爱尔兰共和军某连的情报官。

哈蒙德很不幸，因为这篇报道直接指向他本人。爱尔兰共和军执法部门将其逮捕，并严刑审讯。哈蒙德承认自己为英国工作，随后头部被开了 3 枪，腹部也被开了 1 枪。最后，爱尔兰共和军枪手将哈蒙德的尸体丢在一条废弃巷子里。哈蒙德莫名其妙地居然没死，但身体偏瘫，还瞎了 1 只眼。[2]

该次欺骗行动还得到了其他渠道提供信息的协助。每当爱尔兰共和军为筹措行动资金而抢劫银行之后，英国就会在媒体声明中通报金额，但这个数字是高于实际损失的。英国电视台记者德斯蒙德·哈米尔（Desmond Hamill）撰文指出，这种欺骗手段的效果往往是立竿见影的，“英国军方经常发现，不久之后，有时甚至是事发次日，就会有许多人遭到枪击膝盖骨的惩罚。这对爱尔兰共和军招募新兵是没有好处的。”[3]

以下是欺骗的基本原理。

四、基本原理

有四项基本原理被认定为欺骗的根本，它们是：真相（truth）、拒止

---

[1] 译注：爱尔兰共和军临时派（Provos），即反条约派，反对 1921 年《英爱条约》。他们是当时最极端、最好战也最活跃的准军事派系，据称有数百人。

[2] 原注：Mark L. Bowlin, “British Intelligence and the IRA: The Secret War in Northern Ireland, 1969–1988,” US Naval Postgraduate School, September 1999, pp. 80–83, https://archive.org/stream/ britishintellige00bowlpdf/britishintellige00bowl_djvu.txt.

[3] 原注：同上。

（denial）、欺诈（deceit）和误导（misdirection）。[1] 前三项是行骗者向目标提供对己有利的数据，同时减少或消除敌方用以形成准确认知的信号。最后一项是行骗者引导敌方，致其选择一个非常诱人的、能够左右其注意力的备选方案，也就是一个貌似合理的掩护故事。我们将逐一探讨这些原理。

（一）真相

所有欺骗手段只有在真实环境中才会奏效。首先，真相要为认知和信念打好基础；然后，这些认知和信念才会被敌方所接受，才可以在己方开展欺骗时，对其加以开发利用。通常，向敌方提供真实数据的做法，可以让未来通信变得可信，让敌方在今后可以使用它们。

将真相提供给敌方或盟友时，本意可不以欺骗为目的。例如，敌方可能已经错误地认识了现实，而提供真相可以纠正这种错误认知。当盟友或敌方基于错误认知，策划你方并不希望见到的行动时，这种使用真相的方式就显得尤为重要。1940 年，约瑟夫 · 斯大林（Josef Stalin）拒绝相信纳粹德国准备入侵苏联一事。英国发现这个问题，并试图提供真相。斯大林怀疑这是英国企图将苏联拖进这场冲突的阴谋，于是将英国的努力斥为欺骗，不予理会。在下一节的讨论中，萨达姆 · 侯赛因（Saddam Hussein）坐失良机，没有赶在“沙漠风暴行动”开始之前，纠正以美国为首的联军对现实的错误认知。联军认为伊拉克拥有大规模杀伤性武器（WMD）；萨达姆明知真相，却在武器问题上继续保持模棱两可，因为这种做法可以帮助他更好地处理国内事务及邻国外交。现在回想起来，说出真相也许对他更加有利。

在斯大林的案例中，（英国）提供真相时无意进行欺骗。但在欺骗计

[1] 原注：Edward Waltz and Michael Bennett, *Counterdeception Principles and Applications for National Security* (Boston: Artech House, 2007).

划中，还有可能需要纠正敌方的错误认知。纵观历史，这种手段可以用来营造双重特工的可信性，好让这种双重特工能够在以后发挥更大作用。例如，二战期间英国使用的知名度最高的"渠道"，就是名为胡安·普霍尔·加西亚（Juan Pujol Garcia）的双重特工，英国军情五处称其为"嘉宝"（Garbo），德国阿勒维尔[1]称之为"阿拉贝尔"（Arabel）。到了二战尾声，军情五处已经为嘉宝提供足够多的真相，供他传递给德国人，他本人也因此从德国人手中获得一枚铁十字勋章。在这个案例中，真相被用来确保德国人不会误会嘉宝的可信性。待到诺曼底登陆及其支持性欺骗行动，也就是"水银行动"（Operation Quicksilver）（将在第 2 章介绍）开始的时候，德国人已经习惯性地认为嘉宝的报告是可信的。

在"营造习惯性"（conditioning），也就是重复同一种行动模式（信号、部队调动或类似活动）的时候，人们往往会提供真相。它的理念是刻意让目标习惯于某种友好的行为模式，或是非常固定的行为模式，此举目的旨是让敌方不再敏感，不会通过相关指征，识破业已策划的行动。最能阐释营造习惯性的案例，就是 1973 年埃及针对以色列所实施的那次行动。

营造习惯性：赎罪日战争

在 1967 年第三次阿以战争中，埃及把整个西奈半岛输给了以色列。以色列占领了苏伊士运河东岸，并在运河沿岸修筑防御工事，其中就有一座 60 英尺（约 18 米）高的沙墙。埃及总统安瓦尔·萨达特（Anwar Sadat）决心夺回西奈半岛。但他需要一种方法来突破以色列的防线。另外，他还极其需要突然性优势。

突破防线的关键，就是能够迅速打穿沙墙。在尝试了常规方法（炸药和推土机）之后，埃及工程师发现高压水流可以迅速将沙墙夷为平地。

[1] 译注：阿勒维尔（Abwehr），德国间谍机关，隶属于国防军。

随后，埃及向英国和民主德国购买了几门高压水炮。

埃及人实施了一次卓有成效的行动来营造习惯性，目的正是实现突然性。他们通过媒体，塑造出埃及军队无能至极的形象。安瓦尔·萨达特总统公开批评苏联军事顾问的表现和苏联提供军事装备的性能。苏联的回应是发布新闻稿，指责埃及军方对导弹装备维护不力。以色列国防军（IDF）经常观察到埃及士兵脱下军装，在苏伊士运河岸边捕鱼和散步。苏联将虚假报告透露给外国媒体，称埃及导弹部队在维护苏联提供装备时玩忽职守。

此次进攻最终得以成功，有赖于刻意营造的习惯性。在进攻之前，埃及部队开展了多种多样的行动来营造习惯性，目的是让以色列情报机构不再敏感。在 1973 年的头 9 个月里，埃及军方采取下列行动：

- 实施20次完整的动员和解除动员行动，让人对这种模式习以为常。
- 实施可以轻易被以色列国防军发现的渡河行动。埃及把部队调至运河、建造坦克坡道、在运河城墙上开洞，但每次到了最后都会撤退。
- 在 1973 年 10 月之前，接连调动多支旅级部队前往运河开展训练。然后，将每支部队的部分兵力撤回，因为是在夜间，又开着车灯，让人以为是整旅撤退。

起初，面对这种营造习惯性的努力，以色列做出的回应是下令部队保持戒备。到了 10 月，他们已对埃及的活动习以为常，不再认为这是入侵威胁。10 月 6 日，以色列被打得措手不及。埃及部队横渡运河，使用水炮击穿他们的防御墙，在赎罪日战争的前几小时里取得重大进攻胜利。

（二）拒止

在许多教材和培训课程中，欺骗与拒止都是密不可分的，这两个概念被合称为“拒止与欺骗”（denial and deception，D&D）。将它们分开处理的做法有益无害。人们可以在实施拒止的同时，不实施主动欺骗。人们在实施拒止的时候，目的往往并非欺骗，换句话说，它的最终目的仅仅是不让他人掌握情况。情报搜集人员通常必须突破以下类型的拒止：

- 恐怖组织和贩毒卡特尔经常性地构筑行动安全（operational security，OPSEC），不让人力情报源搜集关于本组织活动的信息。
- 军事试验场事先安排活动计划，以避免被卫星、飞机和无人机（UAV）搜集图像。
- 外交官和军方指挥官加密重要通信，以保护重要通信的安全。
- 前线部队使用伪装技术，以隐藏车辆和火炮。
- 政府在研发核生化武器时，将它们置于地下设施内，以隐瞒此类行动。
- 飞机和船舶的设计人员使用隐身技术，以压制自身平台的特征（signature）。

本书并不讨论这些类型的拒止，除非它们是欺骗的组成部分。一切欺骗都会包含某种形式的拒止。人们实施拒止时，目的可以不是欺骗，但反之不然。你方在实施欺骗时，必然会实施拒止，以隐瞒那些你希望敌方没有察觉或不肯相信的某部分真相。行动安全对欺骗行动非常重要，但它对真正的行动同样重要，甚至更加重要，具体情况取决于真正行动的成败对欺骗计划的依赖程度到底有多大。

事实上，一切欺骗都要求你方拒止敌方，不让其访问真相的某些部分。拒止可以隐瞒真实情况的某些部分，比如你方真正的意图和能力。

当拒止作为欺骗的组成部分被人使用时，它往往就是“操纵”（manipulation）的组成部分。然而，操纵需要将真实信息和虚假信息融为一体。例如，你可以使用操控手段，让敌方感觉你方很强大，但事实上你方是弱小的——或者恰恰相反。萨达姆·侯赛因领导的伊拉克政府正是如此，他们一直对关于大规模杀伤性武器的情况采取拒止措施，时间长达几十年之久。

伊拉克大规模杀伤性武器项目

20 世纪 80 年代，伊拉克研发化学武器，用它们在两伊战争中攻击伊朗军队和平民，并在战后攻击伊拉克库尔德人。其化学武器生产工厂得以建造，是因为有几家德国公司提供帮助。这些德国公司还向伊拉克提供了 1000 多吨化学先质，后来这些材料被用来制造芥子气、塔崩和沙林。

在同一时期，伊拉克还开展生物武器项目，主要依靠德国在设施建设领域的专门知识，依靠美国疾病预防与控制中心提供炭疽、肉毒杆菌毒素和西尼罗河病毒等生物样本。伊拉克声称需要这些样品开展医学研究。到了第一次海湾战争（1991 年，美国将其命名为“沙漠风暴行动”）时，伊拉克已将数千升肉毒杆菌毒素、炭疽和黄曲霉毒素武器化（即置于弹药当中）。

最终，伊拉克在 20 世纪 80 年代启动核武器研发项目，并依靠意大利的援助，建造了几个实验室，同时发展相关技术，以满足武器生产需求。截至“沙漠风暴行动”开始时，他们并没有生产出任何武器。

这三个大规模杀伤性武器项目全部高度依赖拒止，具体而言，就是拒止他人了解购买工厂、技术、材料和专业知识等的目的。第一次海湾战争结束后，伊拉克人不得不与联合国授权的核查小组明争暗斗，但同时也在小规模地继续这些项目。这样做是为了保证未来有能力恢复武器研发，但不是有能力生产武器，因为会被核查小组发现。

伊拉克人依靠对联合国核查小组工作流程的深入了解，隐瞒了这些项目。他们利用手中掌握的情况，制订出一项计划，在大规模杀伤性武器问题上欺骗核查人员。该计划严重依赖拒止，让对方无法开展图像和专业化技术采集等活动，[1] 具体做法是把大规模杀伤性武器的相关设施，藏匿于现有建筑物的内部或地下。同样为了达到这个目的，他们在设计相关建筑时，刻意让其外观看起来像是其他类型的建筑。他们禁止排放以防走漏风声，并隐藏电线和供水以隐瞒其使用目的。他们会在夜间移动与大规模杀伤性武器有关的设备。[2]

伊拉克的拒止努力非常特别，因为它试图针对两个不同的目标，设计了两种截然相反的形象。针对联合国、美国及其盟友，它的目的是营造软弱的形象，即伊拉克没有大规模杀伤性武器和大规模杀伤性武器项目；针对萨达姆·侯赛因在中东的敌人——特别是伊朗和以色列，它的目的是营造强大的形象，即伊拉克拥有大规模杀伤性武器，并已经做好了使用这些武器的准备。

（三）欺诈

成功的欺骗通常需要用到欺诈 [3]。如果没有欺诈，目标仅是因为拒止、虚假信息和（或）自欺欺人而产生误解，这和蓄意而为的欺骗是不一样的。

欺诈需要“伪造”（fabrication），也就是将假象当作真相来提供。人

[1] 原注：Director of Central Intelligence George J. Tenet, speech at Georgetown University, February 5, 2004.

[2] 原注：David Kay, “Denial and Deception: The Lessons of Iraq,” in *U.S. Intelligence at the Crossroads: Agendas for Reform*, ed. Roy Godson, Ernest R. May, and Gary Schmitt (Washington, DC: Brassey’s, 1995), 120.

[3] 译注：欺诈（deceit），与欺骗（deception）近似，但更强调蓄意或恶意行为，是贬义词。

们可能会把一家化学武器工厂伪装成杀虫剂工厂，就像伊拉克所做的那样。人们也可以把友军伪装成中立部队，甚至伪装成敌军，[1] 这种做法通常被称为伪装行动（pseudo operation）。

伪装行动（也称为“假旗”行动[2]）经常被用来打击叛乱。具体做法是让有组织的小队混入叛乱分子营地。他们的任务是搜集情报，或是抓捕或杀死叛乱领导人。小队成员通常来自既有的准军事或军事部队，但有时他们也会使用叛变的被俘叛乱分子。[3]

事实证明，几十年来伪装行动小队一直非常成功，因此被认为是所有反叛乱行动的重要组成部分：

- 最早有报告的伪装行动出现在菲律宾，时间是 1946—1955 年，即抗日人民军（Huk）发动叛乱时期。抗日人民军的成立初衷是与日本人作战，后来开始发动叛乱，反对菲律宾政府。作为回应，菲律宾警察部队成立了被称为“X 部队”（Force X）的小型部队，基本设想是让这支部队经过专门训练，在言谈举止等方面酷似抗日人民军，以潜入他们的地盘，搜集情报，杀死或抓捕他们的领导人。X 部队成员在衣着装备方面酷似抗日人民军，接受训练后，言谈举止也酷似抗日人民军——训练他们的教官，正是被捕后叛变、为政府效力的 4 名游击队员。[4]
- 大约就在抗日人民军发动战争的同时，即 1948—1955 年，英国针

[1] 原注：Scott Gerwehr and Russell W. Glenn, *The Art of Darkness: Deception and Urban Operations* (Santa Monica, CA: RAND, 1999), 21, http://www.rand.org/publications/MR/MR1132.

[2] 译注：“假旗”行动（“false flag” operation），隐藏身份，打着其他组织的旗号开展行动，让对方误以为这些行动是被其假冒的组织所执行的。

[3] 原注：Lawrence E. Cline, “Pseudo Operations and Counterinsurgency: Lessons from Other Countries,” US Army War College, June 2005, http://www.strategicstudiesinstitute.army.mil/pdffiles/pub607.pdf.

[4] 原注：同上。

对马来亚民族解放军发动了一次伪装行动。这次行动非常成功，因此反叛乱专家将其视为此类行动的典范。

- 1952—1960 年，英国针对肯尼亚一个名为“茅茅”（Mau Mau）的部落叛乱组织，发动反叛乱行动。特种部队派遣冒牌黑帮打入该组织内部，杀死或抓捕这伙四处流窜的恐怖分子。起初，成立这些冒牌黑帮的目的只是获取情报，但后来他们就发展成为作战部队。欧洲军官把脸涂成黑色，率领他们接近敌人，再将其杀死或俘虏。这些伪装组织的成员来自忠于英国的基库尤人（Kikuyu），有时也会来自部落警察或正规警察、白人军官和叛变的茅茅人。这些茅茅人在取信于敌方面非常重要，因为他们掌握着最新的秘密手势、响指打法和能够取得茅茅人信任的赌咒发誓。
- 20 世纪 60 和 70 年代，葡萄牙在其非洲殖民地多次开展伪装行动。这些部队的活动单位是非洲士兵组成的小分队，通常都会包括被俘并叛变的叛乱分子。他们的作用主要是搜集情报。
- 在罗得西亚反叛乱战争期间（1964—1979），军事当局（罗得西亚安全部队）[1] 意识到有必要获取准确及时的情报。因此，他们在 1973 年成立了一支秘密部队，以获取此类情报。这支部队就是塞卢斯侦察队，它由警察和军方的情报专家、士兵和叛变的游击队员组成。最后，这支小股部队扩编成一支庞大的反叛乱部队，人数接近 1000。这个侦察队的行动给叛乱分子带来沉重的心理压力，令他们开始经常性地担心欺骗、背叛和突然袭击。塞卢斯侦察队经常会设计出周密的想定，也就是让部队中的黑人成员伪装成游击队员，带着“被俘”的白人士兵进入游击队营地，并在最后一刻，将所有武器还给那些假冒俘虏。这样一来，塞卢斯侦察队就可以将整

[1] 译注：罗得西亚安全部队是罗得西亚的白人政权。罗得西亚是津巴布韦的前身。

个敌军营地打得措手不及。

- 20 世纪 90 年代以来，土耳其政府依靠宪兵部队旗下的“特种小队”和警方旗下的“特种作战小队”，反制库尔德工人党（Kurdish Partiya Karkeren Kurdistan）发动的叛乱。这些小队的任务是开展高风险的反恐行动，专门袭击库尔德工人党干部。实际上，这些小队的角色就是“死亡小队”，即找到并杀死库尔德工人党领导人。
- 2001 年起，联军在阿富汗开展军事行动，期间联军专门成立了军事特遣队和警察部队，目的是在叛乱分子控制的坎大哈和赫尔曼德等地区搜集人文地形情报。他们的行动包括潜入敌方地盘，与当地人举行舒拉（shuras，会面），这样做可以评估叛乱活动的规模，还可以了解这些地区的重要社会关系网络，以便策划未来行动。
- 在打击“伊斯兰国”的战斗中，伊拉克派遣特种部队，针对“伊斯兰国”通信线路发动远程破坏行动，有时也会以伪装行动的方式潜入空袭射程内，将“伊斯兰国”人员诱至该空袭射程内。

几十年来，伪装行动小队成功搜集到其他手段无法获取的情报。在进攻行动，也就是破坏叛乱分子领导层的行动中，他们也曾有过成功的纪录。他们成功的关键是伪装，也就是欺诈。

在今天的信息时代，伪装行动的涵盖范围已经扩大，可以包括互联网及所有形式的互联网通信。起初人们在聊天室和博客中，只是就身份问题进行简单的欺诈，但随着数字社交网络的迅速发展，这种做法所涉及的范围得到了极大拓展。脸谱网、推特和 Instagram 等社交媒体，已经成为开展伪装行动时的常用作战空间。人们使用虚假的个人资料、群组和角色开展活动时遇到的阻力相对较小，但后来几家较大规模的公司开始执行更加严格的限制政策。然而，如今的社交媒体已是一个公认的作战空间，这个领域天然允许开展伪装行动。

（四）误导

误导要求操纵敌方认知，使之朝着某个特定方向发展。你希望可以引导敌方偏离真相，形成虚假认知。在行动中，有种伪装——通常被称为**偏离**（diversion），可让敌方注意力偏离真正行动将要发生的地点。它的理念是引导敌方远离某个地区或活动，或是让目标对友军“资产”[1] 的注意力发生偏离，或是将目标的注意力吸引至某个特定的时间和地点。

误导涉及欺骗的其他三个原理：一是真相，因为它是一切欺骗中不可或缺的部分；二是拒止，因为必须用它来保护关于真实态势的情报；三是欺诈，因为它可以制造虚假认知。

误导有赖于深入了解敌方情报的情报源和获取过程。印度政府利用掌握的相关情况，制订了一项战略欺骗计划，为 1998 年 5 月 11 日举行的核试验打掩护。当天，印度在位于西北部沙漠的伯克兰（Pokhran）核试验场进行了 3 次地下核试验。此次试验令美国政府完全措手不及。此次行动的许多特点，都可以用来阐释如何出色地利用相关渠道开展欺骗，因此我们会在第 6 章再次深入探讨此次行动。

印度核试验

此次核试验欺骗计划之所以取得成功，是因为印度政府非常清楚美国图像分析人员通过哪些关键要素，就可以发现核试验的准备工作。美国政府曾经成功地通过威慑手段，提前阻止印度开展核试验的计划。

[1] 译注：资产（asset），可用来指代人员或物资装备。

1995 年 12 月，美国侦察卫星在伯克兰观察到核试验准备工作，包括车辆活动情况和试验设备部署情况。美国驻印度大使向印度高官展示这张图像，在这次外交照会[1]中成功劝阻了这次试验。[2]

印度利用在这次照会上所掌握的情况，策划了一次周密的欺骗行动，为 1998 年核试验的准备工作打掩护。这次行动涉及多个方面，目的是保护核试验不被人力情报和图像情报所发现。[3]这次欺骗行动包含多项要素，因此成为阐释多情报欺骗（multi-INT deception）的绝佳案例。它作为经典案例，阐释了欺骗的四个要素：

1. 真相。核试验地点已被发现。印度必须在这个真相背景下想方设法，因为他们知道美国将使用图像情报手段，监视相关设施。此外，美国政府知道印度希望改善贸易关系，这一情况为此次欺骗行动提供了帮助。美国官员倾向于相信印度不想挑起危机，因此不会举行核武器试验。[4]

2. 拒止。为保护这项努力，印度政府内部广泛开展保密措施。很少有人知道这个计划，举行试验的决定甚至没有透露给重要的内阁部长。他们在夜间开展工作，总是在黎明时将重型设备送回原先所在的停车场，因此没有证据显示这些设备曾被移动过。他们挖掘竖井时，在上方罩有伪装网，安装传感器时，小心翼翼地用沙子盖住，而且更换当地植被，目的都是掩饰挖掘工作。

3. 欺诈。挖出沙子后，堆放时模仿沙漠地区自然风化后的沙丘形状。试验场所有技术人员都穿着军装，这样在卫星图像上，他们看起来

---

[1] 原注：照会是一种政治或外交措施，比如向某个外国政府提交抗议或外交陈述。

[2] 原注：Tim Weiner and James Risen, "Policy Makers, Diplomats, Intelligence Officers All Missed India's Intentions," *New York Times*, May 25, 1998.

[3] 原注：同上。

[4] 原注：同上。

就像是负责试验场维护工作的军方人员。印度政府在核试验前多次发表公开声明，目的是向华盛顿保证自己没有考虑开展核试验。印度外交官还向美国外交官断然否认 :“不会有突然实施的试验。”所有参与此次行动的科学家，都是假借参加研讨会或会议的名目，以两三人一组的方式出行。他们买票时的目的地也不是伯克兰，而且还使用假名。一个小组到达目的地后，就会秘密前往伯克兰。在完成自己负责的那部分工作之后，这个小组就会原路返回。然后，另一个小组故技重施，前往试验场，完成核弹研发中自己负责的那部分工作。

4. 误导。核试验正式启动之前，印度领导人设法将美国的注意力吸引到其他地方。他们知道，美国一直都在监视昌迪普尔（Chandipur）的导弹试验，而那里与伯克兰的距离超过 1000 英里（约 1609 千米）。因此，他们开始在昌迪普尔进行准备工作，让那里看起来仿佛是要进行一次弹道导弹试验。印度人确实试射了一枚（情报价值较低的）“三叉戟”（Trishul）地对空导弹，但他们又把其他设备运至该试验场，这样一来，相关准备工作看起来似乎是为了试射（情报价值较高的）“烈火”（Agni）中程弹道导弹。[1] 结果，据悉美国侦察卫星都在全力关注昌迪普尔，因此在核试验实施之际，这些卫星对核试验地点仅有最低程度的观察活动。[2]

本书将在后面几章介绍用以组织欺骗行动的方法论。但首先，我们应当稍事赘述，介绍一下行动和情报在开展欺骗时所发挥的作用。

---

[1] 原注：“Strategic Deception at Pokhran Reported,” *Delhi Indian Express* in English, May 15, 1998, 1.

[2] 原注：Weiner and Risen, “Policy Makers, Diplomats, Intelligence Officers.”

五、行动和情报的作用

前文介绍的霍尔特戒律，是根据在二战吸取的教训制定的，并受同盟国开展军事欺骗行动时的组织环境所影响。自然，这些戒律是基于欺骗制定的——而欺骗同时需要情报部门和行动部门才能实现，两部门之间的关系，往往决定着欺骗行动的成败。

欺骗是在决策者的指挥下策划和开展的，目的是支持某个政策或军事目的——它可以是战略的、战役的或战术的。在军事术语中，决策者就是指挥官。参考我们前面的定义，指挥官为实现总体目标开展的组织活动，可以称为**行动**。

一切欺骗都应该受行动部门领导，受情报部门驱动。这是一条简单的法则，但因为行动与情报在组织文化上是相互冲突的，所以这条法则往往无法得到有效实践。不过，不可否认的逻辑是，应当使用尽可能最优的态势认知（situational understanding）来驱动行动。另外，这个逻辑也正是欺骗行动背后的首要原理。如前所述，发动欺骗行动的目的并不是为了欺骗他人。发动欺骗行动的目的，是为了提高真正行动的成功概率。认识到这一点后，人们就会明白情报的作用与欺骗行动是没有区别的；情报必须提供尽可能最优的态势认知，以此驱动欺骗行动。

欺骗通常是由一个组织中负责行动的部门策划的。欺骗至少可以追溯到二战时期，它的实施经验已经反复证明，行动部门是最适合接手欺骗任务的。特别值得一提的是心理战行动，它也是行动部门的一项职能。于是，“如此说来，情报的作用到底是什么”就变成了开放式的问题：

- 人们有时会批评负责行动和政策的官僚机构（尤其是美国官僚机构），指其不愿将欺骗纳入策划过程。因此，情报的首要任务是提供机会分析（opportunity analysis），也就是分析在所策划行动中使用欺骗的可能性有多大。
- 一旦决定开展欺骗，情报便可发挥多项作用，以确保欺骗取得成功。它必须找出成功概率最高的欺骗类型。它必须识别出目标在面对成功和不成功的欺骗时的可能反应。它必须选出能够用以提供欺骗性信息的渠道。
- 在情报驱动欺骗行动的环境中，这个组织的情报部门会使用**自反**（reflexive）方法论，了解敌方获取和使用情报的流程——也就是在反情报中使用自反方法论。之所以说这种方法是自反的，是因为情报部门会观察和评估**敌方开展观察和评估的方式**。这些信息将被用于生成态势认知，专门用来策划和实施支持性欺骗行动。

此外，在某些情况下，情报组织会同时承担行动和情报两种职能。这些情况包括多种类型的隐蔽活动，以及行动主要目的是情报搜集的那些任务。

关于第 10 章和第 11 章所讨论的主题，也就是“侦测与挫败欺骗”这个问题，答案并不相同。在处理这个问题时，情报部门必须牵头。欺骗必然是针对一个组织的传感渠道（主要但不限于情报渠道）开展的。所以情报部门是反欺骗的第一道防线。情报部门的责任就是发现可能的欺骗，并确保用户也能发现这些活动。

这里强调的是政府和军方领导人往往不会考虑的两类问题：是否有可能针对敌方开展欺骗，以及己方是否可能已被施以欺骗。这是一项重要的能力，因为它不但提高了己方行动的成功概率，而且降低了敌方行动的成功概率。

本章已经指出，欺骗、反情报和心理战行动等领域是相互重叠的。图 1-3 中传统的文氏图已经明确描述了这一点。该图还表明行动和情报在每个领域都能发挥的特定作用。军事组织往往会设立不同部门，分别负责欺骗行动和心理战行动，但这两个部门之间也曾有过混淆和摩擦。[1]

本书将在后面几章介绍组织和管理欺骗与反欺骗的方法论。第 2 章至第 9 章讨论情报分析是如何支持欺骗行动的，第 10 章和第 11 章介绍情报分析是如何驱动反欺骗工作的。

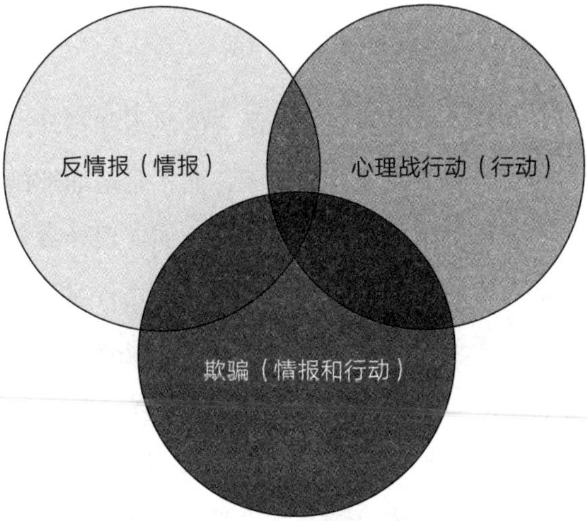

图 1-3　描述功能重叠情况的文氏图

[1]　原注：Holt, *The Deceivers: Allied Military Deception in the Second World War*, 54.

[第 2 章]

方法论

本书讨论的方法论，主要强调影响敌方的决策和行动。用第 1 章的定义来表述，我们的讨论重点是误导式欺骗，而不是增加模糊式欺骗。本书的其他章节，除少数特例以外，全都集中讨论如何误导敌方，致其做出决策和采取行动，从而生成对己方有利的结果。总之，这种基本的方法论适用于所有类型的欺骗活动，包括部分反情报或心理战行动。

罗伊 · 戈德森（Roy Godson）和詹姆斯 · 沃茨（James Wirtz）在所撰写的期刊文章《战略拒止与欺骗》（*Strategic Denial and Deception*）中，为策划和实施误导式欺骗的活动提供了详细的指导意见。他们指出：

> 成功的欺骗行动需要战略连贯性（coherence）。实施欺骗的国家，必须事先拟定一个用以实现各项目标的总体计划，事先确定目标将会如何行事，事先确定欺骗如何实施才能促成这样的结果。该国还必须针对欺骗成功或不成功两种情况，预测届时目标将会做出何种反应。这绝非易事。在预测欺骗行动造成的后果时，欺骗策划人员可能会抱有一厢情愿的想法。此外，该国的活动还必须包括以下两点：一

> 是旨在拒止敌方获得正确信息的努力，二是欺骗性掩护故事。再次重申，这绝非易事。拒止与欺骗工作需要该国众多部、司和局等机构开展相关活动，而且这些活动必须是相互协调配合，甚至是彼此连贯呼应的。该国必须能够影响到各种公开声明、媒体文章和互联网通信，从而支持该国意图实施欺骗这个目的。而在分发该项虚假信息的过程中，必须采取措施，以防正确信息被传递给目标。[1]

总之，所有欺骗都具备四项基本要素：第一，必须设定一个理想“目的”（objective）；第二，必须选定一个“目标”（target），也就是将被欺骗的个人或人群；第三，必须提供一个“故事”（story），也就是关于现实的错误图景；第四，必须选择一个或多个“渠道”（channel），以此传播故事。

欺骗行动是否成功？只有在涉及一个行为体的决策时，这个问题才有意义。因此，上述四项要素的基础，就是一个可以在整个过程中随时使用的决策模型。要想在理论与实践之间搭建桥梁，那么桥梁的基础，就应当是确定哪些动力可以驱动行骗者和目标受骗者做出决策。此外，为这个基础所选择的方法论，必须能够让一个组织的情报部门和行动部门全部参与进来，因为必须将这些部门提供的情况综合起来，提供给那些将要拟定、挫败或侦测欺骗的相关人员。

简言之，策划欺骗时的方法论，应当能够回答以下问题：

1. 我们希望看到欺骗达成什么样的**结果**？
2. 敌方必须**做到**什么，才能达成那样的结果？
3. 敌方必须相信什么**故事**，才能做出那样的决策并采取那样的行动？
4. 我们应当如何向敌方传递相关信息，才能使其相信那个故事？

---

[1] 原注：Roy Godson and James J. Wirtz, “Strategic Denial and Deception,” *International Journal of Intelligence and CounterIntelligence* 13 (2000): 426.

执行这种方法论的最优模型，是约翰·博伊德（John Boyd）的“观察—判断—决策—行动”（Observe-Orient-Decide-Act，OODA）循环的一种变体，但它需要在克拉克和米切尔合著的《以目标为中心的网络建模》（*Target-Centric Network Modeling*）中所述的行动策划背景下讨论。[1] 在深入探讨这个方法之前，我们先来简要回顾一下博伊德的OODA 循环。

一、OODA循环

OODA 决策循环的概念是美国空军上校约翰·博伊德提出的，初衷是为了帮助训练战斗机飞行员。后来，博伊德扩大了这一概念的外延，使之适用于战役层面和战略层面的所有军事行动。事实上，它还适用于这些层面的所有大型组织（包括政府）。这个概念在探讨欺骗时尤其有效。OODA 循环如图 2-1 所示。

博伊德断言，决策会出现在“观察—判断—决策—行动”这个反复运行的循环当中。因此，敌方和你方都会在 OODA 循环内运行。在冲突中，优势流向的个人或组织，在这个循环中的前进速度是快于敌方的，也就是说，他们可以比敌方更快地发现并应对逐一浮现的事件。为此，你方会隐瞒自身意图或在意图问题上误导敌方，同时确定敌方的意图和对情况的掌握程度——这正是欺骗的核心所在。

[1] 原注：Robert P. Clark and William L. Mitchell, *Target-Centric Network Modeling* (Newbury Park, CA: SAGE, 2015).

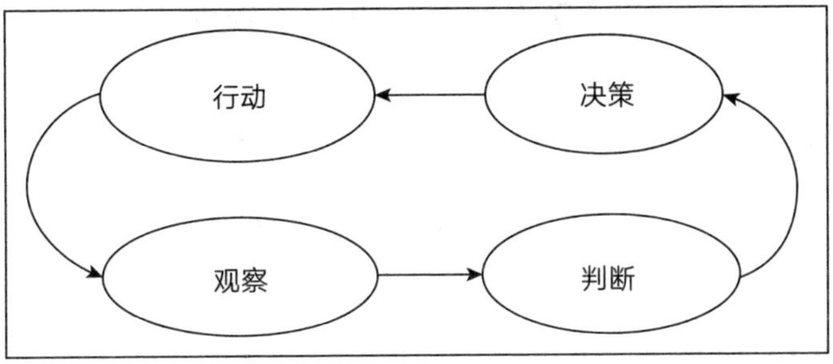

图 2-1 约翰·博伊德的 OODA 循环

来源：帕特里克·爱德华·莫兰（Patrick Edward Moran）绘制，GNU Free Documentation 授权使用，原图参见：https://commons.wikimedia.org/wiki/file:ooda.boyd.svg。

因此，正如本书所阐释的那样，必须在多个 OODA 循环相互竞争的背景下去认识欺骗。欺骗是一个过程，其执行方式带有特定意图，那就是破坏和打乱敌方的 OODA 循环。如何做到这一点？这就是本章的主题。

很明显，OODA 循环是一种认识欺骗的有效方法，它早已被用来处理欺骗的问题。罗布·迪索（Rob Dussault）在关于欺骗方法论的著作中，使用完全相同的框架来描述自己提出的欺骗交互代理模型（interacting-agent model）。迪索使用的名词略有不同，在他提出的循环中，相关术语是“感知—判读—计划—行动”（sense-interpret-plan-act）。[1] 他使用这些术语，说明欺骗行动的时间框架，要长于战斗机飞行员的战斗时间框架。但是，因为大多数读者更加熟悉博伊德的 OODA 循环，所以本书采用了他的版本。

关于 OODA 循环，有三个视角可被用来实施己方的欺骗，以及侦测敌方实施的欺骗。

[1] 原注：Rob Dussault, “Denial and Deception in a Nutshell,” *Defense Intelligence Journal* 15, no. 2 (2006): 83.

二、OODA循环的三个视角

在作战空间或高度竞争环境下[1]，OODA 循环构成了敌对方或竞争方彼此间的交互身份。我们在这里使用**身份**（identity）一词的用意，与特德·霍普夫（Ted Hopf）在 1998 年讨论世界政治时介绍它的用意是一样的。身份可以告知以下信息：

1. 告诉你，你是谁；
2. 告诉你，别人是谁；
3. 告诉别人，你是谁。[2]

要想了解欺骗动态，并且了解程度足以开展实际活动以支持欺骗，就必须彻底认清三个 OODA 循环视角——它们逐一对应霍普夫对“身份”的三项描述。在欺骗中，关于 OODA 循环有以下三种截然不同的视角：

1. 你如何看待你方的 OODA；
2. 你如何看待敌方的 OODA；
3. 你认为敌方如何看待你方的 OODA。

我们将详细讨论这三个视角，这样才能解释为什么在欺骗和反欺骗中，必须了解上述三项。

（一）第一视角——了解你方的 OODA 循环

这是 OODA 循环最常见的应用视角。它需要考察你自己的组织，进而了解该组织的结构和流程将如何影响其在给定态势下开展“观察—判

---

[1] 原注：William L. Mitchell, “Operationalizing Battlespace Agility,” *Militaert Tidsskrift* 141, no. 4 (2013): 78–95.

[2] 原注：Ted Hopf, “The Promise of Constructivism in International Relations Theory,” *International Security* 23, no. 1: 171–200.

断—决策—行动”的方式。了解你方的 OODA 循环，这不仅是策划欺骗行动所必需的，而且也应该是策划普通行动所必需的。如图 2-2 的循环所示，这需要：

- 了解你方组织在行动环境（operational environment）下，是如何开展观察的。它在这样做时，是否需要我们常说的“传感器绘图[1]”（sensor mapping）？
- 深入了解你方组织如何判断和处理所搜集的信息，深入了解组织内部在速度和精度方面所面临的挑战。比如说，你必须了解本组织在履行观察功能时，是如何在准确性和及时性之间做出权衡的。
- 了解对信息进行的开发利用，是如何影响所做的决策和所采取的行动的。

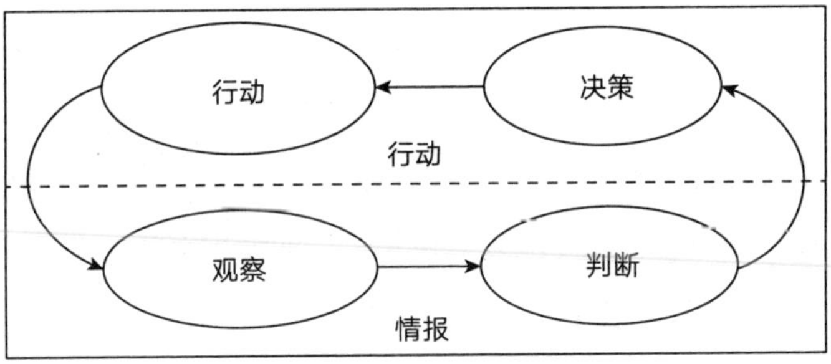

图 2-2　你方的 OODA 循环

在策划欺骗时，可以使用这个视角思考以下问题：你方组织将如何监视欺骗的结果，如何在己方 OODA 循环内进行必要的调整。我们将会看

[1]　译注：传感器（sensor），文中也用来指代执行传感器功能的人员，用加引号的“传感器”以示区别。绘图（mapping），是使用总图来表示各要素之间关系的方法，它是分析图，同时也是分析的过程。

到，这样做的目的是让这个循环的运行速度超过敌方的 OODA 循环，这也被称为进入敌方的 OODA 循环。

你方情报部门和行动部门都必须非常了解你方组织的 OODA 循环，以便策划欺骗行动。如图 2-2 所示，每个部门都可以贡献自己独有的专业知识。行动部门决定应该做什么，并执行该项决策。情报部门观察并分析情报，向行动部门提供情报。

（二）第二视角——了解敌方的 OODA 循环

要想策划进入敌方 OODA 循环的方法并实施欺骗，就需要了解敌方是如何在自身行动环境中开展观察的。因此，关键是对敌方传感器进行绘图，这样才能了解他们是如何策划欺骗行动的。他们如何搜集信息？他们可能掌握哪些机密平台（如图像情报）和非机密平台（如开源情报）的访问权限？必须识别出敌方所有合法和非法的搜集源和传感器。

另外，必须了解敌方是如何判断所搜集信息的，主要目的是研究他们想要搜集什么，以及如何整理所搜集的信息。简言之，你方组织必须跟踪敌方的情报搜集活动，跟踪敌方对搜集产品的使用方式。有了这些信息，你就可以了解他们将如何利用情报，做出决策和采取行动。

如图 2-3 所示，了解敌方 OODA 循环，在很大程度上需要依靠情报部门来实现。但是，你方行动部门也不可避免地会就敌方的决策和行动流程，提出自己的独到见解，如果他们在对敌斗争方面拥有长期经验的话更是如此。例如，赎罪日战争开始阶段，埃及开展的欺骗行动（参见第 1 章）就是精心策划的，因为埃及人在与以色列军队斗争方面拥有多年的经验。以色列曾多次成功地对阿拉伯世界发动欺骗行动，凭借的就是长期经验——事实上，早在 1948 年阿拉伯世界与以色列之间那场帮助以色列建国的冲突爆发之前，这些欺骗行动就已经开始实施了。

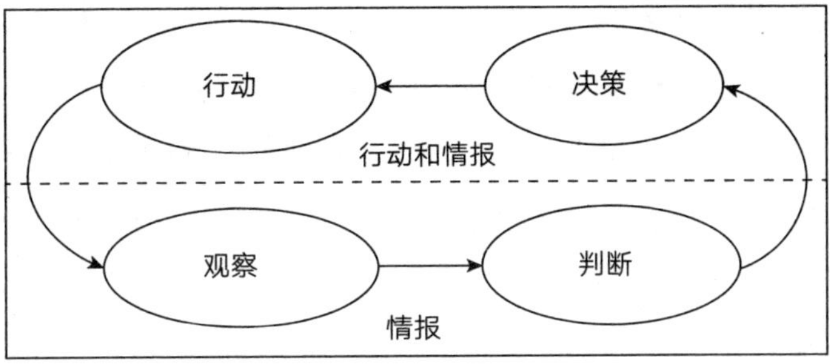

图 2-3　敌方的 OODA 循环

（三）第三视角——了解敌方如何看待你方的 OODA 循环

要想获得这个视角的认知，首先你必须建立前两个 OODA 视角的认知。只有了解前两项之后，你才能获得足够的基础，去评估敌方如何认识你方的观察能力、判断过程和随后开展的决策与行动。第三视角是你方的评估视角，评估对象是敌方对你方 OODA 循环的评估，如图 2-4 所示。

应当在一切有效层面应用这个视角，这种做法在策划和侦测欺骗时非常重要。它对策划欺骗的主要贡献（如果评估结果准确），在于它可以让你方提高欺骗行动的安全性，也就是了解哪些指标可以触发敌方对真正计划的好奇心，从而避免这些指标。

在侦测欺骗这个问题上，这个视角可以提供帮助，让你在你方传感器搜集的信息中检索不一致性（incongruence）和一致性（congruence）。发现存在这两种特性，说明你方其实已经被欺骗了。特别是，关于你方的 OODA 循环，如果将你方的了解情况与敌方的了解情况进行比较，就有机会发现敌方试图欺骗你方的手段，以及你方掌握的、有可能侦测出此类欺骗的渠道。

有了这三个 OODA 循环视角，再补充一个清晰明确的环节，我们就可以策划和发动欺骗行动了。博伊德**假定**在 OODA 循环过程中，每一轮运行都会生成一个成果，或者说行动结果——这就是反馈环节，它存在于行动和观察之间，产生基础是每次行动的结果。这个结果包括不断浮现的环境、你方与环境的互动，以及敌方为应对你方行动而采取的行动。毕竟，敌方在运行自己的 OODA 循环，你方也在运行自己的 OODA 循环。但是，在策划欺骗时，必须让行动结果清楚明了。因此，对于本书要达到的目的而言，需要将一个补充环节，也就是“插入结果”环节添加到博伊德的循环中。现在，这个循环便如图 2-5 所示。这是策划过程的循环，但略有改动：箭头反转，建立我们所说的逆向循环。

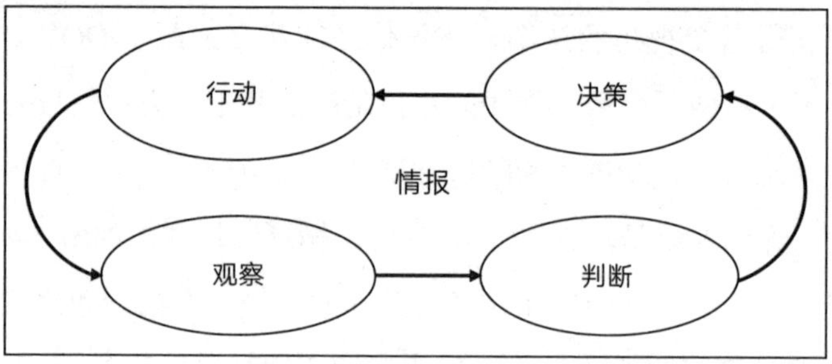

图 2-4　敌方如何看待你方的 OODA 循环

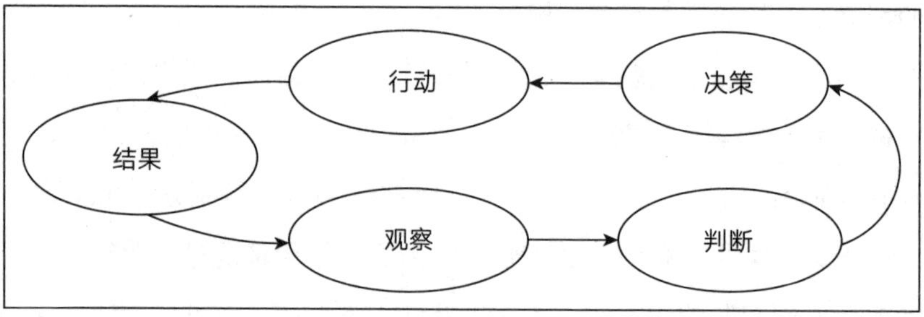

图 2-5　加入明确结果后的 OODA 循环

三、策划欺骗：逆向OODA循环

兰德公司研究员斯科特·格韦尔（Scott Gerwehr）对一个可用以策划欺骗的过程做了定义。这个过程按时间顺序是前进的，但在 OODA 循环中却仿佛是后退的，被他称为“逆向策划”。[1] 它更像是对问题进行逆向工程。换言之，首先是选定理想的最终结果：在脑海中设定**目的**，也就是开展欺骗。然后是选择**目标**，也就是做出某项决策的人，并确定你方希望其采取哪些行动，才能实现你方理想目的。接下来是拟定一个能够促成该项决策的**故事**，以影响敌方判断或分析所感知信息的方式。最后是拟定手段，重点针对敌方开展观察和定位的**渠道**。[2]

需要重申一下，逆向 OODA 循环的方法论包括以下环节，如图 2-6 所示：

- **理想结果想定**。这是**目的**。设想一个未来，也就是一个理想的最终目标，这个未来对己方的有利程度，优于完全不作为时可能产生的未来。这两种目标未来（target future）都以想定的形式出现，一种是预期想定（如果不策划欺骗的话将会怎样），另一种是理想想定[3]。
- **决策和行动**。识别哪些关键分支点（branch point）可以促成所希望的最终结果（不同于未执行欺骗时预期出现的最终结果）。这些关键分支点正是敌方（**目标**）面对的时机，此刻他们必须做出决策或采取（或不采取）特定行动。

---

[1] 原注：Scott Gerwehr, “Cross-Cultural Variation in Denial and Deception,” *Defense Intelligence Journal* 15, no. 2 (2006): 52.

[2] 原注：同上。

[3] 译注：关于预期想定（expected scenario）和理想想定（desired scenario），“预期”是被动地预测未来，“理想”带有主观价值取向，希望出现自己心仪的未来。

- **判断**。在敌方必须采取特定行动的关键分支点，创造一个敌方必须相信的**故事**（即虚构的想定），这样敌方才能采取己方希望的行动。
- **观察对象**[1]。在OODA循环中继续逆向运行，接下来就是识别观察对象集合和与之相关的**渠道**，它们可以引导敌方相信这个故事，然后引导敌方采取己方希望的决策和行动。

在接下来的几章里，我们将逐一讨论所有环节。我们先来讨论一个二战时期的案例，它是欺骗的经典之作。请看逆向循环在这个案例中是如何运行的。

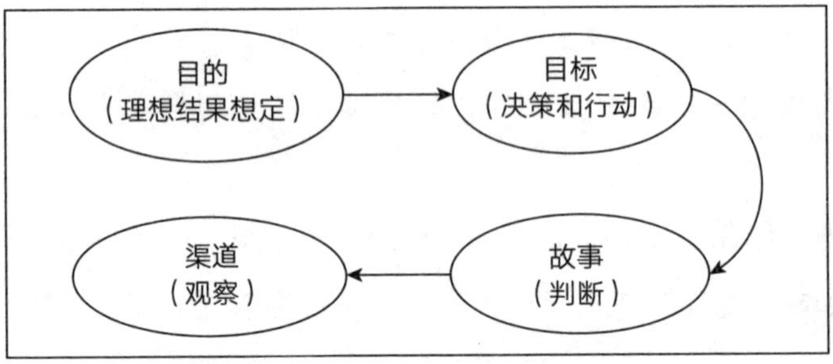

图2-6 策划欺骗行动

“肉糜行动”

二战期间，在1943年，同盟国正忙于制订进攻西西里岛的计划，代号“哈士奇行动”（Operation Husky）。

1. 理想结果想定。由于没有实施欺骗，盟军预计将面临驻岛德军部队的激烈抵抗。他们的目的是拟定一个更加有利的进攻想定，以减少将

[1] 译注：观察对象（observable），在这里指行骗者选择特定时机释放的、相信敌方能够观察到的现象或信息，目的是在关键节点引导敌方采取预期决策或行动。

在西西里岛面对的敌军人数。

2. 决策和行动。因此，某种类型的欺骗便成为当务之急。为了达到目的，同盟国必须“说服”德军在其他地点部署部队，远离西西里岛战场。这种决策都是阿道夫·希特勒（Adolf Hitler）亲自做出的，所以他就是欺骗的目标。只有确信此次进攻将会发生在南欧其他地点时，希特勒才有可能做出这样的决策。英国人策划了一次周密的欺骗行动，代号“巴克利行动”（Operation Barclay），目的是让希特勒相信情况正是如此。

3. 观察和判断。同盟国使用的“故事”，内容为此次进攻的目标是巴尔干半岛或撒丁岛，而不是西西里岛。多个渠道被用来传递这个“故事”。无线电通信、伪造的部队调动、外汇交易、希腊和撒丁岛地图的准备工作——所有这些活动，都是以德国和意大利情报机构能够观察到的方式做出的，目的就是给他们制造一种印象，让他们认为登陆地点是希腊或撒丁岛。

“巴克利行动”中最有趣的部分，却拥有一个让人倒尽胃口的名字：“肉糜行动”（Operation Mincemeat）。最早披露“肉糜行动”的，是尤恩·蒙塔古（Ewen Montagu）撰写的《谍海浮尸》（*The Man Who Never Was*）（后来还拍成了电影）。[1]1943 年初，英国策划并实施了“巴克利行动”中的“肉糜行动”。因为事实证明，“肉糜行动”正是此次欺骗行动的关键部分，所以其 OODA 循环中的观察和判断环节（参见图 2-6）非常值得逐一深入探讨。

- 观察。英国人非常了解德国情报机构的运作方式。他们尤其了解德国在西班牙开展行动的情况，以及因德国与西班牙情报机构之

[1] 原注：Ewen Montagu, *The Man Who Never Was* (Annapolis, MD: Naval Institute Press, 1953).

间密切关系而形成的观察渠道。掌握这些情况之后，英国人便在西班牙海岸线上放置一具尸体：让人一看便知他是溺水身亡的英国参谋人员，而他身上携带的文件将泄露盟军下一次进攻的目标。英国人给尸体穿成英国皇家海军陆战队军官的样子，还在尸体上放了一个公文包，里面的文件可以泄露盟军即将进攻南欧的具体地点。随后，他们用潜艇把尸体和公文包投放在西班牙海岸附近，这具尸体将在那里被人发现，而公文包内的物品也将被共享给德国情报机构。

- 判断。此次欺骗行动之所以成功，是因为英国人准确掌握了德军与西班牙情报机构之间的合作模式，也因为他们知道哪种形式的情报最有可能让德国人相信。一份伪造的行动计划或许会引起德国的怀疑。他们并没有那样做。那份关键文件正是细微欺骗（subtlety）的经典之作，它以私人信件的形式，暗示下一次进攻将针对撒丁岛和希腊，而西西里岛（真正的进攻目标）只是一个幌子。

4. 结果。毋庸置疑，这次欺骗行动成功了。希特勒根据“肉糜行动”文件下令重新部署部队，以反制这场他所预期的进攻。德国加强了撒丁岛和希腊的防御，并从西西里岛和苏联撤军。1943 年 7 月 10 日盟军登陆时，德军只有两个师驻守西西里岛。7 月 17 日，西西里岛已经落入盟军手中。

在本书后面的章节中，我们还会再次讨论“肉糜行动”。它充分利用英国的情报渠道，以确定该项欺骗已被德国所接受（第 9 章）。它还提供了其他一些案例，以阐释精明的敌方是如何识破欺骗的（第 11 章）——但德国并没有识破“肉糜行动”。

四、执行欺骗：正向OODA循环

当你方完成观察环节之后，任务并没有结束。接下来还要完成策划环节，然后还要执行欺骗——这个问题我们将在第 9 章详细讨论。精明的读者可能已经发现，图 2-6 并不是一个循环。为了让这个循环（和方法论）变得完整，你方必须运行图 2-7 所示的执行过程，也就是建立一个你方希望敌方运行的 OODA 循环。

在此过程中，首先要选择用以执行欺骗的渠道，再在 OODA 循环中加入欺骗，然后识别并处理可能因此出现但并非所愿的最终结果。这期间你方需要开展规避分析（deconfliction analysis）（参见第 9 章），然后执行欺骗。这个过程可以将循环补充完整，如图 2-7 所示。最后，你方可以监视后续出现的指标，以确定它们是否指向希望的结果想定。

这些环节虽然是按逻辑顺序列举的，但实际上它们创建了一个迭代[1]过程。也就是说，你方首先要**逆向**运行 OODA 循环，因为你方相信敌方采取的某个行动将导致一个于己有利的结果；然后在循环中**正向**运行，从而发现敌方可能采取的行动会导致并非所愿的结果，因此必须返回循环中的某个节点，对其进行修改。在某些情况下，在考虑敌方的传感渠道或决策过程之后，你会发现理想的结果想定显然是无法实现的，或是风险过高而无法尝试。这种情况下，你方必须将另一个理想结果作为起点，重新运行。

---

[1] 译注：迭代（iterative）是重复反馈过程的活动，每一次对过程的重复就是一次“迭代”。每一次迭代得到的结果，就是下一次迭代的初始值。

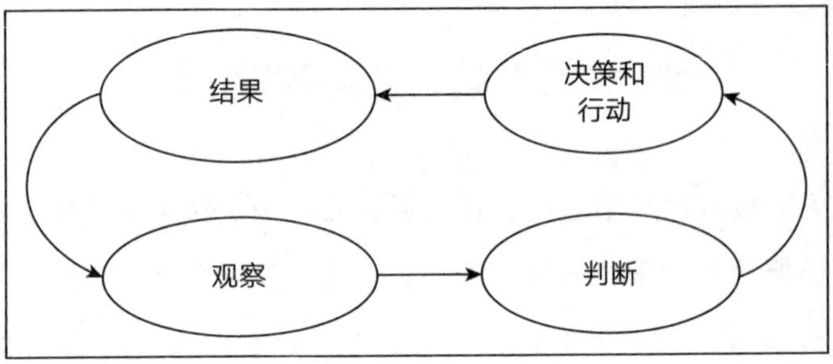

图 2-7　执行欺骗

策划阶段还有必须考虑的事项，那就是在欺骗得到执行，并且结果已经非常明朗之后，很可能会发生怎样的情况。通常，敌方会通过结果意识到自己已被欺骗。有时，结果并不如你方所愿。不论哪种情况，通常你方必须在制订计划时允许多个 OODA 循环运行，这是欺骗的组成部分。另外，你方还必须允许单个 OODA 循环反复运行。为了讨论这个概念，我们将讨论第二个二战期间的经典案例，也就是支持诺曼底登陆的那场精心策划的欺骗。

“刚毅行动”

1944 年春，盟军正忙于制订进攻纳粹所占欧洲的计划。他们已经决定进攻法国诺曼底海滩。同盟国的难题在于，在登陆期间和之后的几天之内，进攻部队很难顶住敌方的反攻。事实上，如果德国国防军能够在进攻开始时迅速部署就位，在盟军登陆阶段发动阻击，就很有可能挫败这场进攻。为了避免这样的结果，同盟国精心策划了一次欺骗行动，也就是“刚毅行动”（Operation Fortitude）。我们会在后面的章节中再次讨论这个欺骗行动，以阐述个中诸多要点。但是这里，我们重点讨论使用逆向 OODA 循环的问题。

1. 理想结果想定

理想结果分为两个阶段，因此需要德国把同一个 OODA 循环运行两遍。诺曼底登陆前，（第一轮循环的）目的是让尽可能多的德军部队集结在诺曼底以外的其他地区，最好是远离诺曼底的地方。登陆之后，（第二轮循环的）目的是尽可能长时间拖住德军部队，不让他们重新部署至诺曼底滩头阵地。

2. 第一轮循环的决策和行动——诺曼底登陆日之前

为了能让德国部队的部署地点尽可能远离诺曼底，必须让德国领导人阿道夫·希特勒坚信进攻将在其他地点发生。于是同盟国发动了两次独立的欺骗行动："北线刚毅"（Fortitude North），目的是将进攻挪威的威胁传递出去；"南线刚毅"（Fortitude South），明面上是通过加来海峡进攻欧洲大陆，也就是从多佛尔海峡出发，横渡英吉利海峡发动攻击。

3. 第一轮循环的观察和判断——诺曼底登陆日之前

关于"北线刚毅"，同盟国向德国提供了有部队在苏格兰集结的证据，而苏格兰正是进攻挪威的合理出兵地点。此前，同盟国早已成立了并不存在的英国第 4 军，并将其司令部设在了爱丁堡城堡。该项欺骗的传递渠道如下：

- 位于苏格兰的无线电部队发射虚假无线电，让人认为这些信号来自第 4 军各下属部队。
- 英国媒体播放关于第 4 军活动的假新闻，比如足球比分和婚礼通告。
- 两名在苏格兰的双重特工，代号分别是"穆特"（Mutt）和"杰夫"（Jeff），他们向各自的德国上线传递虚假信息，称有部队抵达这个地区。
- 1944 年初春，英军突击队袭击挪威境内目标，佯装准备发动进攻。他们破坏航运和电力基础设施等工业目标，也破坏军方的前哨基地。

- 与此同时，英国海军在挪威近海的活动趋于明显。
- 英国向中立国瑞典施加政治压力，致使德国观察人员得出结论，认为此举意在为进攻挪威制造便利。

“南线刚毅”的目的是巩固希特勒的先入之见：进攻发动时，盟军将沿最短的路线，经加来海峡进攻欧洲。随后同盟国策划多次欺骗行动，以支持希特勒的这个先入之见。其中，在被称为“水银行动”的欺骗行动中，同盟国虚构出一支并不存在的进攻部队——它的驻地位于多佛尔附近地区，公开身份是巴顿（Patton）将军指挥的美国第 1 集团军群（FUSAG）。同盟国通过多个渠道开展欺骗行动，具体方法如下：

- 伪装成巴顿将军麾下美国第 1 集团军群驻多佛尔地区的下属部队，对外发射无线电。
- 通过德国可以访问的外交渠道泄露虚假信息。
- 让已成为双重特工的德国特工嘉宝和布鲁图斯（Brutus）向德国上线提供虚假报告。
- 在多佛尔港口展示登陆艇模型。
- 在登陆艇模型所在区域，打开各种灯光，佯装开展夜间活动。
- 在诺曼底登陆前夕，猛烈轰炸加来海滩地区和当地铁路。

一些史料记载显示，“水银行动”还使用大量坦克、军用车辆和其他装备的模型，让它们看起来很像是为了横渡英吉利海峡发动进攻而集结的。这些模型应该是使用了精细的充气装置，因为德国侦察机飞越顶空并拍摄照片后，照片上的它们看起来极其逼真。虽然在欧洲发动的多次欺骗行动都用到此类装备模型，但“水银行动”似乎只使用了英吉利海峡对面能够观察到的登陆艇模型，因为从 1944 年起，德国侦察机便无法在英国上空长时间停留了。

同样重要的是拒止其他渠道：同盟国使用拒止的方法，让德国无法获取相关情报，从而无法了解盟军进攻英格兰南部港口的准备工作，因为这些情报可以指向真正的进攻目标。在英格兰西南地区活动的双重特工提供报告称，当地几乎看不到士兵。

4. 第一轮循环的结果

“刚毅行动”取得成功。“北线刚毅”非常成功，因此到了 1944 年春末，希特勒已在挪威部署了 13 个师。为了回应“南线刚毅”，德军将大量防御力量调往加来海峡，远离真正的进攻地点。[1] 接下来，欺骗的循环进入第二轮循环。

5. 第二轮循环的决策和行动——诺曼底登陆日之后

进攻当天过后，诺曼底登陆成为既成事实，可以轻易被德国所观察。此后同盟国启动“南线刚毅”，也就是进入 OODA 循环的第二轮运行，如今的目的是拖住德国国防军派往诺曼底的增援部队。同盟国所要传递的“故事”，内容为诺曼底只是个幌子，真正的进攻将发生在加来海峡，进攻时机是德国国防军部队撤离此地，前往阻击诺曼底登陆之后。

6. 第二轮循环的观察和判断——诺曼底登陆日之后

这些关键的观察对象来自代号嘉宝和布鲁图斯的两个德国双重特工，他们之前就提供过关于美国第 1 集团军群的虚假报告。两人均在 6 月 6 日（诺曼底登陆日）过后的几天内，报告称美国第 1 集团军群仍然驻扎在多佛尔附近，准备进攻加来海峡。

---

[1] 原注：Huw Hopkins, “D-Day 70–Pt.17–Operation FORTITUDE: Allied Deception Tactics,” June 4, 2014, http://www.globalaviationresource.com/v2/2014/06/04/d-day-70-pt-17-operation-fortitude- allied-deception-tactics/.

7. 第二轮循环的结果

根据希特勒的命令，德国国防军一直将第 15 集团军的 15 万人部署在加来海峡附近，直到 1944 年 8 月为止。然而那时，诺曼底的滩头阵地早已固若金汤了。

以欺骗方法论为背景，第 3 章至第 6 章将逐步深入地探讨构成它的四项要素。首先请以图 2-6 作为开始。

[第 3 章]

结果想定

理想结果的最优表述方法就是想定。从本质上讲，所有想定都是专门构建的关于未来的故事，每个想定都是针对某个特定潜在结果来建立模型的。假定推测成立，那么我们首先讨论以下观点：如果不实施欺骗，可能出现的结果想定将不会是所希望的。然后，我们再找出可以通过欺骗手段实现的理想想定。

开宗明义，理想想定可用于策划欺骗——这正是第 4 章至第 6 章的主题。在执行欺骗的过程中，可以使用理想想定来搜索相关指标，从而证实这个或那个想定是否确实出现了。可以使用这些指标，帮助识别应当针对哪些备选结果进行准备，供负责行动的单位据此做出回应。

有多种官方方法论可以识别可能出现的结果想定。美国中央情报局（以下简称中情局）的《情报技能手册》便介绍了这样一种方法论，它被称为“备选未来分析”（alternative futures analysis）。[1] 因为欺骗的目的是影响未来，而不是简单地估计未来，所以我们在本书中采取一种略微不同

[1] 原注：CIA, *A Tradecraft Primer: Structured Analytic Techniques for Improving Intelligence Analysis* (Washington, DC: Author, 2009), 34.

的讨论方法。

结果想定可以是战略的、战役的或战术的。但是，分析结果想定时，至少可以从六个不同的方面加以考虑；而在思考结果时，应当考虑所有六个方面。

一、结果想定：PMESII的六个方面

我们探讨想定时，关心的是欺骗如何影响结果想定。从第 1 章可知，巴顿·惠利在定义欺骗时，称它是“一种信息……诱使他人认可一种关于（自己所处）物质、社会或政治环境现实的虚假或扭曲的认知，意图以此操纵他们的行为”，他一共提到了三种欺骗想定。[1]

惠利的定义只是一个开始。从更加全面的视角来看，应当将结果想定的六个大类全部考虑在内，它们是：政治、军事、经济、社会、基础设施和信息，缩写为 **PMESII**。[2] 一切理想结果想定都是这些类型的某种组合。PMESII 结构可以激发人们对欺骗结果（有利和不利的结果）进行原创性思考（original thinking），并有助于侦测和反制欺骗。下面总结了每种类型想定所包含的与欺骗相关的内容。

- **政治**。它描述了责任和权力在各级统治机构（正式组建的政府，以及非正式或隐蔽的政治强权）中的分配情况。政治结果想定的例子包括：鼓励政权更迭、加强盟友实力或削弱政敌实力、诱使政府镇

[1] 原注：Barton Whaley, “The Prevalence of Guile: Deception through Time and across Cultures and Disciplines,” essay prepared for the Foreign Denial and Deception Committee, DNI, Washington, DC, February 2, 2007, https://cryptome.org/2014/08/prevalence-of-guile.pdf.

[2] 原注：R. Hillson, “The DIME/PMESII Model Suite Requirements Project,” *NRL Review* (2009): 23539, www.dtic.mil/cgi-bin/GetTRDoc?AD=ADA525056.

压少数民族，或是成立一个联盟或永久性同盟以阻止敌方扩张——北约就是此类联盟的一个重要例子,尽管它并不是因欺骗而建立的。

- **军事**。它探讨了在给定地区内或针对给定问题时，所有相关行为体（敌方、友方和中立方）的军事和（或）准军事能力，或其他动用武力的能力。军事结果想定的例子包括：在进攻中实现突然性、加强军事同盟，诱使敌方建立错误的军队结构或投资错误的防御部署。
- **经济**。它包括与生产、分配和消耗资源等活动有关的个体和集体行为。经济结果想定的例子包括：诱使其他国家对某国实施贸易禁运、鼓励其他国家打击毒品交易，或是破坏现有贸易协定。
- **社会**。它描述了一个地区的文化、宗教和民族构成，以及社会成员的信仰、价值观、习俗和行为。社会结果想定的例子包括：提出可以破坏民众内部团结的争议问题，或是相反，诱使公众反对有可能制造分裂的运动。
- **基础设施**。它详细介绍了某地某社区正常运转时，所需基本设施、服务和设备的构成情况。基础设施结果想定的例子包括：诱使某个政府放弃核能并因此处于不利地位，或是致使某个政府漠视或过度投资交通、通信或食物需求等。
- **信息**。它针对可以搜集、处理、分发信息及根据信息采取行动的个人、组织和系统，解释其性质、规模、特性和影响。许多此类结果想定都包含旨在打乱敌方情报机构或打击其信誉的欺骗。

一个结果想定几乎肯定不会只涉及上述类型中的某一个。复杂的想定很可能会包含所有六种类型。2011 年的“阿拉伯之春”、同年开始的叙利亚“起义”和 2014 年的乌克兰危机等事件，都包含了 PMESII 的所有类型。

虽然结果想定很可能不会只包含 PMESII 中的一个方面，但通常会有一个方面占据主导，如下面例子所示。

二、政治

政治欺骗经常被委婉地称为“认知管理”（perception management），尽管所有欺骗都试图以某种方式管理认知。它通常以国家或地区领导人为目标开展行动。

美国国防情报局前高级分析员辛西娅·格拉博（Cynthia Grabo）强调了一些政治欺骗的例子，它们都是某个政府主动提出就一个问题开展谈判，以便能在攻击迫在眉睫这个问题上误导敌方领导人。例如，她援引 1956 年苏联进攻匈牙利之前的谈判或提议，以及 1950 年朝鲜在进攻韩国之前提出的提议。[1] 古巴导弹危机前的欺骗活动则是另一种案例，它虽然是军事性的，但其目的主要还是政治性的。

古巴导弹危机

1962 年初，苏联决定在古巴部署可携带核弹头的 SS-4 和 SS-5 弹道导弹，以反制美国瞄准苏联的弹道导弹射程不断增加这一情况。对苏联而言，理想结果想定是美国政府对这次部署无动于衷。他们预期情况将会如此，只要导弹进入古巴并进入战备状态之前，美国并没有发现这次部署即可。他们设想的是“既成事实”（fait accompli），即在古巴构

[1] 原注：Cynthia M. Grabo, *Anticipating Surprise: Analysis for Strategic Warning* (Washington, DC: Joint Military Intelligence College, Center for Strategic Intelligence Research, 2002), 119–28.

建针对美国的战略导弹威胁，但为时已晚，美国无法做出回应。

此次部署需要精心设计一个拒止与欺骗计划，它需要人力情报、图像情报和外交欺骗等相互结合，这样才能瞒过美国情报机构。它运用了第 1 章所述的全部四项欺骗基本原理：

1. 真相。在航行途中，这些船只装载的农业设备，即拖拉机和收割机可以一览无遗。它们抵达古巴后，所有外形酷似农业设备的货物都在白天卸船。莫斯科广播电台定期报道新闻，称苏联向古巴提供“机床、小麦和农业机械……还有化肥”。苏联泄露关于导弹部署的准确信息，目的是为部署行动打掩护，事后证明这是神来之笔。他们透过在美国的古巴反革命组织提供准确细节。中情局并不重视这些情报，认为这些组织是不可信的，而且他们并不相信在古巴的古巴人、游客和外交官随后接连提交的报告（其中一些是真实的），并斥之为老生常谈。

2. 拒止。导弹是从八个苏联港口运来的，这样做的目的是隐瞒此次部署的规模。导弹是在夜色掩护下装船的，抵达古巴后也只在夜间卸船，并且由导弹基地派车，连夜直接拉回导弹基地。如果甲板上的导弹装运箱和发射器是目测可见的，就用金属板遮挡起来，以防红外成像。

3. 欺诈。奉命前往古巴执行任务的苏联部队，接到的通知是前往寒带地区。他们配发了滑雪板、毛毡靴、羊毛衬里大衣和其他冬季装备。军官和导弹专家以机器操作员、灌溉专家和农业专家的身份前往古巴。船长们在通过黑海和博斯普鲁斯海峡时做了虚假申报。他们篡改货物记录，申报吨位远远低于实际运载吨位。他们经常把几内亚的科纳克里填报为目的地。9 月，苏联外交官一再向（包括肯尼迪总统在内的）美国高级官员保证，说他们无意在古巴部署进攻性武器。[1]

---

[1] 原注：James H. Hansen, “Soviet Deception in the Cuban Missile Crisis,” *CIA: Studies in Intelligence*, 46, no. 1 (2002), http://www.cia.gov/csi/studies/vol46no1/article06.html.

4. 误导。如前所述，顶甲板外观给人的印象，是这些船只装运了农业设备。苏联和古巴利用古巴反革命分子这个渠道来告知导弹部署情况，因为他们知道中情局的分析人员会将这些报告（和随后真实的报告）斥为是伪造的。

此次政治欺骗是极度精心制定的、多情报的拒止与欺骗努力，并在很长一段时间内保持成功，原因是苏联非常了解美国的情报能力和判断倾向。要不是出现了后面讨论的一些错误，它原本真的是可以成功的。

三、军事

军事欺骗已有数千年的历史。本书前言引用孙武关于欺骗的论述，足以说明它的悠久历史。许多最适合阐释军事欺骗的案例都可以追溯到二战。在那场战争中，欺骗经常被用来在战略、战役和战术等层面影响军事领导人。此后，许多关于欺骗的著作便开始引用这些例子，因为它们很好地阐释了基本概念和原理。“肉糜行动”和“水银行动”等案例已经成为典范，被用来阐释如何运用这些概念和原理。

然而最近，人们开始大量应用军事欺骗。欺骗可以支持进攻性和防御性的军事行动，也可以支持战术、战略或战役层面的活动。进攻行动中的理想结果想定，几乎全部都是在冲突中占据上风——埃及在赎罪日战争中的目的显然是这个规律的例外，因为埃及并不指望获胜，而是想为政治解决方案奠定基础。在防御性欺骗中，目的可以更加广泛。以下案例介绍的是一种防御性、战术性欺骗，它的目的仅仅是为了避免失败。在第 4 章中，我们将讨论用以支持 1990 年“沙漠风暴行动”的欺骗活动，它是战役性和防御性的——当然，它的目的是在冲突中获胜。

在科索沃的战术防御性欺骗行动

1998 年 2 月至 1999 年 6 月，科索沃（前南斯拉夫国土）成为激烈冲突的现场：冲突的一方是南斯拉夫联邦共和国（当时由黑山共和国和塞尔维亚共和国组成），主张科索沃是该国领土；另一方是一个名为科索沃解放军（Kosovo Liberation Army，KLA）的阿尔巴尼亚叛军团体。在外交斡旋的谈判失败后，同时也是为了回应关于塞尔维亚暴行的报告，北约于 1999 年 3 月起对塞尔维亚部队发动空袭。塞尔维亚以欺骗作为回应，在持续了大约 10 周的北约空袭中，在抵御 1000 驾飞机发动攻击时取得某些成功。尽管这些欺骗的执行情况都很不错，但在北约威胁出动地面部队时，塞尔维亚最终被迫撤离科索沃。

科索沃战争令一支精通欺骗手段和技巧的塞尔维亚军队大放光彩。塞尔维亚发动欺骗时，极其倚重苏联的马斯基洛夫卡学说[1]。在 1978 年版《苏联军事百科全书》中，马斯基洛夫卡被定义为：

> 一种可以确保部队作战行动和日常活动安全的手段；一套旨在误导敌方的复杂措施，误导内容涉及部队的部署和编成情况，各种军事目标、部队日常情况、战备和行动，以及指挥官的计划……马斯基洛夫卡学说有助于实现部队活动的突然性，有助于保持战备状态，有助于延长军事目的的存续时间。[2]

---

[1] 译注：马斯基洛夫卡（Maskirovka），俄语 Маскировка 的转写，字面意思是“蒙蔽”、“伪装”。

[2] 原注：C. J. Dick, “Maskirovka in Yugoslav Military Thinking,” Conflict Studies Research Centre, July 1999, http://www.da.mod.uk/Research-Publications/category/68/a100-maskirovka-in- yugoslav-military-thinking-1528.

塞尔维亚人在科索沃战争中广泛应用马斯基洛夫卡：

- 他们用塑料防水布和圆木建造假桥作为诱饵，并把它们放置在有伪装保护的真桥附近，这就是拒止与欺诈相结合。[1]
- 他们用红外敏感材料粉刷真桥，破坏其独有的外观，目的是误导美国的情报传感器。
- 塞尔维亚部队在科索沃全境部署大量坦克模型作为诱饵。有些坦克是用木头和塑料建造的，非常的粗制滥造，稍离近些就能明显看出这是诱饵。但它们有效地欺骗了高空飞行的联军飞行员。
- 为了增加欺骗的真实性，他们在诱饵坦克旁边焚烧垃圾、轮胎和食用油以制造热源，目的是产生红外特征。[2]
- 塞尔维亚部队掩盖联军轰炸的结果，目的是让美国情报机构无法准确评估战损。除了清理和隐藏军事残骸外，他们还在道路和跑道上做出假的弹坑，目的是制造损毁外观，避免它们成为北约空袭的目标。

四、经济

长期以来，个人和私营公司一直都在实施欺骗，以谋取经济利益。庞氏骗局和欺骗性企业会计活动等伎俩每天都在发生。它们在本质上都属于

[1] 原注：Peter Martin, “The Sky’s the Limit: A Critical Analysis of the Kosovo Airwar,” November 1, 1999, http://www.infowar.com/iwftp/cloaks/99/CD_1999-214.txt/.

[2] 原注：同上；see also Steven Lee Myers, “Damage to Serb Military Less Than Expected,” *New York Times*, June 28, 1999, http://www.nytimes.com/library/world/europe/062899kosovo-bombdamage .html, and Tim Ripley, “Kosovo: A Bomb Damage Assessment,” *Jane’s Intelligence Review* (September 1999): 10–13。

诈骗，本书不做讨论。它们通常属于执法机构的职权范围。

围绕贸易发生的欺骗也很常见，特别是在非法贸易和灰色武器贸易等方面。戈德森和沃茨指出 :“全球金融市场和商业界已经成为一个可以开展拒止与欺骗行动的新场所，让人从中获利。”[1] 在战略层面，欺骗作为一种工具，可以隐瞒或夸大经济强项或弱点，以获取经济优势或其他优势。在战术层面，欺骗可在货币、商品市场或产品领域实施，如下例所示。

1972年苏联小麦欺骗事件

1971 年，苏联小麦严重短缺，必须大量进口才能解决问题。此事如果公开，将导致全球小麦价格大幅飙升——当然，也将导致苏联被迫以远高于市场价的价格，填补本国小麦缺口。

苏联人策划了一次周密的欺骗行动，以避免出现这种结果想定。他们联系到美国主要谷物出口商，安排秘密会面以求购买小麦，但并没有透露买方身份。他们还与美国官员就一项农产品贸易协议举行谈判，期间隐瞒了即将出现小麦短缺和正在与美国出口商谈判等事宜。

1972 年 7 月和 8 月，苏联以大约 7 亿美元的总价，买到了 4.4 亿蒲式耳[2] 小麦。大约就在同一时间，苏联通过谈判与美国签署一项贸易协定。根据协定条款，美国同意提供 7.5 亿美元贷款，供苏联在 3 年内购买上述小麦。[3]

这次欺骗行动的主要风险就是美国农业部对外农业局的农业专员。这些专员负责监察全球农作物的种植情况，并定期报告预估的苏联作物

---

[1] 原注：Roy Godson and James J. Wirtz, “Strategic Denial and Deception,” *International Journal of Intelligence and CounterIntelligence* 13 (2000): 430.

[2] 译注：谷物和水果的计量单位，1 蒲式耳等于 8 加仑。

[3] 原 注：US Department of Agriculture, “Exporter’s Profits on Sales of Wheat to Russia,” February 12, 1974, http://archive.gao.gov/f0302/096760.pdf.

产量。在当时，他们开展评估的基础是目测观察，而这需要频繁前往作物产区。这次欺骗中关于此事的计策，就是苏联引导这些来访人员前往几个事先选定的高产农田，同时确保这些专员没有机会在途中看到其他农田。[1] 这些美国专员怀疑自己遭到欺骗，但无法证实此事。

如果美国政府发现苏联粮食短缺，肯定不会提供 7.5 亿美元贷款供其购买谷物。假如真是这样，苏联将被迫以暴涨后的价格，购买现在已经到手的这批谷物。假如真是这样，美国也就可以避免后面出现的政治和经济恶果：苏联以低廉价格买到美国小麦，美国政府为这笔交易提供资金，美国消费者面临食品价格暴涨的困境。结果就是美国政府面临政治窘境。

五、社会

欺骗常被定义为“影响决策者去做某事（的活动）”。但它也普遍被用在信息行动，特别是心理战行动中，目的是影响公众舆论，内容往往是关于（比如）暴行或空袭等造成的有害后果。

- 科索沃冲突期间，塞尔维亚找来新闻记者，向他们展示北约空袭的结果：许多尸体。在一张照片中，一个血迹斑斑的洋娃娃非常引人瞩目，激起国际社会的极大关注。然而后来，当他们指控其他空袭时，同一个洋娃娃再次出现在他们提供的照片中。[2]
- 在“沙漠风暴行动”中，伊拉克削掉巴士拉清真寺的圆顶，再把外

[1] 原注：Bob Porter, *Have Clearance, Will Travel* (Bloomington, IN: iUniverse, 2008), 34.

[2] 原注：US Department of Defense, “Background Briefing on Enemy Denial and Deception,” October 24, 2001, http://www.au.af.mil/au/awc/awcgate/dod/t10242001_t1024dd.htm.

国新闻媒体带到事发地点，不实地指控联军和美国破坏宗教圣地。这个欺骗行动可谓手法拙劣，因为炸弹不可能把清真寺顶部削得如此平整，同时还让周边建筑毫发无损，让最近的弹坑也与这座清真寺距离甚远。但许多人相信这是真的。

- 2015 年，伊拉克人普遍相信美国秘密支持“伊斯兰国”。伊拉克民兵报告称，他们看到过美国直升机为“伊斯兰国”运送物资和武器的视频。这种勾结看似无稽之谈，但人们（伊拉克人）普遍认为美国有理由这样做，因为美国的目的是重新控制伊拉克及其石油储备。[1] 虽然无法确定这种观点（和视频）的源头，但它有可能来自伊朗或支持伊朗的伊拉克所开展的心理战行动。

不同于大多数欺骗活动，社会欺骗的最终目的并不是导致目标人群采取特定行动，而是影响他们的态度。通常这种欺骗通常都与心理战行动有关。但二战期间曾有一次社会欺骗，它的目的是为了鼓励人们采取特定行动，如以下案例所示——后面我们还会再次讨论这个案例。

“黑色回旋镖行动”

二战期间，英国秘密情报局利用英国广播公司（BBC）监听德国无线电广播的活动，发动了一次新颖而又非常成功的“黑色”心理战行动。[2] 英国境内有一个黑电台[3]，它配有母语是德语的播音员，他们当中还有反纳粹的战俘志愿者。它伪装成德国国防军的电台，取名“大西洋

[1] 原注：Liz Sly, “Iraqis Think the U.S. Is in Cahoots with the Islamic State, and It Is Hurting the War,” *Washington Post*, December 1, 2015, https://www.washingtonpost.com/world/middle_east/iraqisthink-the-us-is-in-cahoots-with-isis-and-it-is-hurting-the-war/2015/12/01/d00968ec-924311e5-befa-99ceebcbb272_story.html.

[2] 原注：黑色心理战行动所发出的信息，自称来自某个情报源，其实并无实际情报源。

[3] 译注：黑电台（black radio），未经官方许可的电台广播。

发射台”（Atlantiksender），面向士兵播报新闻。它的节目虽然也有真实新闻，但主要都是充斥着歪曲事实和流言蜚语的小道消息，目的是在德国国防军和纳粹党之间制造隔阂。有关详情载于塞夫顿·德尔默（Sefton Delmer）所著的《黑色回旋镖》（*Black Boomerang*）一书中。[1]

这些新闻广播中的故事，主题通常都是宣扬普通士兵和“特权”纳粹党官员所做的牺牲是不平等的，目的是煽动士兵采取装病和开小差等并不激烈的行动。但有些广播是精心制作的，目的是鼓励制造破坏。在这些“新闻报道”中，播音员批评德国潜艇水兵因“自私的自我保护欲望”，使用让人抓不到把柄的破坏行动，拖延潜艇的启航时间。当然，这些让人抓不到把柄的行动，会在广播中得到非常详尽的介绍。

黑色宣传[2]可以是非常有效的欺骗工具，在与其他类型的欺骗结合后效果更佳，可用于实现协同增效。

六、信息

如前所述，情报部门通常被认为是用以开展欺骗的渠道，也就是信息渠道。印度核试验欺骗行动的一个主要特点（参见第1章），就是印度为了挫败美国的成像设备，发动了一次周密的信息欺骗行动。在这种情况下，它的目的是政治性的（让美国领导人不采取行动），而信息渠道只是手段。

但在很多情况下，信息渠道（情报组织）就是欺骗的目标。这些通常属于反情报领域。1985—2001年，苏联和后来的俄罗斯政府发动了一

[1] 原注：Sefton Delmer, *Black Boomerang* (New York: Viking Press, January 1962).

[2] 译注：假称来自其他信息源，详见本书前言。

系列周密的欺骗行动，目的是保护两名最宝贵的情报人员：奥尔德里奇·埃姆斯和罗伯特·汉森。这些案例将在第 6 章讨论。还有一些最早也最有效的欺骗行动，都是为了保护代号“超级”（Ultra）的情报搜集项目而发起的。

保护“超级”的欺骗行动

二战期间，英国密码分析员（在波兰秘密情报局的帮助下）成功破解德国的恩尼格玛（Enigma）加密系统——这个故事载于《超级机密》（*The Ultra Secret*）和《密码破译者：布莱切利庄园的幕后故事》（*Codebreakers: The Inside Story of Bletchley Park*）等书中，并于 2014 年被拍成电影《模仿游戏》（*The Imitation Game*）。这一突破性的进展，让英国得以解读德军下发陆军和海军前线指挥官的大量绝密消息。后来在战争期间，“超级”成为同盟国取得军事胜利的一项重要因素。我们将在后面的章节中再次讨论“超级”这个案例，因为它能阐释成功欺骗行动的很多特点。

就在英国人成功破译密码不久之后，他们便意识到过度使用所获情报存在的风险。例如，这些消息可以泄露德国派出拦截盟军舰队的潜艇的部署情况，可以泄露轴心国派往北非的补给船的位置。如果英国人向本国舰队发出警告，或者拦截德国潜艇和补给船，德国很可能就会怀疑通信遭到破解。

解决方案就是开展欺骗，这就需要使用可信的备选渠道。如果必须采取令人起疑的行动——其中大部分都是基于“超级”所截获情报，击沉德国或意大利船只和潜艇的活动，就必须采取一些可以指向备选渠道的行动。通常，盟军会派遣一架侦察机和多艘潜艇前去发现目标，然后再攻击这个目标。[1] 轴心国部队探测到这架飞机和这些潜艇的无线电传输后就会认为，这些攻击是正常侦察活动的结果。一架飞机接连“幸运地”发现目标也会惹人怀疑，为避免这种情况，英国人便派出多个侦察小队前往不同的区域，包括他们知道将会找到德军舰船的那个区域。哈里·欣斯利（Harry Hinsley）爵士是这样介绍这个过程的：

每艘敌军舰船在被击沉之前，必须先被英国飞机或潜艇目测发现，而且该飞机或潜艇提前抵达的位置，既可以目测发现该艘舰船，又不会被对方察觉（该英国飞机或潜艇）早已埋伏在此。另外，该飞机或潜艇还会发出信号，称已目测发现目标，并让这个信号被德国人和意大利人所截获。这是标准操作程序。其结果是，德国人和意大利人以为我们有 400 艘潜艇，但实际上我们只有 25 艘。他们以为我们在马耳他部署了一支庞大的空军侦察部队，但实际上我们只有 3 架飞机。[2]

在某些情况下，这个标准程序并不可行，因此必须追加欺骗举措。1941 年，一支由 5 艘舰船组成的舰队离开那不勒斯，运送轴心国驻北非部队急需的物资。正常情况下，应该先由（英国）派遣一个侦察小队前往观察，负责攻击的飞机应该在收到目测观察报告后再行起飞。但这一次，敌方舰船会在攻击飞机追上它们之前抵达北非港口。英国首相温斯顿·丘吉尔（Winston Churchill）下令，此次袭击将只基于“超级”提供的情报。由于担心德国人会怀疑通信已遭破解，英国人还发动了一次特殊的欺骗行动。他们通过无线电报，向那不勒斯一名并不存在的间

[1] 原注：F. W. Winterbotham, *The Ultra Secret* (New York: Dell, 1974), 133.

[2] 原注：Sir Harry Hinsley, “The Influence of ULTRA in the Second World War,” lecture at Cambridge University, October 19, 1993, http://www.cix.co.uk/~klockstone/hinsley.htm.

谍发送表扬电报，表扬理由是他就这些舰船出发一事警告英国。这份电报使用德国可以破译的密码系统发送，很明显，它成功了。[1]

欣斯利爵士指出，北大西洋面临的问题，需要设法追加更多的欺骗举措：

（英国）在大西洋也采取类似的预防措施，但那里的问题有所不同。这就是德国人最怀疑大西洋的原因。那里最大的特点，在于英国人利用恩尼格玛的初衷并不是与德国潜艇作战，而是避开它们。但问题是你如何才能避开它们，并且不被它们所发现？你遇到麻烦了……因为大西洋里德国潜艇的数量不断增加，但它们看到敌军舰船的数量却在减少！[2]

你该如何掩饰这些？我们确实掩饰过，但用的是另外一种系统，我刚才在介绍地中海的情况时说过。我们说，我们拥有一种极其神奇的雷达，德国潜艇即使下潜数百英里（1 英里约为 1.6 千米）也会被我们发现——我们让战俘营里的德军俘虏（我们在德国潜艇上抓获的水兵）给家里写信时这样说；我们也给自己人下达命令，要他们在遭到德国人审讯（比如我们的飞行员）时也这样说。结果德国人相信了。[3]

这种特殊手段，也就是宣称使用某种新型（通常是基于技术突破的）情报源的欺骗手法极其有效。各国情报机构尤其容易对敌方“新”的情报源产生无端的恐惧。

[1] 原注：Mark Simmons, *The Battle of Matapan 1941: The Trafalgar of the Mediterranean* (Stroud, Gloucestershire, UK: The History Press, 1941), 31.

[2] 原注：Hinsley, “The Influence of ULTRA in the Second World War.”

[3] 原注：同上。

七、基础设施

结果想定有时会涉及一个国家的所有基础设施。与“再会”档案（Farewell Dossier）有关的那次隐蔽行动就属于这种情况。

“再会”档案

隐蔽行动通常需要依靠欺骗才能成功，正如“再会行动”所展示的那样。1980 年，法国国内安全机构国土监控局（DST）招募到一名克格勃中校，此人名叫弗拉基米尔·韦特罗夫（Vladimir I. Vetrov），代号“再会”（Farewell）。韦特罗夫向法国提供了 4000 份文件，详细介绍了克格勃开展大量工作，意图通过秘密手段获取西方（主要是美国）技术知识的情况。法国总统弗朗索瓦·密特朗（Francois Mitterrand）将这个情报源和这批文件（国土监控局将其命名为“再会”档案）共享给美国总统罗纳德·里根（Ronald Reagan）。

这些文件表明，苏联已经成功开展了一次涉及范围极广的情报行动，由此获得了高度敏感的军事技术信息，涉及雷达、计算机、机床、核武器和制造技术。但清单上剩下的具体目标也提供必要的指向，可以基于欺骗开展有效的隐蔽行动。

1982 年初，美国国防部、联邦调查局和中情局开始反击。这些机构并不是简单地提高美国防范克格勃的能力，而是利用克格勃的“购物清单”，通过中情局控制的渠道，将清单上的东西回传给苏联——但添加了一些“改进”，让它们可以通过验收测试，但最终将在实际应用中随机出现故障。于是，这些有缺陷的计算机芯片、涡轮机和生产计划，开始流入苏联军用和民用的工厂与设备。关于美国隐身技术和太空防御的误导性信息，也开始源源不断地被苏联的情报报告所采用。于是苏联连连出错，主要工业部门发展严重受挫。最严重的一次事故，是因为美国提供的天然气管道管理软件，被安装在横贯西伯利亚的天然气管道上。这个软件有一项功能，可以让管道压力在某个时间点激增，远远超过破裂压力[1]。其结果是 1982 年苏联天然气管道爆炸，此事被称为“有史以来能从太空看到的最严重的非核爆炸和火灾”。[2]

发动欺骗行动通常需要付出巨大的努力，但有时值得付出代价。“再会行动”的执行成本很高，但就破坏苏联基础设施的方面来说，它产生了很高的收益，甚至有可能加快冷战结束的速度。

从许多方面来看，“再会行动”都是一次完美的隐蔽行动。即使后来事情暴露，此次行动的效果也并没有因此降低，因为暴露让克格勃所有成功开展的技术获取活动遭受质疑，也让克格勃的技术搜集努力在苏联境内信誉扫地。[3] 无论是否有意为之，这次行动确实打击了克格勃的声誉和实力。如果没有韦特罗夫提供的关于克格勃情报渠道的详细信息，这次行动是不可能成功的。它让美国能够针对克格勃的目标、行动性质和“联系”（linkage）建立详细的模型——在这里，“联系”指的就是苏联在获取各类技术的努力中，利用华约其他国家情报机构的情况。

[1] 译注：原指导致地层破裂的极限压力值，在此借指导致管道破裂的压力上限。

[2] 原注：Thomas C. Reed, *At the Abyss: An Insider's History of the Cold War* (Novato, CA: Presidio Press, 2004).

[3] 原注：Gus W. Weiss, “The Farewell Dossier,” *CIA: Studies in Intelligence* 39, no. 5 (1996), http://www.cia.gov/csi/studies/96unclass.

[第4章]

明确目标

明确了理想结果想定之后，人们的注意力就会集中在欺骗的目标上。对于大多数结果想定而言，目的就是让目标（个人或集体）做出决策并采取行动，从而生成这个被选中的想定。本章将同时讨论决策和行动这两个环节，并重点讨论决策环节，因为一旦目标做出决策，我们便会假定行动将会随之出现。这两个环节是密切相关的。但必须承认的是，它们仍然是不同的环节。

一、个体决策建模 [1]

开展欺骗时，通常需要评估政治、军事或非国家组织领导人的可能行为，这样做的目的非常明确，就是要确定他们在给定条件下倾向于做出什

[1] 原注：The material in this section was taken from Robert M. Clark, *Intelligence Analysis: A Target-Centric Approach*, 5th edition (2016) and modified.（中文版《情报分析：以目标为中心的方法》已由金城出版社翻译出版。）

么决策。开展这项评估时，必须考虑多项因素。此外，必须评估目标的背景和决策过程。例如：

- 目标误判现实的程度能有多高？有些敌方倾向于相信他们自己的宣传。目标是否容易产生损失厌恶（loss aversion）的心态？有些人更想要的是避免损失，而不是获得收益。研究表明，损失造成的心理冲击力是收益的两倍,而且损失将持续影响那些可能做出的决策。
- 目标有哪些先入之见和偏见？从本质上讲，先入之见和偏见可以是文化的、政治的或学说的。关于行骗者的意图和能力，目标会有哪些先入之见？
- 目标是否易受“归纳思维”（inductive thinking，倾向于从历史经验中得出普遍性结论）的影响？如果是，这些经验是什么？赎罪日战争中的欺骗行动和本章列举的部分案例，说明历史经验极其重要，足以影响目标相信欺骗活动（并据此开展行动）的意愿。

决策分析的目的一直都是预测：目标将如何对某个给定态势做出反应？识别关键决策者的身份、背景和心理侧写，这些都是其中的关键要素。最终结果是要了解目标相信了什么、希望相信什么和准备相信什么。

为了开展这种预测式分析，人们开发并测试了关于领导人决策的仿真模型。通常，模型模拟的是某些领导人的个性、解决问题的方式、价值观、目标和环境。宾夕法尼亚大学开发的雅典娜棱镜（Athena's Prism）就是这样的例子。雅典娜棱镜经过配置，可以根据社会科学中的人类行为模型，识别出现实世界领导人在不同冲突态势下可能做出的决策。[1]

---

[1] 原注：Barry G. Silverman, Richard L. Rees, Jozsef A. Toth, Jason Cornwell, Kevin O'Brien, Michael Johns, and Marty Caplan, "Athena's Prism—A Diplomatic Strategy Role Playing Simulation for Generating Ideas and Exploring Alternatives," University of Pennsylvania, 2005, http://repository. upenn.edu/cgi/viewcontent.cgi?article=1321&context=ese_papers.

在所有行为分析中，特别是在决策预测中，必须考虑决策过程的四个方面：理性（rational）、行政（administrative）、情感（emotional）和文化（cultural）。[1] 前三个方面将在本节强调，文化模型将在本章稍后讨论。在讨论文化模型之前，我们先来讨论一下决策过程在团体中是如何逐步完成的。

（一）理性模型

无论你方文化如何定义理性，欺骗的目标也很少会是理性的。恐怖主义和犯罪集团的头目是这样，许多国家领导人也是这样。即使是被认为理性的领导人，也会存在“敏感点”——当涉及这些问题或态势时，这位领导人在情感上将会难以割舍，并偏离理性路线，这些我们将在本章稍后部分加以讨论。

根据广义定义可知，理性决策是一种合乎逻辑的、有时可以量化的程序，它可用于思考困难问题。在正式表述中，理性决策要求针对可能采取的行动方案，系统地评估其所产生的成本或收益。它要求识别其中涉及的选择、为可能的结果赋值（成本和效益），并提供这些结果出现的概率。

一个理性的决策模型，其基础是最优选择理论：决策者将要做出的选择、生成的结果，对自己或其组织而言是最优的。它假定决策者是客观的，是充分掌握信息的，因此会选择最有效的备选方案。这种方法基于这样一种假设：做出决策的基础是显性或隐性的成本效益分析。这就是“预期效用理论”（expected utility theory）。[2] 这种理论将决策视为一种行为，它可以实现效用最大化。个人在面临决策时，会有意或无意地甄别每个可用选项、与每个选项相关的可能结果、每个选项—结果组合产生的效用，

[1] 原注：Jamshid Gharajedaghi, *Systems Thinking: Managing Chaos and Complexity* (Boston, MA: Butterworth-Heinemann, 1999), 34.

[2] 原注：Oskar Morgenstern and John von Neumann, *Theory of Games and Economic Behavior* (Princeton, NJ: Princeton University Press, 1980).

以及每个选项—结果组合出现的概率。然后，决策者将选择一种选项，这种选项产生的总体效用，在他们自己看来有可能是最高的。以下是嵌入理性模型中的假设：

- 决策者拥有许多已知的备选行动方案；
- 每个备选行动方案的结果都是已知的，并且可以量化；
- 决策者有一套选择偏好，它允许对各个结果进行评估，从而选择某个备选行动方案。[1]

理性决策模型使用上述假设，试图识别出决策者在给定态势下最有可能选择的选项。

在世界舞台上，我们不会遇到太多真正的理性行为体[2]。当你方试图发动欺骗时，这其实是件好事，因为真正理性的行为体是很难欺骗的。即使欺骗手段取得成功，就像下面例子中所发生的那样，决策者在欺骗面前也会做出许多理性的回应，而且他也有可能并不选择你所预期的回应。

埃塞俄比亚战争中的欺骗行动

1940 年，英国准备收回年初被意大利占领的英属索马里兰，并准备将意大利赶出埃塞俄比亚。英国的行动计划是从北方，也就是从苏丹发起进攻。英国的欺骗计划是让意大利认为攻击将来自东方，也就是横渡红海进军英属索马里兰。此次欺骗行动需要在亚丁湾开展大量的电文往来和军事活动，以表示有一支庞大的部队正集结于名义上的进攻发起地点。准备发动进攻的部队也收到下发的索马里地图

[1] 原注：Nanyang Technological University, Singapore, "Models of Organizational Decision-Making," http://tx.liberal.ntu.edu.tw/~purplewoo/Literature/!Theory/MODELS%20OF%20ORGANIZATIONAL%20DECISION%20MAKING.htm.

[2] 译注：理性行为体（rational actor），又译作"理性人"，是预期效用理论中的主角。

和相关手册。日本驻埃及赛义德港领事也收到虚假信息，称进攻将从亚丁发动。[1]

此次欺骗行动成功了，因为意大利驻埃塞俄比亚总督奥斯塔公爵（duke of Aosta）相信进攻将是取道亚丁，进军索马里兰。然而，欺骗的首要目的却失败了。它的目的是让意大利军队撤离北方，并让他们进驻索马里兰——英国人在面临同样情况时会这样做，绝大多数意大利将领也会这样做。然而，这位公爵却将部队撤离索马里兰，再将他们派往山区——那里的部署地点刚好可以抵御英国从北方发动的进攻。

偶尔，你遇到的敌方的决策是符合理性模型的。奥斯塔公爵就是如此。

阿米迪奥（Amedeo）王子是奥斯塔公爵三世，曾经就读于英国伊顿公学和牛津大学。在行为举止，猎狐、马球等体育运动方面，他比英国人更像英国人。一战爆发时，他被任命为意大利皇家陆军军官。他很清楚能够获得这项军官任命，只是因为自己身为意大利皇亲，因此他拒绝了。他转而报名参加炮兵部队。阿米迪奥在随后爆发的一场冲突中表现出色，战争结束时已升任少校。1932 年，他成为意大利空军飞行员。作为飞行中队指挥官，他率领一队意大利飞行员，帮助本国在利比亚冲突中击败敌军。

1937 年，阿米迪奥被任命为埃塞俄比亚总督。他在当地的统治，被誉为埃塞俄比亚最仁慈也最造福百姓的。他下令彻底检修该国基础设施，以重建这个国家并提高人民生活水平。他颁布法令，要求推行包括废除奴隶制在内的全面社会改革。[2]

---

[1] 原注：Thaddeus Holt, *The Deceivers: Allied Military Deception in the Second World War* (New York: Skyhorse Publishing, 2007), 21–22.

[2] 原注："Prince Amedeo Savoia-Aosta: The Warrior Prince of Italy," biography posted by PELELIU81, June 3, 2010, http://www.comandosupremo.com/prince-amedeo-savoia-aosta.html.

很明显，英国欺骗计划所传递的图景，是大军进驻亚丁，并将从那里发动进攻。这位公爵判断英军实力强大，无可抵御。于是，他反其道而行之，命令部队撤离沿海城市，前往易守难攻的山区。他认为最有可能获胜的机会，在于通过防守削弱进攻方的实力，然后在英国突破其防线之际发动反攻。[1]

英国人有可能以合乎逻辑的方式预见到这位公爵的决策吗？英国人本应掌握这位公爵的档案，本应知道他是一位能力卓越且经验丰富的军官，非常了解英国军队。此外，公爵是一位高尚且富有同情心的领导人，非常熟悉埃塞俄比亚地形，非常爱惜手下士兵——总之，他是一个理性的人。看起来，一战中的经历让他相信防守大有可为。也许英国人应该稍事周章，多多研究一下自己的欺骗目标，至少在策划欺骗行动时，本应考虑其他备选结果想定。

基于预期效用理论的理性决策评估，是一切决策模型的起点，但却不是终点。应当考虑其他模型，而且这些模型不论是单独使用还是组合使用，都可以更加准确地评估敌方可能采取的决策。有时，行政模型或情感模型是更加适用的。我们将依次展开讨论。

（二）行政模型

效用理论这种（理性）方法在决策评估中是有效的，但在使用时必须谨慎。原因何在？因为人们并不总是会努力找到最优行动来解决问题。一

[1] 原注：“Prince Amedeo Savoia-Aosta: The Warrior Prince of Italy,” biography posted by PELELIU81, June 3, 2010, http://www.comandosupremo.com/prince-amedeo-savoia-aosta.html.

切现实的决策问题都具有复杂性，从而令他们望而却步。于是人们倾向于选定一些“足够好”的可能结果。然后，他们会从中选择一个有可能产生足够好结果的策略或行动。[1]

领导人倾向于做出次优选择，这种倾向会催生出理性决策模型的一种衍生模型，被称为“行政模型”（administrative model）。它摒弃了理性模型中的三个假设，并认为决策者掌握的信息并不充分、面临时间压力、可能受到自相矛盾的偏好所困扰——人们在执行欺骗时经常会遇到这种情况。在这种情况下，决策者通常会诉诸捷径，寻找可以接受的解决方案。决策者并不试图优化方案，而是找出并接受一个足够好的备选方案。最优解是价值最高的备选方案；但说到“令人满意”，只需找到价值尚可接受的第一备选方案即可。[2]

不过，如果只是基于理性模型或行政模型，那么我们模拟（和据此预测）决策的能力就会受到限制。为了提高决策评估的质量，我们必须考虑情感和文化因素。这些因素往往会导致某个目标所做的决策，或某个团体或人群所采取的行动，被贴上“非理性”的标签。

（三）情感模型

在分析行为时，人们在决策过程中需要考虑的第三个方面就是情感。虽然讨论时我们把它视作个体决策中的最后一个因素，但通常这个因素是占据主导地位的。骄傲、嫉妒和报复，这些都是情感方面的驱动力量。从国家领导人、军方将领到商界专业人士的所有各类目标，做出某些决策的原因，都只不过是想要报复敌方过去犯下的错误。（请回想一下电影《骗中骗》里康多尔夫押下重注的原因。）行为预测中的情感因素不容忽视，

[1] 原注：David W. Miller and Martin K. Starr, *Executive Decisions and Operations Research* (Englewood Cliffs, NJ: Prentice-Hall, 1961), 45–47.

[2] 原注：Nanyang Technological University, “Models of Organizational Decision-Making.”

性格侧写（personality profiling）正是把握它的手段之一。

情报分析人员想出许多方法论来对敌方进行性格侧写，但它们都是基于分析人员自身经验。他们的经验是，敌方的个人性格和判断倾向在决策时所占的权重，远远大于其对自身资源和能力所进行的斟酌评估。[1] 由此形成的侧写，就是一种用来评估敌方可能采取决策的模型。[2]

被称为迈尔斯—布里格斯模型（Myers-Briggs model）的方法论，自1962 年起便一直是标准的模型。它一共识别出 16 种性格类型，其中情感（可以表现为感知、感觉和认知等）是每种性格类型都不可或缺的组成部分。可以预见的是，一种迈尔斯—布里格斯性格类型人士所做的决策，肯定不同于另一种迈尔斯—布里格斯性格类型人士所做的决策。很明显，一个曾在大学橄榄球队打线卫的高级官员，其决策风格肯定与曾经担任国际象棋俱乐部主席的高级官员截然不同。[3] 萨达姆 · 侯赛因和智利独裁者奥古斯托 · 皮诺切特（Augusto Pinochet）等前国家领导人，在迈尔斯—布里格斯评级中被评为 ESTJ [4]——这种类型被定义为“高官”（The Executive），他们对自己优于常人的决策能力充满信心，相对缺乏同情心，不愿承认错误。

许多国家都会针对那些不得不与之打交道的领导人，建立情感模型或进行心理侧写。值得注意的是，2017 年，俄罗斯政府已经针对新当选的美国总统唐纳德 · 特朗普（Donald Trump）建立了一份档案。据称，这份档案得出结论，认为特朗普在处理国际事务时喜欢冒险，而且还很幼稚。[5]

[1] 原注：Walter D. Barndt Jr., *User-Directed Competitive Intelligence* (Westport, CT: Quorum Books, 1984), 78.

[2] 原注：同上，93。

[3] 原注：Comment by Michael Pitcher, vice president of i2Go.com, in *Competitive Intelligence Magazine* 3 (July-September 2000): 9.

[4] 译注：ESTJ，即外倾、感知、思维、判断（Extraversion, Sensing, Thinking, Judgment）。

[5] 原注：Bill Neeley, “Russia Compiles Psychological Dossier on Trump for Putin,”

情感模型可以作为主要参考因素，针对目标团体甚至全体民众（而不是单独的个人）策划欺骗，这就是它在社会欺骗中的使用情况。第 3 章介绍了 2015 年时，伊拉克人（很可能在伊朗的推波助澜之下）是如何开始普遍相信美国正在秘密支持“伊斯兰国”的说法的。他们之所以一直相信这个说法，是因为许多伊拉克人对美国和美国在伊拉克的动机持有强烈的负面看法。他们有相信的倾向。下面将要讨论的是集体，它可被情感所左右，包括被宗教信仰诱发的情感所左右。

二、集体决策建模

上节主要讨论了某个个人做出的决策。但决策往往是由一个集体性实体做出的，或是在组织内部达成共识后做出的。例如，在支持反情报行动的欺骗中，目标是外国情报机构，目的通常是取信于这个机构而不是某个个人。

这种情况需要采取集体决策—预测法。判断某个集体将要做出的决策，要比判断某个个人的决策容易一些，但并不是说这很容易。在此类决策建模中，必须识别决策者的身份——通常这是整个过程中最困难的一个环节，然后再确定其很可能做出的决策。

集体决策模型被称为“政治模型”。它的主要特点是：

- 权力是去中心化的。
- 如果每个决策者都有不同的目的、价值集或是利益集，那么在多个决策者之间，就会存在多项而且往往是相互竞争的目的、价值和利益。

NBC News, February 21, 2017, http://www.msn.com/en-us/news/world/russia-compiles-psychological-dossier-on-trump- for-putin/ar-AAn9TBD? li=BBnb7Kz.

- 决策是个人与联盟之间讨价还价的结果。

因此，集体决策模型是一个解决冲突和建立共识的复杂过程，决策是妥协的产物。[1]

尽管极其复杂，但仍有一些分析工具和方法可用于评估集体决策的可能结果。这些工具和方法的基础，是 18 世纪数学家马奎斯 · 孔多塞（Marquis de Condorcet）阐述的社会选择理论（theory of social choice）。他指出，在进行一系列详尽的两两比较后，胜出的备选选项，应当是大多数人认为优于所有其他选项的那个。另外还有一种方法，它要求先绘制一个影响图（influence diagram），来表示参与集体决策的人员。集体决策中的理性因素往往较多，情感因素往往较少。但除非决策参与者来自各个不同的文化，否则最终决策中的文化因素绝不会少。在评估集体决策时，本章稍后讨论的霍夫斯泰德个人主义指数（individualism index）也是一个重要的考虑因素。

（一）博弈论

"博弈论"（game theory）是运筹学的分支。它是一种有效的工具，可对个体决策和集体决策进行决策建模。简言之，博弈论可以分析冲突或合作中两方或多方（player，博弈方）的决策过程。它可以用来进行思维训练，又或者因为它使用数学模型，所以可以用来进行仿真模拟。在某种意义上，它是针对一组有序 OODA 循环建立的数学模型。

博弈假定存在两个或多个相互依存的博弈方策略。每个博弈方都必须确定的是，自己当前或先前做出某种行为之后，其他博弈方将如何做出回应。然后，每个博弈方将估算其他博弈方做出的行为，进而决定自己将如何回应这个估算得出的行为。于是，行动和回应的博弈循环就这

[1] 原注：Nanyang Technological University, "Models of Organizational Decision-Making."

样一直继续下去。它的理念是让博弈方做出预测，看自己最初的决策，将如何决定游戏的最终结果。运用这个信息，博弈方就可以找出最优的最初决策。

博弈论能否成功，取决于是否了解其他博弈方的决策过程。因此，正如本章稍后所讨论的，可靠的文化模型是必不可少的。博弈论通常假定其他博弈方都将遵循理性的决策过程。当情况并非如此时，能否站在其他博弈方的立场上思考问题就变得更加重要了。

在将博弈论应用于情报问题的专家中，最著名的可能就是布鲁斯·布埃诺·德梅斯基塔（Bruce Bueno de Mesquita）。他在 30 年的时间里，制定并完善了一个模拟模型，可使用博弈论来生成政治预判。这些预判有过令人印象深刻的成功纪录：

- 1989 年，伊朗的大阿亚图拉[1]霍梅尼（Khomeini）去世。但早在 5 年之前，布埃诺·德梅斯基塔便已经认定霍梅尼的继任者是阿里·哈梅内伊（Ali Khamenei）。
- 2008 年 2 月，他正确预测出巴基斯坦总统佩尔韦兹·穆沙拉夫（Pervez Musharraf）将在夏季结束前被迫下台。
- 2010 年 5 月，他预测埃及总统胡斯尼·穆巴拉克（Hosni Mubarak）将在 1 年内被迫下台。9 个月后，穆巴拉克在大规模街头抗议中离开了这个国家。[2]

布埃诺·德梅斯基塔的预判并不总是完全准确的——没有预测模型是完全准确的。但据说，在他担任美国国务院、五角大楼、美国情报界和几

---

[1] 译注：大阿亚图拉，意为“安拉的最伟大象征”，是伊斯兰教什叶派最高宗教等级，数量极少。

[2] 原注：Clive Thompson, “Can Game Theory Predict When Iran Will Get the Bomb?” *New York Times*, August 12, 2009, http://www.nytimes.com/2009/08/16/magazine/16Bruce-t.html?_r=0.

个外国政府的顾问期间，曾经做出过大量准确的政治预判。[1]

优秀的敌方也会使用博弈论，而且情报也能发挥作用，识别敌方的欺骗性举措。耶鲁大学运筹学教授埃迪亚尔·平克尔（Edieal J.Pinker）将博弈论应用于2015年的“P5+1—伊朗”[2]谈判，并提出假设，称伊朗正在发动一场长期的欺骗行动。平克尔称：

> 我们可以运用博弈论，把这种态势视作主从博弈（leader/follower game），就像国际象棋一样，双方轮流落子。西方先走第一步：选择采取行动的启动门槛。伊朗再走第二步：参考西方的启动门槛，选择本国武器研发项目的管理方式。
>
> 假设伊朗有意研发核武器，它的最优策略会是什么？如果你是大阿亚图拉哈梅内伊，你想获得毁灭性核武力量，那么实现这个目的的最快方法，就是同时做好两件事情：浓缩铀和研发武器投放系统。但你很了解你的敌方，也就是美国和以色列，所以你知道最快方法并不是最优方法。你知道，如果你明确表露自己的军事意图，他们将被迫向你发动攻击。而另一条情报是：你知道在美国国内，战争得不到太多的政治支持，在不久前阿富汗和伊拉克等冲突之后更是如此。因此你的策略是，不要越过启动门槛进而迫使美国采取强硬行动，应当尽可能将这种状态保持到最后一刻。
>
> 因此，你的最优选择是较慢的选择：首先，你宣布正在浓缩铀，但仅限和平目的，比如发电和提供用以治疗癌症的核材料。其次，

[1] 原注：“Game Theory in Practice,” *Economist*, Technology Quarterly, September 3, 2011, http://www.economist.com/node/21527025.

[2] 译注：2015年，联合国安理会五个常任理事国（美、英、中、法、俄）再加上德国，与伊朗举行核问题会谈。

> 你要保持克制，不要将铀武器化，尽可能将这种状态保持到最后一刻。既然你的敌方已经表明他们不愿意发动进攻，那么只要你不越过他们的门槛，你就可以一直继续你的核项目。一旦做好准备，你必须抢在美国和以色列做出反应之前，拼命加速以完成研制武器的最后步骤。[1]

平克尔提出的假设，阐释了博弈论在评估敌方行动幕后动机时的价值所在。有趣的是，布埃诺·德梅斯基塔在 2008 年也运行了一个博弈论模型，但却得出不同的结论：它预测伊朗即将研发出核武器，随后会因温和派掌权而止步。[2] 温和派掌权的部分，在 2013 年哈桑·鲁哈尼担任总统时确实发生过。然而，能够更加准确地描述伊朗局势的，究竟是平克尔的假设，还是布埃诺·德梅斯基塔的模型？直到 2018 年，这仍是一个悬而未决的疑问。

（二）为备选决策建模

无论需要判断的是个体决策还是集体决策，我们都需要仔细考虑目标在面对故事时可能做出的备选决策。在本章中，我们已经讨论了影响决策的几个不同要素。但在实践中，如何利用这些要素，找出敌方最有可能做出的决策呢？敌方并不总是会做出你方预期的决策。如前所述，奥斯塔公爵的例子就是明证。较近发生的历史实例就是“沙漠风暴行动”。它所阐释的要点是，如果目标没有选择看起来最有可能的决策，你就必须为目标的备选决策建模。

---

[1] 原注：Edieal J. Pinker, “What Can Game Theory Tell Us about Iran’s Nuclear Intentions?” in *Yale Insight* (Yale School of Management), March 2015, http://insights.som.yale.edu/insights/what-can-game-theory-tell-us-about-iran-s-nuclear-intentions.

[2] 原注：Thompson, “Can Game Theory Predict When Iran Will Get the Bomb?”

“沙漠风暴行动”

1990 年年底，以美国为首的联盟正在策划“沙漠风暴行动”（Operation Desert Storm）——此战旨在夺回年初被伊拉克侵略并占领的科威特。驻沙特阿拉伯的联军数量接近 100 万，其中 70% 以上是美军作战部队。他们所面对的，是部署在科威特的数量大致相当的伊拉克部队。

如果从沙特阿拉伯向科威特发动正面进攻，联军将会面临激烈抵抗。因为伊拉克的防御阵地已有充分准备，联军可能遭受重大伤亡。更加诱人的选项是从西翼进攻伊拉克，包围驻科威特的伊拉克部队并切断其与外界的联系——这个战术后来被称为“左勾拳”（left hook）或“万福玛利亚”（Hail Mary）行动。从联盟角度来看，这显然是一项战术行动。它应该可以奏效，但如果伊拉克识破这个行动，肯定会部署军队反击。

联军的目的是让伊拉克相信以下想定：地面攻击来自南方，将从波斯湾向科威特发动攻击。如果（欺骗）成功，就可以让伊拉克的注意力发生偏离，不再关注穿越沙漠的侧翼运动。

媒体渠道被用来开展偏离行动，其中包括以下两项措施：

- 第一项措施的目的，是宣称海军陆战队将发动一次两栖攻击。一支海军陆战队远征部队已经开展多次两栖训练演习，其中最重要的是“雷霆迫近行动”（Operation Imminent Thunder）。新闻界获准采访这些训练行动，包括在附近地点阿曼举行的一次两栖演习。联军还向占领科威特的伊拉克人空投传单，上面画的是一片酷似海军陆战队队员的海浪横扫着伊拉克士兵。美军司令施瓦茨科普夫（Schwarzkopf）将军非常谨慎，并没有对媒体撒谎。他只是表示，海军陆战队已经进驻海湾，准备发动一次两栖登陆。
- 与此同时，第二项措施就是驻沙特阿拉伯的部队在边界建造伊拉克防线的复制品，并以此为目标开展大量训练。记者获准参观和报道这项训练。

进攻日临近之际，联军部队开始发动欺骗行动，以强化上述欺骗想定。这些“展示”（demonstration）的目的，是让伊拉克的 7 个师移防至科威特海岸。

- 在进攻的前一周，联军飞机对沿海目标发动空袭，并在科威特海域攻击伊拉克军舰，传递登陆即将开始的印象。
- 1991 年 2 月 23 日，主攻开始。但就在此前一周，海军陆战队穿越沙特阿拉伯边界，攻击驻科威特南部的伊拉克部队。
- 2 月 24 日上午，在海军炮火的支援下，海豹突击队的迈克特遣队（Task Force Mike）发动了一次两栖佯攻，再次给人以扫清海滩障碍、准备发动两栖攻击的印象。[1]

为这次欺骗行动推波助澜的，是伊拉克对沙漠行动危险的认知。他们认为，所有穿越沙漠的联军部队都将迷失方向，不会构成威胁。伊拉克人几乎没有在沙漠开展行动的经历，他们在这方面的经验非常有限，因此认为穿越沙漠是危险的。不知何故，他们没有意识到全球定位系统（GPS）对沙漠行动的影响能有多大。[2]

和一切重大欺骗行动一样，这一次也存在一些漏洞。飞机和车辆在左翼开展行动时，原本有可能引起伊拉克的注意，但他们或是没有观察到这些漏洞，或是虽有观察但并未据此采取行动。[3] 此次欺骗行动大获成功，因为当联军部队通过“左勾拳行动”长驱直入伊拉克，并切断共

---

[1] 原注：James F. Dunningan and Albert A. Nofi, *Victory and Deceit: Dirty Tricks at War*. (New York: William Morrow, 1995), 322.

[2] 原注：同上，319–21。

[3] 原注：Major Henry S. Larsen, “Operational Deception: U.S. Joint Doctrine and the Persian Gulf War,” US Army Command and General Staff College, Ft. Leavenworth, Kansas, May 26, 1995, 18.

和国卫队大批部队的补给线及撤退路线时，伊拉克完全措手不及。

此次欺骗行动毫无疑问是成功的，但它还造成了一个意料之外的结果。和埃塞俄比亚战争一样，欺骗行动导致敌方将领做出了意料之外的决策。

美国海军陆战队第 1 远征队沿着海岸线向前推进时，几乎没有遇到抵抗。原来，伊方指挥官担心己方侧翼会遭到两栖登陆攻击，因此将部队后撤了大约 40 千米。于是联军部队迅速向前推进，迫使施瓦茨科普夫将军将“万福玛利亚行动”的发动时间提前，比原计划早了大约 18 个小时。

和埃塞俄比亚战争的案例一样，如果联军能从伊拉克指挥官的角度研究态势的话，至少应当将伊拉克的反应作为一种可能性予以预见。因为不久前两伊战争的经验，已经让伊拉克人学会了重视防御行动。如果考虑到伊拉克对敌军部署的评估情况，其实不难预料出他们会担忧侧翼进攻一事。

前几节在讨论目标时，讨论背景都是（行骗者）意图促成某个决策或特定结果。但有些想定并不是为了促成特定的决策或结果。在某些情况下，理想想定的目的是影响目标团体或民众的认知或信念，从而让行骗者获得优势。它或许能够、也或许不能导致目标团体采取任何行动。策划这种结果想定时，通常需要对目标文化建模，这是做出决策和形成认知与信念时的一个重要因素。

三、文化建模

我们最后讨论文化建模，因为它可以用来针对个体和集体决策开展欺骗，也可以在预期不会产生决策（或许预期只会产生有利于行骗者的认知或信念）时，用来针对民众开展欺骗——通常是心理战行动。如果有人有意参与模因冲突（memetic conflict，将在第 8 章讨论），这就是关键的第一步。

决策建模的一项关键要素，就是要在某个不确定范围中去预测某人的行为。但是，如果不将行为置于目标的社会和文化背景下，人们预测该项行为时就不会有太大的把握。欺骗策划人员需要了解一种文化的方方面面，比如它如何培养年轻人熟悉成年人的角色，以及它如何定义生活中的重要事物等。在行为分析中，文化定义了某个团体或某个决策者所属集体的伦理规范。这种规范规定价值观，并且制约决策。[1] 一般来说，文化是一种制约性的社会或环境力量。不同文化具有不同的思维习惯、价值观和动机。如果不去了解这些差异，直接对决策过程建模，欺骗策划人员就有可能落入“非理性行为”陷阱，1941 年时美国和日本的策划人员便是如此。

在日本偷袭珍珠港之前，美国和日本都就对方的决策做出极其糟糕的预测。双方都过于相信镜像思维，也就是双方采取行动时，都以为对方会采取理性决策过程。但这个**理性**是他们**自己**定义的。

美国策划人员推断，美国的军事、经济和工业实力占据优势，可以威慑对方放弃进攻。日本不可能打赢对美国的战争，所以日本发动进攻的决定是非理性的。[2]

日本人也知道，对美国发动长期战争是不可能获胜的，因为两国工业实力存在差距。但日本认为，对珍珠港发动致命一击，可以促使美国寻求

[1] 原注：Gharajedaghi, *Systems Thinking*, 35.

[2] 原注：Harold P. Ford, *Estimative Intelligence* (Lanham, MD: University Press of America, 1993), 17.

通过谈判来解决太平洋和东亚的问题。[1] 为了验证这一假设，日本援引自己过去的经验——1904 年，日本在亚瑟港对俄罗斯舰队发动类似的突然袭击，最终结果是日本得以通过谈判，获得于己有利的解决方案。日本人对美国进行镜像成像时，并没有以自己为模板，但却以 1904 年和 1905 年的俄罗斯为模板。日本认为，美国政府的行事风格与沙皇政府非常相似。

如果不考虑文化因素，预测敌方决策过程时就会频频出错。文化差异导致相互竞争的对手没有做出这种“显而易见”的决策。冷战期间，美国情报界内部和外部都有负责分析苏联领导人的分析人员（他们被称为“克里姆林宫学家”），他们在评估苏联可能做出的行为时，经常遇到文化分歧。据称，苏联领导人尼基塔 · 赫鲁晓夫（Nikita Khrushchev）就很看不起美国这些克里姆林宫学家，他说：“他们来自一个教育水平很高的国家，他们认为我们也受过高等教育。他们不知道我们的主体是一群缺乏想象力而且令人生厌的恶棍。” [2]

鉴于文化差异是决策的一项重要因素，我们希望能有某种文化“模板”来帮助建立决策模型，用来针对所有给定目标发动欺骗行动。这样的模板确实存在，其中常用的一组模板被称为霍夫斯泰德文化维度。

以霍夫斯泰德的分析为基础，我们可以描述各国的国家文化（national culture）。这个概念最初的基础是一个大型研究项目，该项目以一家跨国公司（IBM）设在 64 个国家的子公司为目标，研究这些国家文化差异。[3] 后来，相关研究详细介绍了国家文化差异的 4 个不同维度。再

---

[1] 原注：Harold P. Ford, *Estimative Intelligence* (Lanham, MD: University Press of America, 1993), 29.

[2] 原注：Dino Brugioni, *Eyeball to Eyeball: The Inside Story of the Cuban Missile Crisis* (New York: Random House, 1990), 250.

[3] 原注：Geert Hofstede, *Culture's Consequences: International Differences in Work-Related Values* (London: Sage, 1984).

后来，霍夫斯泰德和其他学者又发现了两个维度。霍夫斯泰德使用不同文化的数字等级或指数来描述这些维度。[1] 霍夫斯泰德的维度理论曾被用于策划欺骗，但使用时应当谨慎，因为在一个国家里，即使文化维度确实存在的话，领导人和各个团体也并不总是与这个国家的文化维度相一致。比如说，人们很难描述黎巴嫩或南非的“国家文化”。

（一）权力距离指数

权力距离指数（power distance index）可以描述属于特定文化的人们看待权力关系，特别是上下级关系的态度。根据定义，它是在包括家庭在内的组织和机构中，权力较小的成员对分配不均的接受和预期程度。指数较高，说明等级制度在这个社会里是明确的，不可置疑的。指数较低，说明在它所描述的社会里，人们质疑权威，并希望可以参与那些能够影响自己的决策。表 4-1 展示了这两类社会之间的对比情况。

拉丁美洲、非洲、阿拉伯世界和亚洲的权力距离指数得分很高。民主传统悠久的国家，不出意外地在这个指数上得分很低。[2]

“刚毅行动”是一次欺骗行动，旨在诱导德国国防军将兵力集结于加来海峡（参见第 2 章）。它之所以能够取得成功，部分原因是在希特勒的领导下，德国的权力距离指数得分很高。希特勒坚信加来是真正的目标，因此无视手下将军们关于释放兵力阻击诺曼底进攻的建议，强令他们死守加来。

---

[1] 原注：Geert Hofstede, “Dimensionalizing Cultures: The Hofstede Model in Context,” *Online Readings in Psychology and Culture* 2, no. 1 (2011). doi:10.9707/2307-0919.1014.

[2] 原注：“Power Distance Index,” Clearly Cultural, http://www.clearlycultural.com/geert-hofstede-cultural- dimensions/power-distance-index/.

表 4-1 低权力距离社会与高权力距离社会的差异

低权力距离	高权力距离
权力的使用方法应该是合法的，受善恶标准制约。	权力是社会的基本事实，先于善恶标准：它的合法性并不重要。
父母平等对待子女。	父母教导子女服从。
长者既不受人尊重，也不令人畏惧。	长者既受人尊重，又令人畏惧。
教育以学生为中心。	教育以教师为中心。
等级意味着角色之间存在不平等，建立等级的目的是为了方便。	等级意味着人与人之间存在不平等。
下属期待磋商。	下属期待命令。
多元化政府以多数投票为基础建立，可以通过和平方式改变。	独裁政府以控选[2]为基础建立，需要革命才能改变。
腐败罕见；丑闻可以终结政治生涯。	腐败频发；丑闻会被掩饰。
社会收入分配相当均衡。	社会收入分配很不均衡。
宗教中强调信徒平等。	宗教中存在由教职人员组成的等级制度。

*Creative Commons Attribution ShareAlike 授权使用。

（二）个人主义与集体主义

个人主义指数可以衡量在一个社会中，人们将自己视作群体成员的程度。个人主义社会存在松散的关系，其中大多是家庭关系。人们强调“我”而不是“我们”。在个人主义社会里，社区（community）所受的重视程度并不高。

集体主义社会把群体看得比个人利益更加重要。它的特点是存在紧密结合的关系，这种关系将家庭和其他形式的群体扩大成家族。这些家族强

[2] 译注：控选（co-opted），某个组织现任成员指定新成员的做法。

调对群体的忠诚。他们强调共同决策和集体目的。他们在与其他家族的冲突中彼此相互支持。表 4-2 对这两类社会的差异进行了区分。

表 4–2　个人主义社会与集体主义社会的差异

个人主义	集体主义
每个人应当照顾自己及自己的直系亲属。	人们出生在大家庭或家族中，家庭或家族为他们提供保护，换取他们效忠。
“我”的意识。	“我们”的意识。
重视隐私权。	强调归属感。
说出心里话是健康的做法。	应始终保持和谐。
将他人归类为单独的个体。	将他人归类为“圈内人”或“圈外人”。
可以提出个人意见：一人一票。	意见和投票都是“圈内人”事先决定的。
违反规范会导致负罪感。	违反规范会导致耻辱感。
语言中“我”字是不可或缺的。	语言中避免使用“我”字。
教育的目的是学习如何学习。	教育的目的是学习如何做事。
任务高于关系。	关系高于任务。

*Creative Commons Attribution ShareAlike 授权使用。

个人主义指数存在严重的东西差异和南北差异。北美和欧洲个人主义得分很高。亚洲、非洲和拉丁美洲是高度集体主义的国家。阿拉伯世界和日本在指数排名中位于中间。[1]

可以说，第 1 章所述的许多伪装行动，在打击目标叛乱分子的士气方面效果更好，破坏力也更强，因为这些行动在集体主义社会中使用时，破坏的正是这种社会的规范。

[1] 原注：“Individualism,” Clearly Cultural, http://www.clearlycultural.com/geert-hofstede-cultural-dimensions/ individualism/.

（三）不确定性规避

根据定义，不确定性规避（uncertainty avoidance）指数，是一个社会容忍模糊（ambiguity）的程度，以及容忍结果和条件均为未知或不可预测态势的程度。该指数可以衡量人们接受或规避意外或未知情况的程度。不确定性规避得分较高的社会，通常设置某些指导和法律，它们定义了可接受行为的界限。在这种社会里，人们倾向于相信绝对真理，即相信唯一真理支配所有行为，并且相信人们都知道它是什么。如果这个指数得分较低，说明人们普遍会接受不同的思想和意见。得分越低的社会，倾向于对行为施加更少的限制，而且人们在日常生活中也普遍更加愿意接受模糊。表 4-3 总结了这两类社会之间的差异。

表 4–3　弱不确定性规避社会与强不确定性规避社会的差异

弱不确定性规避	强不确定性规避
可以接受生活中固有的不确定性，对待每一天的态度都是顺其自然的。	认为生活中固有的不确定性是一种持续的威胁，必须与之斗争。
放松、压力更低、自制和低焦虑。	压力更高、情绪化、焦虑和神经质。
主观的健康和幸福感得分更高。	主观的健康和幸福感得分更低。
能够容忍异类的人和思想：对异类的态度是好奇。	不能容忍异类的人和思想：认为异类是危险的。
对模糊和混沌处之泰然。	需要明确和有组织。
老师可能会说“我不知道”。	认为老师应当掌握所有答案。
换工作不是问题。	人们不会换工作，即使不喜欢的工作也是如此。
不喜欢规则——不论是成文的或不成文的规则。	对规则有情感需求——即使是不被遵守的规则。

（续表）

弱不确定性规避	强不确定性规避
公民对政治很感兴趣，抗议得到容忍。	公民对政治的兴趣很低，抗议受到打压。
在宗教、哲学和科学问题上，持相对主义和经验主义。	在宗教、哲学和科学问题上，相信终极真理和宏大理论[1]。

在拉丁美洲、欧洲许多地区、俄罗斯、阿拉伯世界和日本，不确定性规避的得分都很高。英语文化、斯堪的纳维亚文化和中国文化更倾向于接受不确定性。然而，很少有国家的不确定性规避指数得分特别低。[2] 如何将文化指数用于策划欺骗？二战期间英国欺骗行动失败的经验可以阐释一二。

二战期间针对日本的欺骗行动

撒迪厄斯·霍尔特（Thaddeus Holt）在介绍二战期间同盟国欺骗行动的著作中，记载了英国在针对日本实施欺骗时遇到的困难。英国在针对德国发动欺骗的过程中，学会了在提供信息时使用细微欺骗这种手段。一组太过明显的线索将招致怀疑。在对付日本时，英国反复提供一组细微的指标来支持欺骗行动，结果发现它们消失在日本情报机构内部，并没有得到任何回应。只有当所提供的信息指向一个明显结论时，日本人才会做出回应。如果信息足以指向明显结论，德国情报机构会将其斥为欺骗，并拒绝接受。因为日本军方经常在作战的同时发动欺骗行动，所以这样的结果更加令人费解。霍尔特得出结论，认为日本情报机构是无

[1] 译注：宏大理论（grand theory），指包罗万象、体系完整，能够涵盖本领域所有问题的较为抽象的理论。它多见于人文学科。

[2] 原注："Uncertainty Avoidance," Clearly Cultural, http://www.clearlycultural.com/geert-hofstede-cultural- dimensions/uncertainty-avoidance-index/.

能的。[1]

事实上，日本情报机构显然是故意忽略这些细微信息的，这或许可以在日本文化中找到更加根本的原因。我们使用霍夫斯泰德模型，就能得出答案。有项研究评估了多个国家的霍夫斯泰德指数，据其显示，日本人的不确定性规避指数很高（120 人中有 92 人）。[2] 因此，日本情报机构的办事习惯，自然是不会根据模糊情报采取行动。

（四）男性气质与女性气质

在本书的定义中，男性气质（Masculinity）是社会中人们对成就、英雄主义、自信和成功后物质奖励的偏好，女性气质（Femininity）是人们对合作、谦虚、关心弱者和生活质量的偏好。在女性气质社会中，女性是谦逊的、关爱他人的，男性也是如此。在男性气质社会中，虽然两性的自信和竞争力都更强，但女性在这些方面明显不如男性。表 4-4 对比了这两类社会的差异。

表 4–4　女性气质社会与男性气质社会的差异

女性气质	男性气质
两性之间，情感和社会角色的下限存在差异。	两性之间，情感和社会角色的上限存在差异。
男性和女性应当谦逊，关爱他人。	男性应当是、女性可以是自信的，有野心的。
家庭和工作之间是平衡的。	工作高于家庭。
同情弱者。	仰慕强者。
父亲和母亲都能处理事情和感情。	父亲处理事情，母亲处理感情。

[1]　原注：Holt, *The Deceivers: Allied Military Deception in the Second World War*, 289.

[2]　原注："Uncertainty Avoidance."

（续表）

女性气质	男性气质
男孩和女孩都可以哭，谁都不能打架。	女孩可以哭，男孩不能哭；男孩应当反击，女孩不能打架。
母亲决定子女数量。	父亲决定家庭规模。
许多女性担任民选政治职务。	很少有女性担任民选政治职务。
宗教关注普通人类。	宗教关注上帝或诸神。
对性行为持平常心态；性是一种与人产生关系的方式。	对性行为持道德评判态度；性是一种行事方式。

男性气质指数得分在斯堪的纳维亚极低。这项得分在中国、日本和中欧地区很高，在英语国家相对较高。尽管人们普遍认为男性在阿拉伯国家占据主导地位，但男性气质指数得分却处于中等水平。[1]

（五）长期导向与短期导向

将长期导向（long-term orientation）和短期导向（short-term orientation）的对比作为一个维度，添加在原有四个维度之后，可以区分东西方思维的差异。长期导向意味着个人重视未来，他们愿意推迟短期的物质或社会成功，甚至推迟短期情感满足，为未来做准备。秉承这种观点的文化，重视坚持、毅力、节俭和适应能力。

短期导向的文化重视现在或过去，认为这些比未来更重要。秉承短期导向观点的人们，重视传统、当前社会等级和履行自身社会义务，他们更关心当下的满足，而不是长远的满足。表 4-5 展示了这两种导向之间的差异。

长期导向的高分通常出现在东亚地区，其中中国世界排名最高，日本

[1]　原注："Masculinity," Clearly Cultural, http://www.clearlycultural.com/geert-hofstede-cultural-dimensions/masculinity/.

紧随其后。分数居中是东欧和西欧的特点。短期导向描述的是盎格鲁国家、伊斯兰世界、非洲和拉丁美洲。[1]

表 4–5 短期导向社会与长期导向社会的差异

短期导向	长期导向
生活中最重要的事发生在过去或现在。	生活中最重要的事发生在未来。
个人的平稳和稳定：好人什么时候都是一个样子。	好人可以随环境变化而变化。
关于何为善恶的问题，存在普世的指导准则。	何为善恶，取决于环境。
传统是神圣不可侵犯的。	传统可以适应环境变化的。
指引家庭生活方向的是必要需求。	指引家庭生活方向的是共同任务。
为祖国感到自豪。	试图向其他国家学习。
为他人服务是重要的目的。	节俭和坚持是重要的目的。
社会性支出和消费。	节约和节俭；有供投资的可用资金。
学生将成功和失败归因于运气。	学生将成功归因于努力，将失败归因于没有努力。
穷国经济增长缓慢或没有增长。	各国经济快速增长，达到繁荣的程度。

*Creative Commons Attribution ShareAlike 授权使用。

（六）放纵与克制

从本质上讲，这个维度可以衡量人们是否享受简单的生活乐趣。放纵社会倾向于允许人们以相对自由的方式，满足于与享受生活和寻欢作乐有关的人类自然欲望。这种社会中的人们，相信自己能够掌控自己的生活和情感。放纵文化倾向于更加重视个人的幸福和安康，认为休闲时间更重

[1] 原注："Long-Term Orientation," Clearly Cultural, http://www.clearlycultural.com/geert-hofstede-cultural- dimensions/long-term-orientation/.

要，允许人们拥有更多的自由和个人掌控。

克制社会更有可能认为，满足需求时应当受到严格规范的约束和管制。积极情绪的表达方式较不自由，幸福、自由和休闲也没有得到同等的重视。表 4-6 总结了这些社会之间的差异。

表 4–6　放纵社会与克制社会的差异

放纵	克制
更高比例的人口宣称自己非常幸福。	非常幸福的人较少。
认为个人可以掌控生活。	感觉无助：发生在我身上的事，并不是我自己行为带来的结果。
言论自由被认为是重要的。	言论自由并不是主要的关注重点。
休闲的重要性较高。	休闲的重要性较低。
更有可能记住积极的情绪。	不太可能记住积极的情绪。
在教育普及的国家里，出生率较高。	在教育普及的国家里，出生率较低。
较多人积极参与体育活动。	较少人积极参与体育活动。
在食物充足的国家里，肥胖人口的比例较高。	在食物充足的国家里，肥胖的人口较少。
在富裕国家里，性规范宽松。	在富裕国家里，性规范更严格。
维持国家秩序的事宜没有得到高度重视。	每10万人中的警察数量较多。

*Creative Commons Attribution ShareAlike 授权使用。

放纵得分在拉丁美洲、非洲部分地区、盎格鲁世界和北欧是最高的，克制主要出现在东亚、东欧和伊斯兰世界。

关于霍夫斯泰德指数还有最后一点需要强调：一个国家的平均值并不会自动定义该国个人的行为或决策。大多数国家以现今状态存在的时间还不到一个世纪，此外许多国家是由多个族裔和宗教团体组成的。尽管这些模型在针对占主导地位的族裔或宗教团体使用时，很多时候都会被证明是正确的，但并非所有个人甚至并非兼有多种亚文化背景的地区都适合套用国家模型。在策划欺骗时，这些指数应被当作了解不同群体之间文化差异的指导意见，而不是被当作一成不变的法则。凡事皆有例外，只有这一点是没有例外的。

[第5章]

构建故事

在充分考虑了理想结果想定，也确定了能够帮助促成该项结果的敌方决策及行动之后，下一步就要精心拟定一个单独的想定，它在欺骗行动教科书中通常被称为“故事”。欺骗故事是目标必须相信的图景，这样目标才能做出所希望的决策，从而导致所希望的行动，最后产生所希望的结果。

成功的剧本作家、小说家和新闻记者都知道怎样才能讲好一个故事。有些人认为这是情报写作领域一门失传的（抑或未被发掘的）艺术。有报道称，几年前美国电影导演史蒂文·斯皮尔伯格（Steven Spielberg）曾经对一群美国情报界高级官员说，他们需要学会讲故事。

但是，什么可以构成一个故事，或者更确切地说，一个“好”故事呢?

一、好故事的要素

故事和讲故事的艺术，二者和人类相互沟通的能力一样，都拥有悠久的历史。讲故事是人类社会一项必不可少的要素，往往也是决定性要素。事实上，好故事的概念几乎是在孩子们刚刚解码口语之后，就立即灌输给他们的。从很小的时候起，孩子们就会听人讲（或自己读）故事，并终生痴迷于这种艺术形式。不久前，在丹麦有一个 8 岁儿童的班级，他们被要求描述好的冒险故事的特点。结果他们的共识是，好的冒险故事必须具备以下特点：

1. 开头必须是“从前”；
2. 必须有会说话的动物；
3. 数字“3”必须出现（3 个愿望、3 个谜语、3 个王国，等等）；
4. 必须有公主；
5. 善良与邪恶之间必须有冲突；
6. 必须有解决冲突的办法，善良必须战胜邪恶。

只要具备这些特点，故事就能吸引小孩子，就能让他们愿意继续听下去。前 5 个特点包含了孩子们**预期**能在冒险故事中看到的所有要素。最后一个更是几乎每个人都**希望**看到的。它强化了善良终将胜利的信念。

故事能否被评判为好故事，完全是由听众决定的，这才是关键所在。和讲给 8 岁小孩听的好的冒险故事一样，一个好的欺骗故事所具备的特点，应当是符合欺骗目标的预期和希望的。

二、好故事的特点

有一个被称为“读者反应”（reader response）的著名文学理论，它关注的重点并不是作者在撰写故事时的本意，而是读者在阅读故事时的想法和感受。该理论认为，每位读者会根据自己的独特经历，对相同的叙事做出不同的反应。换言之，作者想要传递什么并不重要。阅读这个故事的人，会根据自己的世界观来解译故事的各项要素。这正是欺骗策划人员在拟定故事时必须开展的思考过程。目标必须是（故事针对的）焦点。关于这一点，戈德森和沃茨在介绍哪些要素可以造就好的欺骗叙事时也予以了确认：

> 行骗者要想成功，必须掌握目标的认知背景，这样才能知道哪种关于世界的（虚假）图景看起来才是合理的。历史、文化、官僚机构的偏好和总体政治经济环境，这些都会影响目标的认知。虚假信息应当迎合目标在战略文化甚至流行文化方面的偏好。错误会被轻易发现，而且往往在目标受众看来也很滑稽可笑。因此，欺骗需要创造性的策划。经验表明，成功的欺骗策划人员能够摆脱大型官僚机构的惯例和文化的影响……总之，欺骗策划人员“需要大量了解自己试图操纵的目标的世界观，并承认人性中存在自我欺骗的倾向”。[1]

简言之，无论是普通的故事，还是能够反映出欺骗策划人员自身文化或性格的故事，都是不会成功的。欺骗策划人员必须考虑的是，哪些环境和哪种“事实”会导致目标采取策划人员所希望的行动。这些环境和“事实”需要相互结合，才能创造出故事。回顾第 1 章介绍的几项基本原理，欺骗策划人员必须提出的问题是：真相、拒止、欺诈和误导，它们需要以怎样的方式相互结合，才能为这个特定敌方拟定出一个成功的故事？

但要回答这些问题，欺骗策划人员首先必须了解敌方决策过程中，哪些因素是非常重要的，了解其做出决策时，心理状态很可能会是什么样

---

[1] 原注：Roy Godson and James J. Wirtz, “Strategic Denial and Deception,” *International Journal of Intelligence and CounterIntelligence* 13 (2000): 426–37.

的。例如，当针对某种特定类型的目标（如容易偏执的决策者）时，好的开始就是拟定一个故事，说存在一个针对该目标的阴谋。要想掌握这方面的情况，通常需要某种决策建模，这个问题在第 4 章已经讨论过了。另外还有一个有效做法，就是了解目标在接收信息和情报方面的偏好。如果一个故事能够通过可信情报源传递给这个敌方，就会造成一种虚假安全感，这个话题将在下章讨论。

戈德森和沃茨已考虑了所有这些情况，并在研究的早期阶段指出，他们已经识别出在欺骗中构成好故事所必备的两个特点。如果希望欺骗能有机会成功，故事就应当具备这两个特点中的一个，最好二者兼备：

- **合理**（plausibility）。什么故事会符合目标的信念和预期？什么故事会让目标相信欺骗故事是真实的？
- **强化**（reinforcement）。什么故事会强化目标的希望？什么故事会强化目标的恐惧？

我们将通过举例，讨论每一个特点。

（一）合理

故事在敌方眼中必须是合理的，这与欺骗策划人员认为合理完全是两回事。行骗者认为有缺陷的故事，目标有可能会欣然接受。第 4 章介绍的“沙漠风暴行动”骗局就是如此。在联军领导人眼中，侧翼进攻是显而易见的。但在伊拉克人眼中，这样做是鲁莽的，因为他们认为穿越未经测绘的沙漠非常危险。

请回顾一下将在下文介绍的“阿尔戈”[1]行动中使用的故事。或许在美国观众眼中，这个故事根本就是天方夜谭，但伊朗政府却认为它很合理。

---

[1] 译注：“阿尔戈”（Argo），是此次情报欺骗行动中，美国营救小队的电影剧本中宇宙飞船的名字。

“阿戈尔行动”

本书第 1 章通过电影《骗中骗》，介绍了欺骗行动与诈骗的相似之处。这也说明电影行业非常清楚如何讲述一个好故事，以及如何成功实施欺骗行动。有时，美国政府也会向电影行业求助，原因就是缺少这方面的人才。“阿戈尔”的故事就是这样的例子。

1979 年，伊朗人占领美国使馆，抓捕使馆里的美国人。6 名没有情报背景的使馆雇员设法躲进加拿大使馆。他们躲在那里的事没有得到伊朗政府的认可，也不可能得到认可，因为伊朗革命卫队早已表示不会尊重使馆的不可侵犯性。美国必须与加拿大开展合作，寻找营救 6 人的办法，而且这项计划**必须**成功。失败会令美国人质和加拿大使馆人员面临危险，也会令美国和加拿大在政治上颜面无存。

中情局奉命开展隐蔽行动以营救 6 人。中情局与美加两国政府的高层决策人士通力协作，制订出一项计划。这个计划需要一个精心编制的故事，即有个“好莱坞电影制作团队”将要前往德黑兰，拍摄一部能让伊朗革命政府动心的电影。在对可能的拍摄地点开展调查之后，一行 8 人（这时已包含被救 6 人）便会启程回国。

于是一个虚构的电影制作公司，六号工作室（Studio Six Productions）在短短 4 天内成立了。营救小队找来一个剧本，里面有科幻元素、中东背景、神话元素和许多宣扬伊斯兰教荣耀的元素。剧本里还有其他一些让伊朗政府这个欺骗目标非常动心的元素——例如，建造一个大型摄影基地，以后可以改建成主题公园。

2 名中情局官员组成营救小队，在欧洲获得入境签证后，一路前往德黑兰。大约就在 2 人抵达梅赫拉巴德国际机场的同时，6 名工作室的高管（美国人和加拿大人）从中国香港乘飞机抵达，并与他们会合——

至少，机票显示他们确实来了。在德黑兰，2 名实际出行的中情局官员联系上这 6 名美国人，并向他们简要介绍了其所扮演的电影公司高管的角色情况。名义上的 8 人摄制组现在已经组建完毕，成员为 2 名中情局官员和 6 名使馆雇员，他们共同的掩护故事显示，所有人都是从境外飞抵德黑兰的。这 2 名中情局官员擅长伪造足以乱真的赝品。他们花了 2 天时间，做好假护照和其他出境证件，以便配合这个掩护故事。随后，在加拿大使馆工作人员的大力协助下，8 人离开梅赫拉巴德国际机场，乘坐瑞士航空公司的航班飞往苏黎世。

此次欺骗行动获得成功，但秘密并没有保守太久。几天之内，新闻界就打探到此事的风声。伊朗在大庭广众之下颜面扫地，加拿大则因为其所扮演的角色，收到了来自美国各地的激动的致谢声。六号工作室在营救行动结束的几周后就关闭了，但那时他们已经收到 26 个剧本，其中不少都来自日后的票房冠军，甚至有个剧本是史蒂文·斯皮尔伯格寄来的。[1]

为“阿尔戈”欺骗行动拟定的故事可谓合理，因为在伊朗政府看来，它不但可靠，而且让人心动。在 2012 年上映的相同主题电影《逃离德黑兰》中，有人提出一个备选故事，但遭到否决，我们可以对比一下这两个故事。在电影中，有人提议让营救小队假扮农业专家，故事是他们将与伊朗人讨论如何提升农业生产水平。这个故事没有通过合理性测试，因为行动计划在 1 月份展开。在隆冬时节派遣专家为伊朗农业提供援助，纯属无

[1] 原注：Antonio J. Mendez, “A Classic Case of Deception,” CIA *Studies in Intelligence*, Winter 1999/2000, https://www.cia.gov/library/center-for-the-study-of-intelligence/csi-publications/csi-studies/ studies/winter99-00/art1.html.

稽之谈。

再次强调，一切欺骗只有在真实环境中才会奏效。为了显得合理，故事应当尽可能以事实为基础。即使如天方夜谭般的“阿尔戈行动”，也包含了真实元素——比如，他们确实带来了可以向伊朗人展示的电影剧本。

如果必须长时间维持欺骗不被发现，理想的做法是让需要隐瞒的活动或目的，表现得真实或合理，但并不会引起外国情报机构兴趣。围绕 GRAB（银河辐射和背景）卫星所展开的欺骗行动（将在第 7 章讨论）就是以此为目的的。它在很大程度上是以事实为基础的。这颗卫星除了主要有效载荷外，还进行了一次真实但（对苏联情报机构而言）让人不感兴趣的试验。下一个案例是“亚速尔岛人计划”（Project Azorian），它的故事不是真实的，但却是合理的，而且让苏联情报机构丝毫不感兴趣。

“亚速尔岛人计划”

1968 年 3 月，苏联一艘“高尔夫”级潜艇在夏威夷西北海域巡逻时，因爆炸沉于 1.7 万英尺（约 5182 米）的水下，一同沉没的还有潜艇上 90 名船员。苏联打捞船无法找到沉船位置，但随后美国海军使用更加复杂的搜索设备，准确找到沉船位置。

这艘潜艇有许多美国认为很有情报价值的物品，特别是载有苏联海军密码的手册。此外，潜艇上的导弹也将提供关于核弹头设计的宝贵情报。这样看来，确实应当开展行动，打捞这艘潜艇。当然，绝不可能大张旗鼓开展打捞行动，闹到尽人皆知。严格来说，这艘潜艇仍然是苏联财产，打捞外国海军舰船是违反国际法的。此外，如果对方知道密码本已经落入敌手的话，它的价值也会大打折扣。一切打捞行动必须瞒着苏联进行。中情局提议开展一次打捞行动，代号“亚速尔岛人计划”，并通过周密的欺骗行动为其提供掩护。[1]

为了完成这项任务，霍华德·休斯（Howard Hughes）的苏玛公司斥资 2 亿美元，建造了一艘 620 英尺（约 189 米）长的深海打捞船，取名“探险家格洛玛”号（Glomar Explorer）。这次欺骗中的故事，也为这艘打捞船提供了一个尽人皆知的目的：开展深海研究，开采海底锰结核。

选择这个故事，并且选择休斯的公司来建造打捞船，这样做有许多好处。锰结核是高尔夫球大小的岩石，富含价值很高的锰、镍、铜、钴和其他元素。它们大量存在于海底数英里以下，非常难于开采，因为人们很难在如此之深的海底操作设备。据中情局呈送国务卿亨利·基辛格（Henry Kissinger）的备忘录显示，选择这个故事的原因是：

（我们）认定深海采矿是特别合适的（掩护）。这个行业尚处于起步阶段，日后商机无限，而且目前显然没有人专门从事硬件研发，因此没人掌握相关标准，无法衡量相关工作的可信程度。让休斯工具公司（后来的苏玛公司）作为赞助商和唯一资金来源参与进来，是合乎逻辑的选择：霍华德·休斯先生是公司唯一的股东；他是公认的开拓型企业家，商业兴趣极其广泛；他拥有必要的金融资源；他习惯秘密行事；而且他本人的行为也很古怪，以至于新闻媒体在报道和猜测他的活动时，既有真凭实据，也有胡编乱造。[2]

---

[1] 原注：CIA, “Project AZORIAN,” July 23, 2012, https://www.cia.gov/about-cia/cia-museum/experience- the-collection/text-version/stories/project-azorian.html.

[2] 原注：*Foreign Relations of the United States, 1969–1976, Vol. XXXV, National Security Policy, 1973–1976*, p. 871, https://history.state.gov/historicaldocuments/frus1969-76v35/d186.

事实证明，选择这个故事是正确的。媒体大张旗鼓地宣传这个故事，强调这是开发海底矿产资源竞赛的开始，并称“探险家格洛玛”号有能力“每天开采 5000 吨矿石”。[1]

1974 年 7—8 月，“探险家格洛玛”号找到这艘潜艇，开始打捞行动。他们用缆绳将潜艇绑好，再用绞车慢慢地把潜艇拉向驳船。大约拉到一半的时候，潜艇船体断裂，三分之二掉落并陷于海底深处。尽管据说他们苦苦追寻的奖品，也就是密码本和核弹头均已遗失，但剩下三分之一的潜艇被打捞上来，并产生了宝贵的情报。[2]

此次欺骗的目标是苏联情报机构（克格勃和格鲁乌）。关于此次欺骗行动的成功程度，其实一直是有争议的。“探险家格洛玛”号大部分时间的活动，都受到附近海域苏联船只的监视。1975 年 3 月，“亚速尔岛人计划”的真相被《纽约时报》的一篇文章所披露。1975 年 6 月，苏联人自然是已经识破了这艘打捞船的隐蔽任务，所以派出一艘军舰前往打捞地点实施监视和戒备。任务曝光后，福特（Fort）总统下令取消后续打捞行动。[3]

从那时起便一直有一种说法，称苏联人事先已经听说了这次打捞行动。据称，苏联海军高层认为这种打捞行动是不可能展开的，并且无视情报机构的警告。[4] 如果这是真的，便可以再次说明合理性的重要意义：深海研究和采矿的故事是合理的，但在苏联看来，潜艇打捞任务是不合理的。

---

[1] 原注：“Ripping Off the Ocean Bed,” *New Scientist*, August 16, 1973, 388.

[2] 原注：*Newsday*, April 11, 1989, 2.

[3] 原注：CIA, “Project AZORIAN.”

[4] 原注：Michael White, documentary, “AZORIAN: The Raising of the K-129,” Vienna: Michael White Films 2009, http://projectjennifer.white.at/.

（二）强化

一个好的掩护故事，应当能够强化敌方已经相信或是希望相信的东西。如果一个故事可以迎合或是强化敌方的恐惧，也能发挥同样的作用。第 2 章介绍的“水银行动”就非常符合德国人的看法，即加来海峡是盟军进攻欧洲的合理地点。而且，如果敌方相信某件事的愿望足够强烈，就有可能（尽管完全不推荐）发动哪怕完全不具备合理性的欺骗。在第 3 章所述保护“超级”的欺骗行动中，它的子行动布设的故事，是英国人拥有可以发现水下潜艇的雷达。雷达专家会发现这样的故事是不可信的，但德国人却相信这个故事，因为这迎合了他们的恐惧。

一战后德国重新武装，就是另外一个证明不可信故事也能成功的案例，因为它强化了敌方相信的意愿。

德国重新武装

在一战与二战之间，也就是 1920—1935 年，德国发动了或许是有史以来时间最长的欺骗行动。1919 年《凡尔赛条约》要求德国解除武装，并规定核查制度，以确保其条款得到遵守。德国军方和文官领导人成功地绕开条约限制，隐瞒坦克、大炮、军用飞机和潜艇的生产情况。

德国潜艇是由克虏伯公司设在荷兰和西班牙生产武器的子公司研发的。戴姆勒—奔驰、宝马和保时捷这些后来在汽车行业享有盛名的公司，设计了坦克和装甲车的初代原型。克虏伯公司设在瑞典的子公司生产重型大炮和坦克。根据德国与苏联的秘密协议，这些坦克和装甲车将在苏联喀山红军坦克基地接受测试。它们装船运输时，被伪装成“重型拖拉机”。

欺骗的应用范围扩大到作战部队的组建和训练。20 世纪 20 年代至

30年代初期，德国一直都在违反相关条约对其陆军和海军规模的限制，并一直在为未来的德国空军培训飞行员。这些飞行员接受汉莎航空公司的飞行训练，但表面身份是商业航空公司的飞行员。他们后来又前往墨索里尼的意大利接受军事训练，于是又穿上意大利空军制服。[1]

德国重新武装正是战略欺骗的案例。德国的目的是重新武装，同时不能刺激欧洲其他国家做出回应。此次欺骗的目标是这些国家的政治领导人，主要渠道是由英国、法国和美国核查人员所组成的同盟国军控委员会。

像德国那样长期开展一场周密的欺骗行动，而且还没有暴露，这几乎是不可能的事情。事实上，核查人员确实怀疑过存在违规行为，并且确实偶尔发现过违规行为。英法两国的军事顾问一再警告本国外交部长，称德国人正在违反条约，但两国领导人根本不想听到这个信息。此次行动之所以能够成功，是因为德国准确估计到英法两国政府决策者的犹豫不决。两国领导人已经厌倦战争，不愿处理德国重新武装的问题。

这项疲劳因素正是德国这个行骗者在违反军备限制协定时一直倚仗的东西。正如戈德森和沃茨指出的那样："大多数国家的政府不愿根据模糊证据，针对违反军备限制的情况采取行动"，"目标国家的做法是'图个省事'，也就是相信令人愉快的谎言和半真半假的事实，而不是直面令人不安的信息"。[2]

军控委员会于1927年解散。他们最后报告的结论是，德国并没有解除武装，并且在7年多的时间里，在重新武装这个问题上一直欺骗同盟国。

---

[1] 原注：Barton Whaley, "Covert Rearmament in Germany 1919–1939: Deception and Misperception," in *Military Deception and Strategic Surprise*, ed. John Gooch and Amos Perlmutter (New York: Frank Cass, 1982).

[2] 原注：Godson and Wirtz, "Strategic Denial and Deception," 430.

> 此次欺骗行动使用的手段创立了一种模式，在近些年来的大规模杀伤性武器扩散活动中被反复使用。这种手段主要是巧妙管理参观工厂的活动。在接到委员会将要检查的预警后，德国就把工厂机库中的飞机和部件转移并藏于农村。
>
> 此次欺骗行动还使用了两用产品的概念：展示的物料表面上是民用的，但实际上是军用的。设计为商业或体育用途的飞机，研发初衷却是可以改为军事用途的。战斗机的原型机被设计为民用飞机，并参加飞行比赛。容克斯公司（Junkers）的三引擎飞机，公开用途是运输机，但原始设计却是轰炸机。自那时起，许多国家发动类似的欺骗行动时，主题便都是两用化学品（既可用于商业产品，又可用于化学武器制剂生产）。

在构建一个完整的故事时，行骗者应该使用第 3 章讨论的不同方面。也就是说，所有可能组成故事的 PMESII 要素都必须考虑在内。有多种可能的方法可以将所有这些要素融入故事。下节将介绍这些方法中的一种。

三、影响力网络

好故事应当向敌方展示具备连贯性的图景，这意味着它应当非常符合敌方的一切可用证据。因此，设定欺骗故事之后，如果能从敌方视角对其进行验证，这将会是个好主意。

有个方法可以验证故事是否符合本章介绍的各项特点，那就是建立一个影响力网络（influence net）。影响力网络建模是一种直观的图形技术。

它在策划欺骗时非常有用，因为它要求创建者考虑各项因素、动力或影响力——这些东西正是故事的组成部分，并将推动敌方决策朝向或背离理想结果想定。它强迫欺骗策划人员既要考虑故事所施加的影响力，又要考虑可能支持或破坏这个故事的（由其他渠道提供的）外部证据。

为了建立影响力网络，欺骗策划人员定义了“影响力节点”（influence node），指出这些节点可描述能够彼此结合、共同创作故事的多项因素。下一步是在这些节点和理想决策之间建立“影响力连线”（influence link）。这些连线使用图形，阐释了节点（因素）与决策之间的因果关系。影响力可以是积极的（支持某个给定决策），也可以是消极的（降低这个决策出现的可能性），由“终止符”连线来表示。终止符可以是箭头（积极影响力），也可以是圆点（消极影响力）。由此产生的图形说明，被称为“影响力网络拓扑”（influence net topology）。

请思考一下“刚毅行动”，即诺曼底登陆前，旨在让德军远离诺曼底的欺骗行动。请再思考一下“水银行动”，即旨在鼓励德国加强加来海峡周边部署的欺骗行动的子行动。（两次行动均请参见第 2 章。）有这样一个拓扑案例，它展示了阿道夫·希特勒决定将德国防御力量集中在加来以抵御进攻时，这项决策所受到的某些影响，如图 5-1 所示。这项决策被称为“防御盟军对加来的进攻”。影响力网络的起点是以下三项因素，其中任何一项都是盟军无法改变的：

1. 加来是最直接的进攻路线，它是英国至欧洲的最短海上航线，后勤工作难度最低。

2. 1944 年，德国已在加来地区建立起庞大的防御力量。

3. 要想把加来说成是进攻目标，就必须努力摆脱“肉糜行动”等英国以往成功实施的、本应招致德国怀疑的欺骗行动的阴影。

后两项因素对这项决策的影响是负面的（用连线末端的圆点表示）。积极因素（用连线末端的箭头表示）展示了拟议欺骗计划的三个关键部分：

1. 组建虚构的美国第 1 集团军群，其部署地点位于多佛尔附近。

2. 任命巴顿将军，即被德军认为是盟军最厉害的指挥官出任美国第 1 集团军群司令。

3. 命令英国控制的、德国信任的双重特工提交报告，称加来海峡就是进攻目标。

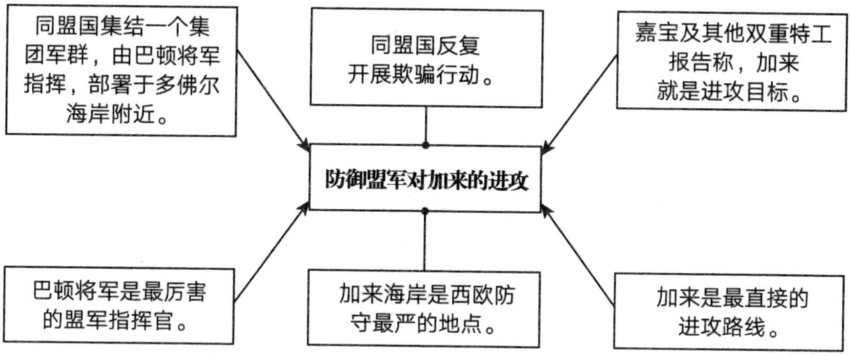

图 5-1 “水银行动”的影响力网络

注：箭头来向的方框，支持德军的判断决策，认为进攻将要发生在加来海峡地区。圆点来向的方框，不支持该项决策。

确定理想结果想定，选定目标，拟定用以诱导目标做出决策并采取行动的故事，接下来我们就该选择用以传递故事的渠道了。

[第 6 章]

开发和利用渠道

用于布设欺骗的渠道（传感器和情报源）大多是传统情报渠道，这些渠道将在第 7 章详细介绍。很多布设欺骗的渠道虽然存在，但并不属于传统情报范畴，而且近年来这些渠道变得愈发重要。它们中有许多都属于第 8 章讨论的网络空间范畴。

此外，有些渠道虽然存在，但既不属于情报范畴，也不属于网络空间范畴。开源（open source）便捷可用，且不属于情报渠道范畴，不过为了方便起见，我们在第 7 章把它也视作情报科目。电话、邮政邮件和电子邮件都可用来布设欺骗。

还有另外一种类型完全不同的欺骗，举例来说，就是以全球定位系统这种渠道为目标发动欺骗。2016 年 1 月 12 日，两艘美国海军巡逻艇被伊朗革命卫队海军扣押，理由是它们进入伊朗领海，即波斯湾内的伊朗法尔斯岛附近水域。事后查明，这两艘美国巡逻艇进入伊朗水域的原因是导航错误。当时一些观察人员猜测，伊朗对全球定位系统信号发动欺骗，致使两船偏离航线。支持这个假设的一项依据是 5 年前的一个先例。2011 年，伊朗宣布捕获一架美国 RQ-170“哨兵”无人机，方法正是欺骗无人机的全球定位系统接收器，引诱其从阿富汗进入到伊朗领空。

这个假设和伊朗的说法都很值得怀疑，但它们表明存在一个可以用以布设欺骗的新型潜在渠道。美国军方接收全球卫星定位系统卫星广播时，使用代码类型与民用全球卫星定位系统是不同的。军事代码是加密的。民用全球定位系统没有加密，欺骗这些全球定位系统接收器是有可能做到的。虽不容易，但确实有人已经做到了。2013 年 6 月，美国康奈尔大学一名研究人员通过展示，证明自己有能力欺骗全球卫星定位系统的导航系统。他以地中海上一艘私人游艇为目标，诱使这艘游艇偏离航线 1 千米。[1]

了解这些关于渠道的背景知识之后，接下来我们将探讨行骗者是如何了解和利用这些渠道的。

一、了解渠道

要想发动任何一场欺骗行动，策划人员都必须了解敌我双方观察和判断行动环境的能力。这两个环节虽然相关，但性质不同。管理己方或敌方渠道（传感器和情报源）的观察阶段通常相对简单，方法就是识别负责情报、监视与侦察的平台及其性能。然而，要想了解一个情报组织判断信息的方法将是比较困难的，因为这是该组织文化和经验的产物。

例如，在二战期间，同盟国在欧洲战场发动的欺骗行动往往都会成功，因为同盟国在文化上与德国和意大利是相近的。同盟国也非常了解德国和意大利情报机构的运作方式。但在太平洋战场，同盟国的欺骗行动就不那么成功了。这应当归咎于美军太平洋部队不愿开展欺骗，以及日本情

[1] 原注：Mark L. Psiaki and Todd E. Humphreys, “GPS Lies,” *IEEE Spectrum*, August 2016, 26.

报机构能力不足，这些问题在第 4 章已有强调。[1] 但更有可能的情况是，这是因为美国和日本之间存在文化差异，以及美国对日本情报机构的实际运作情况缺乏足够了解。

为深入了解如何利用渠道来欺骗敌方，我们将回顾第 4 章介绍的欺骗，即“沙漠风暴行动”之前的欺骗行动。第 4 章的讨论阐释了如何巧妙地利用媒体渠道，勾画出一次从南翼横渡巴廷干河（Wadi Al-Batin）攻击科威特，同时从东翼发动两栖攻击的进攻活动。

此次行动的特点，在于当前态势是开展欺骗时很少能够遇到的：联军不仅很好地利用了伊拉克人可以接收信息的媒体渠道，控制了萨达姆·侯赛因及其手下将军的其他可用情报源和传感器，而且还操纵了可以透过这些手段看到的一切内容。此次行动的这部分活动，包含两个主要步骤：

- 第一步是清除萨达姆的主要情报渠道：伊拉克空军提供的图像情报，以及战场空中和地面部队提供的大部分信号情报。历经一个多月的联军空袭之后，这次任务取得成功。伊拉克人只剩下两个情报渠道：开源情报，以及前沿部署部队通过眼睛耳朵（并在幸存信号情报部队提供的些许帮助下）观察到的情况。更有甚者，联军还可以继续操纵敌方目前能够看到的东西。
- 第二步是一旦图像搜集构成的威胁消失，联军两个军的兵力便离开巴廷干河以南阵地，奔赴西部沙漠的集结地区。留下来的部队则继续发送无线电，使它们看起来像是这两个军之间的通信流量，让伊拉克信号情报部队残部以为这些部队并没有转移，仍然准备从南翼发动进攻。

在策划如何向目标主动提供信息时，第一步是对目标 OODA 循环中

[1] 原注：Thaddeus Holt, *The Deceivers: Allied Military Deception in the Second World War* (New York: Skyhorse Publishing, 2007), 289.

传感器进行绘图（观察），第二步是描述这些渠道（判断），第三步是策划人员决定如何开发这些渠道。我们将在下文逐一介绍。

二、传感器绘图

传感器绘图要求欺骗策划人员针对敌方循环中的观察阶段建模，以便最终操纵敌方的 OODA 循环和决策过程，如图 6-1 所示。要想欺骗取得成功，你方必须投入搜集和分析资源，对目标的搜集能力建模。此举目的不仅是深入了解在一切给定行动环境下，哪些类型的传感器对目标是可用的，而且还要了解与不同渠道相关的一切时间线或时限。如果某个传感器并未投入使用，就没有必要大费周章去欺骗它。例如，坦克模型并没有在“水银行动”中部署，因为正如第 2 章所述，德军无法派遣侦察机抵近英国上空观察它们。

（一）观察

识别敌方传感器的过程可以包含多种方法，从深入研究冲突爆发前敌方既有实力，到有针对性地开展搜集和了解常识。它可以很简单，比如巡逻队队长在报告中写下寥寥数语，称“敌方流动巡逻队”出现在某个具体的时间和地点。（因此，这个敌方巡逻队就是可被开发利用的敌方“传感器”。）它可以更加复杂，比如查明成像卫星飞临关注地区或行动地区上空时的访问时长。它也可以是驻你国“合法”间谍（比如武官）身边的社交网络，又或者是更加秘密的“非法”人力情报网络。它还可以是当某个渠道接收将要通过该渠道传递的信息时，详细了解这个渠道如何工作的活动，如下一个案例所示——这是反情报中发动欺骗的案例。

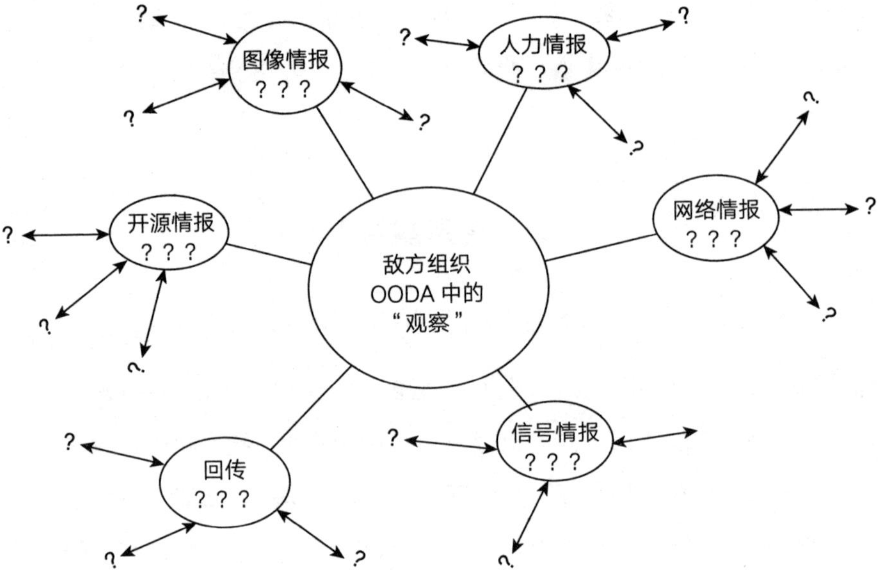

图 6-1　敌方传感器绘图

"活页文件夹"欺骗行动

2010 年 11 月，伊戈尔·斯波雷舍夫（Igor Sporyshev）来到纽约，他此行的身份是俄罗斯联邦贸易代表。美国联邦调查局立即对斯波雷舍夫产生兴趣，因为其父曾是俄罗斯联邦安全局（FSB）的少将。克格勃及其继任机构，也就是联邦安全局和对外情报局（SVR）的任职传统，通常都是子继父业的模式。联邦调查局随即以斯波雷舍夫为目标，设计了一次精心策划的反情报行动。[1]

评估和使用那些用以发动欺骗的渠道时有个关键环节，就是了解敌方是否喜欢使用这些渠道。就人力情报而言，众所周知的是，俄罗斯更

[1]　原注：Garrett M. Graff, "The Spy Who Added Me on LinkedIn," *BloombergBusinessweek*, November 15, 2016, http://www.bloomberg.com/news/articles/2016-11-15/the-spy-who-added-me-on- linkedin.

喜欢主动发起接触，而且会怀疑对方主动发起的（特别是美国人发起的）接触。因此，联邦调查局为斯波雷舍夫提供了令其动心的目标：一个探员假扮成能源行业的华尔街分析师，并参加斯波雷舍夫似乎经常参加的能源会议。斯波雷舍夫找上这位探员，并因双方在能源问题上的共同兴趣与之成为朋友。随着两人关系的不断发展，这名探员开始扬言拥有美国能源行业的财务预测和战略文件，于是这位俄罗斯人便开始打探相关情况。

此次欺骗行动的下一步，依靠的是俄罗斯情报部门的另一怪癖。和其前身克格勃一样，对外情报局也更喜欢秘密人力情报而非开源情报，而且尤其喜欢文件材料。因此，这位联邦调查局探员不断向斯波雷舍夫提供能源行业的“机密”商业报告。这位探员说，这些报告装在带有编号的活页夹里，不能私藏太久，因为他的上司会发现报告不见了。[1]

对斯波雷舍夫及其对外情报局的同事来说，这些报告看起来一定像是座宝库。毕竟，此后的相关报告显示，即使以间谍标准来看，他们那段时间的生活也是相当枯燥的。这至少可以解释接下来发生了什么事情。这位俄罗斯人在间谍技术方面犯了一个最基本的错误：(从一开始便不是友方控制的）外国材料，是绝对不能带进安全设施的。但是，斯波雷舍夫每收到一份活页夹之后，就会带到对外情报局设在俄罗斯驻纽约联合国办事处的安全设施里。或许，他是想复印后再行归还。这些活页夹内全部藏有可被语音激活的录音设备，它们录下了对外情报局官员在这个设施里的对话。在长达数月的时间里，随着活页夹不断被带进带出这个

[1] 原注：Garrett M. Graff, “The Spy Who Added Me on LinkedIn,” *BloombergBusinessweek*, November 15, 2016, http://www.bloomberg.com/news/articles/2016-11-15/the-spy-who-added-me-on- linkedin.

设施，录音被下载并转交给联邦调查局的翻译人员。[1] 活页夹生成了长达数百个小时的对话，其中包含大量令人不感兴趣的材料，但或许也为美国反情报机构提供了一些有用的线索。其中一条线索产生的结果是众所周知的，因为它最终出现在美国的一个法庭上。

对外情报局特工在这个安全设施里交谈时，曾经提到该局有个线人在华尔街工作。随后，联邦调查局锁定了叶夫根尼·布里亚科夫（Evgeny Buryakov），他是俄罗斯国有开发银行（VEB）纽约分行的高管。事实上，布里亚科夫正是使用了被秘密机构称为“非官方掩护身份”（NOC）的情报官员。他受对外情报局委派，任务是获取美国的商业和金融机密。[2]

联邦调查局随后将注意力转向布里亚科夫，并在接下来一年半的时间里，对这个线人进行利用。他们在他的电话上安装窃听器，并在他的家里安装音频和视频监视传感器，以便获取更多的反情报信息。[3]

2015 年 1 月 26 日，联邦调查局探员在布里亚科夫离开布朗克斯[4]一家杂货店时将其逮捕。2016 年 5 月 24 日，他因未注册外国代理人的罪名，被判处在美国一所监狱里服刑 30 个月。[5] 布里亚科夫于 2017 年 4 月 5 日获释，并被驱逐回俄罗斯。

了解敌方使用的不同情报科目，以及对各类情报科目可用的一些关键

[1] 原注：US Department of Justice Press Release, “Evgeny Buryakov Pleads Guilty in Manhattan Federal Court in Connection with Conspiracy to Work for Russian Intelligence,” March 11, 2016, https://www.justice.gov/usao-sdny/pr/evgeny-buryakov-pleads-guilty-manhattan-federal- court-connection-conspiracy-work.

[2] 原注：Graff, “The Spy Who Added Me on LinkedIn.”

[3] 原注：同上。

[4] 译注：布朗克斯（Bronx）是纽约市的 5 个市区之一。

[5] 原注：Graff, “The Spy Who Added Me on LinkedIn.”

平台，这是策划如何执行欺骗的关键。这其中包括识别出对敌方可用的“回传”资源。它们可以是敌方国家层面指挥与控制系统以外的其他“资产”——比如卫星，或是专家分析能力、数据库，以及盟友或可以应邀提供情报的支持势力。每个敌方及其背景都各不相同，所以必须以协同努力的方式，对你的特定敌方进行传感器绘图。对敌方的传感器进行绘图并进行可视化处理（如图 6-1 所示），有助于将关注重点锁定在传感器绘图上。

识别敌方传感器，应该是一个有针对性的、有意识的、基于相关手段建立起来的过程。第 12 章和第 14 章的练习，旨在阐释这个过程是如何运作的。在这些练习中，所有情报报告都包含具备相关性的信息。但请注意，欺骗策划人员通常必须运用技巧，并且全神贯注，以便在海量报告中识别和检取具备相关性的信息。但如果敌方在自身行动环境中开展观察，而你方针对其使用的传感器和情报源建立目标模型，那么这时，许多此类报告并不能提供任何帮助。

（二）判断

了解敌方如何观察自身行动环境，这是执行有效欺骗计划的先决条件。然而，了解他们的搜集手段，并不意味着能够确定他们是如何**理解**所搜集情报的。敌方情报机构开展分析的方法可能和你方并不一样。因此，想要了解这方面的情况，就需要评估敌方是如何判断所搜集情报的，即如何描述渠道。具体讨论如下。

三、描述渠道

上一节强调了必须了解敌方情报搜集系统（或信息渠道）。但如果他们具备分析能力，就必须了解这种能力。非国家行为体可能需要依靠其领导人来完成分析。事实上，成功发动欺骗，需要充分了解目标敌方的行动文化和情报文化。20 世纪最有效的一次反情报（确切地说是反间谍）行动，依靠的就是己方情报机构具备这种能力，可以针对敌方情报机构的分析过程和文化偏好建模，如下文案例所示。

保护埃姆斯和汉森

冷战最后几年，苏联在情报领域实现一次重大的意外成功。在苏联解体很久之后，它依然能够继续派发红利。苏联得到两名特工为其效力，因为两人在中情局和联邦调查局反情报部门中担任要职，所以代表了在敌方情报机构活动的“鼹鼠”[1]的最高水准：

- 奥尔德里奇·埃姆斯，中情局苏联和东欧处的反情报官。他从 1985 年起开始为苏联工作，并在很短的时间内，指认出许多在苏联活动的中情局特工。苏联迅速逮捕并处决了他们中的大多数人。
- 罗伯特·汉森，联邦调查局探员，主要在华盛顿特区和纽约市活动，针对苏联目标开展反情报工作。1979 年，他主动要求为苏联工作。

由于两人对苏联反情报工作具有极高的价值，克格勃竭尽全力保护他们。在很长一段时间内，克格勃多次发动欺骗行动以保护埃姆斯，直到他于 1993 年被捕为止。美国参议院情报特别委员会的一份报告显示：

> 1985 年 10 月起的数年内，克格勃以间歇但不间断的方式协调各部门工作，目的是让中情局和联邦调查局相信，被埃姆斯出卖的线人或是

[1] 译注：鼹鼠（mole），内奸。

没死，或是虽然死了，但原因并不是中情局被人渗透。[1]

克格勃在干掉这些特工之后，在某些情况下会使用双重特工来代替他们，向其中情局上线提供虚假信息。他们还巧妙运用误导手段，将中情局和联邦调查局调查人员的注意力从埃姆斯身上引开。误导工作分为多个阶段，包括：

- 1985 年，维塔利·尤尔琴科（Vitaly Yurchenko）走进美国驻罗马使馆，向美国投诚。尤尔琴科指认出两名苏联特工，前中情局官员爱德华·李·霍华德（Edward Lee Howard）和前国家安全局 (NSA) 雇员罗纳德·佩尔顿（Ronald Pelton）。人们怀疑埃姆斯的出卖活动都是霍华德干的。霍华德在被捕前叛逃到苏联，尤尔琴科随后二次叛逃，回到苏联。有人怀疑尤尔琴科的所作所为是克格勃有意为之，目的是把调查人员的注意力从埃姆斯身上引开的。支持这个怀疑的依据，是苏联政府在尤尔琴科二次叛逃后，为他授予了红星勋章。[2]
- 1987 年，一个名为亚历山大·若莫夫（Aleksandr Zhomov）的克格勃官员联系到一名中情局官员，主动提供关于克格勃开展监视行动的情报。在长达三年的时间里，若莫夫提供关于克格勃行动的虚假信息，并帮助中情局招募双重特工。若莫夫的目的似乎是引开针对埃姆斯的调查。[3]

---

[1] 原注："An Assessment of the Aldrich H. Ames Espionage Case and Its Implications for U.S. Intelligence," US Congress Senate Select Committee on Intelligence, 103d Congress (2nd Session), 1994, 29–30.

[2] 原注：Alexander Kouzminov, *Biological Espionage: Special Operations of the Soviet and Russian Foreign Intelligence Services in the West* (London: Greenhill Books, 2006), 107.

[3] 原注：B. Fischer, "Spy Dust and Ghost Surveillance: How the KGB Spooked the CIA and Hid Aldrich Ames in Plain Sight," *International Journal of Intelligence and CounterIntelligence* 24, no. 2 (2011): 284.

克格勃发动的欺骗行动与“沙漠风暴行动”前联军发动的欺骗行动有着惊人的相似之处。在这两个案例中，行骗者都控制了渠道。克格勃早已研究过中情局的行动，并且非常了解自己的对手，也就是中情局反情报中心获得行动情报后，是如何开展分析的。显然，基于这样的了解，他们构建的故事不但合理，而且可以迎合反情报官的恐惧。

埃姆斯于 1993 年被捕，此后对外情报局（继承克格勃的机构）继续使用误导手段。但现在他们是为了保护剩下的那个特工：罗伯特·汉森。在 2001 年汉森被捕之前，他已出卖了美国的许多情报行动。起初，调查人员自然而然倾向于将这些破坏活动归咎于埃姆斯，[1] 但其中有些不可能是埃姆斯干的。于是，追查另一个“鼹鼠”的行动便开始了。

和大多数欺骗行动一样，围绕汉森发动的欺骗行动得益于目标的思维定式。在该案例中，联邦调查局很难相信自己人当中会有叛徒。相反，他们把调查重点放在一名无辜的中情局雇员身上。自 1993 年起，汉森便开始犯下一些错误，因此他本应在 2001 年之前被捕，不过联邦调查局显然没能发现。对外情报局是否已经发现联邦调查局的思维定式，并对此进行开发利用呢？这是一个开放的问题。但无论如何，在这种思维定式的帮助下，保护汉森的时间又延长了 8 年。

（一）对“黑匣子”式判断建模

建模也可以作为有效工具，评估敌方对所搜集原始情报的使用情况，这与使用建模的方法对敌方进行传感器绘图是非常类似的。如 OODA 循环示意图所示，这就是判断阶段。在欺骗策划人员那里，它有时被称为

[1] 原注：T. Weiner, D. Johnston, and N. A. Lewis, *Betrayal: The Story of Aldrich Ames, an American Spy* (New York: Random House, 1995), 249.

“黑匣子”，因为它很难理解。

今天的敌方可以基于文化或是仅仅为了确保生存，使用各种迥异的方式建立自己的决策组织。这意味着它们可以通过多种不同方式，组织自己的观察和判断功能，而且人们几乎不会看到两种完全相同的组织方式。不过，为了论证通用 OODA 模型，我们将使用“观察和判断”功能组合。识别让何人用何种方法来履行这些功能，这项工作将是非常困难的。因此，在颇费周章了解敌方的情报结构时，还必须了解敌方将如何判断所搜集情报。一旦敌方的传感器搜集到信息，欺骗策划人员就必须确定敌方将如何处理该项信息，从而了解该项信息对决策的影响程度能有多大。

（二）“伊斯兰国”2013—2014 年间情报组织案例

2013—2014 年，“伊斯兰国”发动极其快速而极其又成功的军事进攻，横扫叙利亚北部地区，并且攻入伊拉克境内。后来人们认识到，这是他们针对作战空间开展广泛情报准备的直接结果。这种准备工作，可以使用由内而外的方法，减少目标城市和城镇出现有组织军事抵抗的可能性。在此案例中，与其说是进攻部队打了胜仗，倒不如说是这些城镇自己升起了“伊斯兰国”的旗帜。

2015 年春季，西方开始提供军事援助以反制“伊斯兰国”。直到这时，旨在了解“伊斯兰国”指挥与控制结构的工作才真正启动。必须了解“伊斯兰国”自封的领导人和所谓的哈里发国[1]这个组织是如何做出决策的，这项工作已经成为当务之急，因为这样才能破坏其在叙利亚和伊拉克的活动部署。一些媒体和恐怖主义问题专家顾问，以开源和分析方法为

[1] 译注：哈里发（caliphate），在由最高宗教及政治领袖领导的伊斯兰国家里，领袖即为哈里发。理论上讲，哈里发国是代表全体伊斯兰教信徒的国家。

基础，提出了这个新组织的组织结构示意图。下文案例是虚构的，为其提供灵感的是德国《明镜》周刊的一篇文章，题为《秘密文件曝光“伊斯兰国”架构图》。这个案例试图对“伊斯兰国”的“黑匣子”进行建模。[1] 情报“汇总表”（roll-up）是对情报报告所作的概述，这些情报在搜集时要针对特定主题，并依时间线排列。汇总表格包括了对情报源的简短描述，以及对相关情报的简要总结。表 6-1 中的汇总表格提供了虚构的情报源和信息，可据此建立“伊斯兰国”的“黑匣子”模型。

表 6-1 介绍了人力情报报告中使用的情报源评估和评级图式，它们在后面几章的练习中都会用到。数字（如表中的“345”）可以表示线人身份，数字后面的两个字符，表示对该名线人及其提供信息所做的评估。如表 6-2 所示。

表 6–1　关于图 6–2“伊斯兰国”的“黑匣子”式汇总表

报告编号	日期	内容
R1	2014年8月1日	**开源情报：**几大新闻社持续报道称，“伊斯兰国”已将叙利亚和伊拉克划分为两大统治主体（governance），再进一步细分为叙利亚的霍姆斯、大马士革、拉卡和代尔祖尔等省，以及伊拉克的巴格达、安巴尔、迪亚拉和幼发拉底等省。
R2	2014年8月1日	**开源情报：**根据“伊斯兰国”官方媒体所做的分析来看，这个哈里发国的文官政府主要由内阁管理。内阁包括石油部、援助与福利部、通信部和司法与警务部等。

[1] 原注：Christoph Reuter, “Secret Files Reveal the Structure of Islamic State,” *Der Spiegel*, April 18, 2015, http://www.spiegel.de/international/world/islamic-state-files-show-structure-of-islamist-terrorgroup-a-1029274.html.

（续表）

报告编号	日期	内容
R3	2014年8月1日	**人力情报345–B3**：阿布·艾迈德·阿勒瓦尼（Abu Ahmed al-Alwani）和阿布·阿卜杜勒·萨利姆（Abu Abdul Salem）在军事委员会工作，沙基尔·奥马尔（Shakir Omar）、哈吉·贝克尔（Haji Bakr）和阿布·法赫达维（Abu al-Fahdawi）在情报局工作。
R4	2014年8月3日	**人力情报345–B3**：在“伊斯兰国”控制或争夺的地区内，间谍活动由部落关系办公室负责管理。沙基尔·奥马尔分管伊拉克，阿布·法赫达维分管叙利亚。
R5	2014年8月5日	**信号情报**：阿布·基法（Abu Kifa）在“伊斯兰国”战争办公室工作，负责管理简易爆炸装置的生产和分配，而阿布·谢马（Abu Shema）负责管理其他后勤工作。
R6	2014年8月8日	**信号情报**：哈吉·贝克尔是“伊斯兰国”情报局局长。
R7	2014年8月8日	**网络情报**：审查与“伊斯兰国”有关的社交媒体后发现，存在一个指挥与控制结构，其中阿布·贝克尔·巴格达迪（Abu Bakr al-Baghdadi）是哈里发，支持他的是军事委员会、战争办公室、内阁和情报局。
R8	2014年8月9日	**网络情报**：在“伊斯兰国”政治结构中，诸多瓦利[1]构成统治主体。两大统治主体的相关网络活动表明，内阁将资金和其他资源分配给两大统治主体，它们再将所获资金及资源分配给各自的瓦利。但这其中并不包括军事资源。
R9	2014年8月9日	**开源情报**：在公开活动中，阿布·苏娅（Abu Suja）的身份是哈里发手下负责妇女和殉道者事务的代表。
R10	2014年8月9日	**开源情报**：“伊斯兰国”自有媒体资源报道显示，阿布·卢克曼（Abu Luqman）为拉卡省瓦利，阿米尔·拉夫丹（Amir al-Rafdan）为代尔祖尔省瓦利，阿卜杜勒·卡迪尔（Abdul Khadir）为巴格达省瓦利，阿布·萨利马（Abu Salema）为安巴尔省瓦利。

[1] 译注：瓦利（Wali），阿拉伯语，意为“守护者”，奥斯曼帝国时期用来指称政区的统治者，这里指“伊斯兰国”各省的“省长”。

表 6–2　6×6 式情报源评估与评级图式

情报源可靠性	信息可信性
A：完全可靠	1：已被其他情报源确认
B：通常可靠	2：可能为真
C：比较可靠	3：或许为真
D：通常不可靠	4：存疑为真
E：不可靠	5：不似为真
F：可靠性无法判断	6：真实性无法判断

图 6-2 介绍的是“黑匣子”模型，它是根据表 6-1 报告的分析结果生成的。“报告”一栏为表中的具体报告。

在本案例中，我们将“伊斯兰国”视作一个整体组织，在此前提下建立了“伊斯兰国”情报局与其领导人之间的关系。但在实践中，我们会把情报局视作目标，以便开展更多的搜集活动，从而进一步了解情报支持是如何被纳入“伊斯兰国”OODA 循环的。此外，我们还会把描述各种能力及势力范围的子模型纳入这个循环。有一个关于敌方黑匣子的简单问题，因为它涉及最终的欺骗策划，所以必须回答：一个组织的情报部门对决策的实际影响程度究竟有多大？而在“伊斯兰国”这个例子中，我们需要回答的问题是：阿布·贝克尔·巴格达迪在做出决策时，对情报局提供情报的依赖程度到底能有多大？

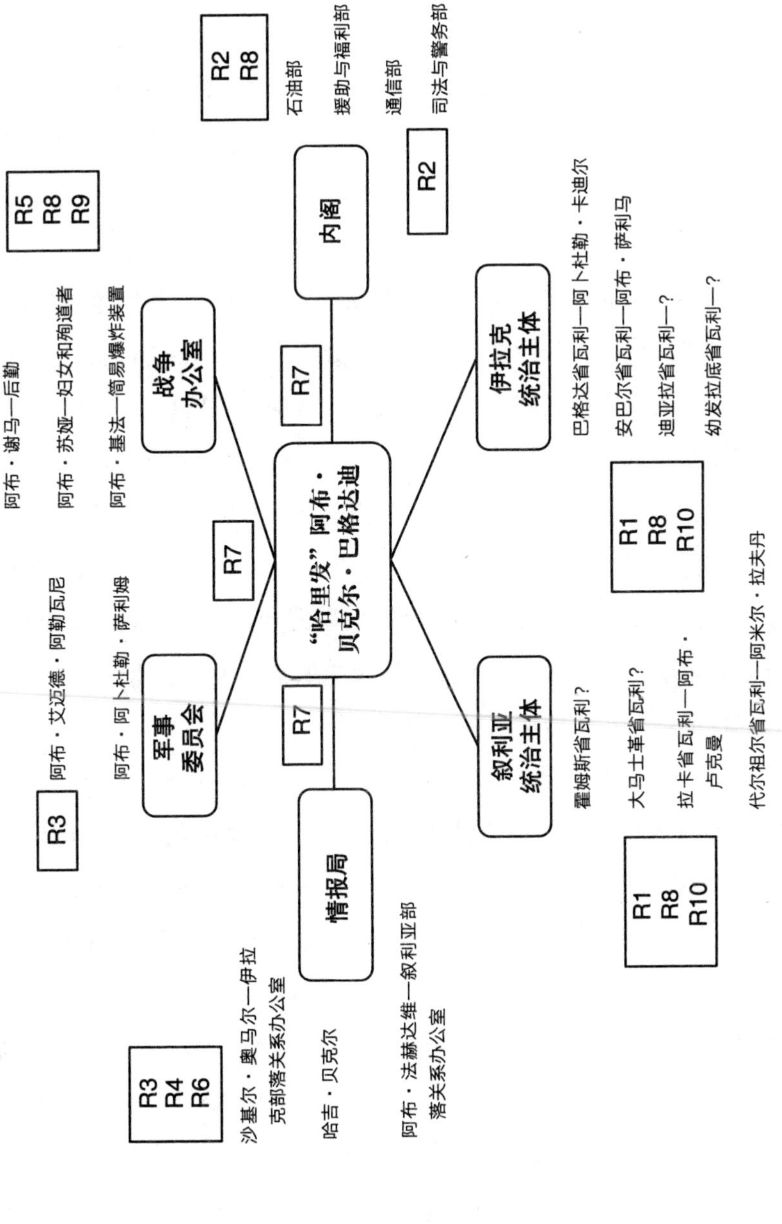

图 6-2 “伊斯兰国”的“黑匣子”式模型

四、开发渠道

在策划欺骗时，接下来需要回答的问题，就是传递欺骗的最佳手段是什么？换言之，应当使用哪些渠道向目标传递信息？这通常意味着发挥想象力，既要开发敌方使用的传统渠道，又要设计出新的渠道供敌方使用。

渠道并不只是传感器，它还包括任务分配、处理和利用等情报环节。因为图像过多，所以一幅图像虽被拍摄和处理，但却从未得到利用的情况并不少见。因为敌方莫名其妙地没有收到向其提供的信息，或是虽然收到信息但却没有理解或没有据此开展行动，所以欺骗行动出现偏差，这种情况也不少见。第 4 章讨论了二战期间同盟国试图欺骗日本但遭遇失败的案例，这里的问题在于未能弥合文化分歧。不过，通常问题出在敌方通信链的长度上。通信的一条基本规则，就是发射器和接收器之间的节点越多，消息就越有可能失真或丢失。节点（这里指的是人）会误读、丢失或出于自身目的伪造信息，再传递给下一个节点。

情报渠道是可能出错的，案例可参见苏联 1979 年入侵阿富汗时所做的决策。苏联入侵目的是，支持正在处理公开叛乱的阿富汗现政府。出兵干预的基础，主要是克格勃主席尤里·安德罗波夫（Yuri Andropov）提供的存在漏洞的情报。安德罗波夫控制着流向总书记勃列日涅夫（Brezhnev）的信息，因为在 1979 年大部分的时间里，勃列日涅夫一直生病，而且丧失部分行动能力。来自阿富汗并转呈勃列日涅夫的克格勃报告，不但制造出事态紧急的图景，而且极力强调哈菲祖拉·阿明[1]总理很

[1] 译注：哈菲祖拉·阿明（Hafizullah Amin）是当时阿富汗政府领导人。

可能与中情局有关，与美国在该地区开展的颠覆活动有关。[1]

不过，大多数欺骗的目标都拥有不止一个可用渠道。他们会依靠过往经验和先入之见做出决策。理想的情况是，通过不同渠道提供的信息必须彼此**一致**，必须与目标的经验和先入之见**一致**。也就是说，它们应当相互强化，引导敌方做出所希望的决策。如果所提供的信息并不具备一致性，即与其他渠道提供的信息或目标的思路相互冲突，就会遭到摈弃。

第 1 章介绍的印度核试验欺骗行动之所以成功，部分原因是通过多个渠道传递了具备一致性的信息。美国曾经通过外交照会，向印度提供了美国图像情报渠道的模型，也就是美国的高空图像情报系统能做什么，以及美国的分析人员在寻找什么。掌握这些情况之后，印度就可以拟定一个具备一致性的故事，布设于图像情报、开源情报、人力情报和外交等渠道当中。第 9 章讨论的案例，就是使用渠道的方式不具备一致性。该章介绍的拉布塔（Rabta）化学品工厂欺骗行动是失败的，因为尽管利比亚知道自己必须对付的是图像情报传感器，但显然他们既不了解这些传感器的能力，也不了解监视拉布塔的图像分析人员的手段。因此，利比亚向图像分析人员展示了一个具备不一致性的图景。

开发渠道的一个关键，就是欺骗行动中各要素的发动时机。请谨记，开发渠道的一个有效方法，是以理想结果想定为起点逆向运行。欺骗策划人员制定所谓的“分支点想定”（branch-point scenario）。它通常采取时间线的形式，沿线识别“触发事件”（triggering event）。在触发事件所代表的节点上，目标的观察活动将会影响自身决策。时间线上靠后的分支点可

[1] 原注：Svetlana Savranskaya, ed., “The Soviet Experience in Afghanistan: Russian Documents and Memoirs,” *National Security Archive*, October 9, 2001, https://www2.gwu.edu/~nsarchiv/ NSAEBB/NSAEBB57/soviet.html.

以作为指标，用来表明理想结果想定正在出现或未能出现。

分支点想定的主要目的，是将人们的注意力集中在临界事件，而不是最终结果上，因为在这些事件发生的时点上，欺骗会引导敌方做出所希望的决策或采取所希望的行动。欺骗策划人员识别和择机发动这些分支点的技巧，往往决定欺骗的效果。如果情报中关键要素出现太早，就会遭到审核并被斥为欺骗，又或者如果出现太晚，在做出决策之后出现，那就比没用还要糟糕。

为了阐释分支点想定的用法，我们再来回顾一下（第 2 章介绍的）“水银行动”。这时，我们主要讨论在欺骗第二阶段中，发动事件的具体时机选择。回想一下，在进攻之前，预设的想定是让德军将部队集结在加来附近。进攻发动之后，目的就是尽可能长时间地拖住德军，不让其前往诺曼底。图 6-3 表示此次欺骗想定的时间线。虽然它包含多个事件，但临界点只有两个，它们于特定时机发动，正是为了向德国人传达某个特定消息。第一个是进攻之前，目的是让德国人相信加来就是目标：

- 进攻前，军事装备模型列阵于多佛尔附近看似集结区域的地方。
- 登陆艇模型列阵于多佛尔港。
- 4 月 24 日，来自名义上的美国第 1 集团军群所辖部队的虚假无线电通信启动，并一直持续到进攻之后。
- 代号嘉宝和布鲁图斯的两名德国双重特工提供报告，确认美国第 1 集团军群部署于多佛尔附近。

如图 6-3 所示，这些观察对象将按计划于 4 月下旬出现，让德国国防军在 6 月 6 日之前，能有时间将更多部队调至加来地区。

5 月底左右，英国人为原本只是关于地点的欺骗行动，添加了一个时间维度。陆军元帅蒙哥马利（Montgomery）的替身被公开派往直布罗陀海峡，目的是在进攻日期这个问题上欺骗德国人：英军重要指挥官此刻正

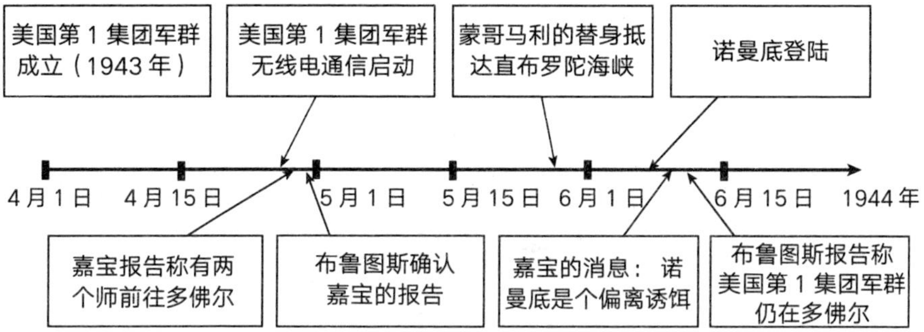

图 6-3 “水银行动”的分支点想定

在直布罗陀，所以在此期间不太可能发动进攻。

然后，就在进攻发动的前夜，第二临界点启动，目的是让希特勒相信诺曼底只是一个制造偏离的诱饵：

- 6 月 5 日，嘉宝向其上线发送紧急消息，称针对诺曼底的进攻即将发生。这一信息刻意于过晚的时点送达，好让德国无法做出回应，这样做的目的是让嘉宝的下一份报告显得可信。
- 6 月 8 日，嘉宝报告称诺曼底是偏离诱饵。发送这个消息的时机是精心选定的，目的是不让德军有可能前往诺曼底。随后，这条消息被直接呈交希特勒。
- 布鲁图斯随后报告称，美国第 1 集团军群仍然滞留多佛尔阵地，从而强化了希特勒命令部队固守加来附近的决定。

因为了解渠道是欺骗成功的关键因素，所以后面两章将更深入地讨论这个主题。第 7 章将讨论传统情报渠道：开源情报、通信情报、人力情报、图像情报和技术搜集等渠道。第 8 章将详细介绍在欺骗中占据主导地位的渠道：网络空间。

[第 7 章]

传统情报渠道

欺骗策划人员的情报渠道，在欺骗中可以发挥两种截然不同的作用。首先，它们可通过以下几种方式，提供能支持欺骗行动的情报：

- **识别和评估目标**。例如，提供关于目标态度和决策过程的信息，这是第 4 章的主题。
- **构建故事**。这是第 5 章的主题。
- **识别敌方用以布设欺骗的渠道**。例如，使用开源情报，就可以确定敌方已经购买信号情报设备，设备类型可以提示敌方将要使用的渠道类型。又或者，线人可以提供报告，称敌方已经破解你方一个加密通信系统，因此你可以使用该通信渠道提供欺骗性信息。
- **评估欺骗行动的效果**。故事被提供给目标之后，就必须确定敌方是否接受这个故事，是否会据此采取行动。这些将在第 9 章讨论。

其次，你方渠道在侦测敌方欺骗行动时，可以发挥关键的作用。在渠道中寻找不一致性或可疑一致性，这种做法可以确定你方是否已经成为欺骗目标——这是第 10 章的主题。关于可用于上述目的的情报渠道，详见

《情报搜集：技术、方法与思维》[1] 和《情报搜集的五大科目》[2] 两书。通过这些渠道分析情报的方法，详见《情报分析：以目标为中心的方法》[3]。

然而，本章的讨论重点是**敌方**的情报渠道，换言之，重点讨论如何通过目标自身渠道向其提供材料，从而布设欺骗，这样做的目的还是支持该项欺骗。所有可用来搜集情报的渠道，都可以成为欺骗行动中的针对目标，不过成功概率却大相径庭。

本章将详细介绍可用于布设欺骗的 5 个主要渠道。第 8 章将重点讨论网络空间，这个渠道在欺骗中已经变得极其重要，处于行动与情报之间的灰色地带。

欺骗必须谨慎从事；它必须是细微的（太过明显的线索，很可能会提醒敌方这是欺骗），但不会太过细微，以致让敌方错过。人力情报是欺骗行动的常用渠道，但如今几乎不会单独使用。一次有效的欺骗行动，往往必须采取多情报或“蜂群”（swarm）攻击。精心策划、周密安排并且针对多情报的拒止与欺骗，正在越来越多地为各个国家所采用。

首先，请思考一下能够产生**文献**信息（这种信息采用的形式，正是人们用以通信的形式）的渠道。这些渠道是开源情报、通信情报和人力情报。长期以来，这三种手段一直被用来向敌方传递欺骗性信息。它们提供的信息，在处理阶段（语言翻译）过后便无须专门开发。事实上，它是不言自明的。

非文献信息包括图像（图像情报），也包括一些专业技术搜集科目，

---

[1] 原注：Robert M. Clark, *Intelligence Collection* (Washington, DC: CQ Press, 2014).（中文版已由金城出版社翻译出版。）

[2] 原注：Mark M. Lowenthal and Robert M. Clark, *The Five Disciplines of Intelligence Collection* (Washington, DC: CQ Press, 2015).（中文版已由金城出版社翻译出版。）

[3] 原注：Robert M. Clark, *Intelligence Analysis: A Target-Centric Approach*, 5th ed. (Washington, DC: CQ Press, 2017).

它们中有的被称为测量与特征情报，有的属于信号情报的范畴。不同于文献信息，这种材料通常需要将先进的技术专业知识应用于处理和开发等环节，以便能让这种材料被人理解和使用。敌方的非文献渠道越来越多地被用来布设欺骗，但真正使用时可能会很棘手。另外，消息送抵目标接收方的确定性（与文献渠道相比）也较低。

一、开源情报

开源情报包括传统的印刷源和广播源，它们通常对所有人都是可用的：报纸、杂志、广播、电视等媒体；来自会议、研讨会、专业协会和学术论文的专业材料和学术材料；政府报告和官方数据。如今，开源情报还包括社交网站、视频共享网站、维基类网站和博客等用户生成的网站内容。因此，网站内容与网络情报渠道是重叠的，这将在下一章讨论。

长期以来，开源一直都是布设欺骗性信息的一种手段，而且因为它在网站上已经非常普及，所以如今在这方面的作用变得更加重要。通过广播、电视、报纸和网络进行新闻报道，自然可以提供大量机会来传播欺骗性信息。如第 4 章所述，这些渠道曾被广泛使用，以支持“沙漠风暴行动”前发动的欺骗行动。需要再次强调的是使用这些渠道时所面临的挑战，正如讨论该次欺骗行动时所解释的那样：必须避免误导己方民众和盟友。例如，美国政府的例行政策就是不能对媒体说谎。

开源是投放误导性材料的极佳手段。它的优势在于几乎可以确定传输是否完成，也在于它是（除外交讨论以外的）唯一文献渠道，几乎肯定敌方机构必然会以此接收信息。以下两个案例，阐释了如何在欺骗中使用开源渠道。

GRAB卫星

20 世纪 50 年代末，美国空军战略空军司令部（SAC）制订一项周密的行动计划，拟针对苏联实施报复性核打击。该计划将使用战略空军司令部的 B-47 和 B-52 飞机，对苏联关键目标发动协同空袭。

这项行动计划能否成功，关键在于这些发动攻击的飞机是否有能力突破苏联防空系统。这意味着避开或消灭苏联防空雷达。相应的，这又要求战略空军司令部策划人员制作一份地图，标明苏联全境雷达的位置和类型。

几年来，战略空军司令部一直有能力定位和识别苏联北部周边地区的雷达。空军飞机和被称为“雪貂”（ferret）的海军电子侦察机，从英国本土和（美国）阿拉斯加的基地起飞，沿着靠近苏联边境的航线飞行，使用灵敏接收器来截获信号，定位雷达。但如果不飞越苏联国土上空，飞机就无法探测到该国腹地的雷达。

想要完成这项任务，就需要一颗卫星。1958 年，海军研究实验室（NRL）提议制造一颗近地轨道电子情报卫星，它可以截获雷达发射，并对世界任何地方的雷达进行地理定位。问题在于，如果苏联人知道有颗卫星正在执行电子情报任务，他们就可以实施拒止，也就是在卫星侦察时关闭防空雷达的关键组件。这早已是苏联的惯用做法，可以挫败在苏联边境附近飞行的电子侦察机。简单否认此次发射任务的做法并不可取，因为这样做会吸引过多的关注，而且苏联也有可能确定这颗卫星的真正使命。

解决方案是拟定一个不会引起外界过多兴趣的掩护故事。海军研究实验室提议在卫星上放置两个有效载荷：一个是高度保密的电子情报接收器，另一个是公之于众的科研有效载荷。这项提议的结果就是

GRAB 实验。第一颗 GRAB 卫星于 1960 年 6 月 22 日发射升空。第二颗 GRAB 卫星于 1961 年 6 月 29 日进入轨道，并一直运行到 1962 年 8 月。GRAB 卫星截获电子情报后，发给一个由遍布全球的地面接收器组成的网络。它还可以提供太阳辐射的测量数据（索拉德实验[1]），这些数据在开源渠道公开发布，以支持欺骗。

GRAB 行动是细微欺骗的精彩示例。有趣的是，它没有使用第 1 章定义的欺骗要素中的任何一项。掩护故事基于真相（卫星是真实的，索拉德实验也是真实的）。它使用拒止（电子情报一揽子计划被隐瞒：这个项目被置于严格的安全控制系统之下，访问权限仅向华盛顿特区不到 200 名官员开放）。另外它还使用误导（外界注意力被索拉德实验所吸引）。但它并没有使用欺诈。如前所述，美国政府是不能欺骗新闻界的，新闻稿只是略去一项关键要素而已。

再谈“黑色回旋镖行动”

请回顾第 3 章介绍的“黑色回旋镖行动”。该章讨论重点是 PMESII 理论的社会要素，这是行骗者为了欺骗而考虑结果想定时需要使用的。英国人使用的开源渠道是无线电广播，尽管那是假的广播电台。该无线电广播的运作方式，可以让英国政府不会被追究责任。虽然这个广播电台的主要功能是在德军士兵中挑拨离间，但它还可与开源印刷品一起，共同用于其他目的——它可以有效地利用真相攻击中立目标，如下文所示。

战争期间，英国政府公布了一份中立公司和商人的名单，他们都违反同盟国的封锁禁令，与希特勒开展贸易。这份名单被用来实施制裁。

[1] 译注：索拉德（SolRad），太阳辐射监测卫星。

但英国还有第二份名单，所列公司只是涉嫌此事。它们的名字没有被公布。不过，英国官员接到的命令是，如有可能就应当反制它们的活动。

“黑色回旋镖”小队拿到了这份嫌疑名单，同时拿到的文件还有这些嫌疑公司遭到怀疑的原因，以及公司董事们的个人背景资料。随后，这些嫌疑人员发现自己私生活和商业生活等秘密，都在“大西洋发射台”遭到公开曝光。通常，他们的反应都是就近向英国当局提出抗议，当然，英国当局也会否认与一个德国的无线电广播电台存在任何关系。德尔默在其撰写的《黑色回旋镖》一书中，介绍了他们惯用的手段：

然后，我们等着看他们是否会改过自新。如果他们不肯悔改，我们就继续广播他们的事。不过一般说来，一次广播就足够了。有个典型的例子，一家瑞典出口商公司在瑞典购买滚珠轴承，然后偷运到德国，这样做会抵消我们发动轰炸的效果。我们关于这家公司的报道极其准确，但同时言辞又极其不堪入耳，因此瑞典当局深觉民族自豪感受到伤害。他们找到英国大使维克多·马利特（Victor Mallet）爵士，就此进行非正式交涉。

这些尊严受损的瑞典人说：“我们正在监视这家公司，我们正等着起诉他们呢，只要我们掌握足够的证据。但现在你们的广播已经提醒他们了。”维克多回答说，他对“大西洋发射台”的事一无所知，他本人也与此事无关……瑞典媒体转载了我们播报的这个故事。这家瑞典公司的董事们，也因为担心“大西洋发射台”继续曝光，所以取消了此后所有发往德国的货物交付。[1]

[1] 原注：Sefton Delmer, *Black Boomerang* (New York: Viking Press, January 1962), 47–48.

二、通信情报

通信情报（COMINT）是指截获、处理和上报敌方通信。本定义中的通信，包括语音和数据通信、传真、视频，以及其他一切刻意传输的、除指定接收方以外其他人不得访问的信息。这个定义还包括了互联网广播，尽管这种搜集与第 8 章介绍的网络情报搜集是重叠的。

在布设欺骗时，人们认为通信比开源情报和人力情报这两种渠道更具吸引力。这是因为通信情报通常被认为是真实有效的，所以更加受到情报组织的信任。问题是如何为欺骗性信息选择正确的通信渠道。目前有多种潜在通信情报源，比如手机、卫星通信、微波点对点和光缆，它们都可以承载大量信息。事实上，敌方机构可能盯上的情报源实在太多了。因此，问题就变成需要确定敌方机构监视的是哪些渠道。有些类型的渠道不会造成问题：光缆被植入窃听装置，说明敌方通信情报机构正在监听这条光缆上的通信流量，只是很难准确识别这是哪个敌方机构植入的。如果通信情报天线以地球同步通信卫星为目标，说明这一天线所属的国家正在监听这颗卫星的通信下行链路。相反，要想确定敌方通信情报机构正在监听的到底是哪部手机的通信，这就很难做到了。

不过，敌方依赖的通信情报手段一旦查实，欺骗就变得非常简单了。比如冷战期间，苏联广泛使用音频窃听装置（bug，窃听器）。美国反情报人员有时会利用这些窃听器，向苏联传递虚假信息。在某些案例中，他们利用这种窃听器，干掉了令美国头疼的苏联特工，具体做法是暗示这个特工已被美国收买，或者报告称此人与苏联某位部长之妻有染。

通信情报欺骗可以用来开展战略欺骗或战术欺骗。支持“水银行动”和“沙漠风暴行动”的欺骗行动，更适合归类为战略欺骗。但是，就通信情报欺骗而言，应用最广泛的地方还是战术层面，就像在“大刀行动”（Bolo Operation）中那样。

“大刀行动”

越战期间，美国第 7 航空军飞行员对北越[1]敌军的战术感到束手无策。北越空军小心翼翼地避免空中对峙，否则他们的米格 -21“鱼床”战斗机就要与美国空军性能更好的 F-4C“鬼怪”战斗机正面缠斗。相反，他们选择攻击在该战场执行空袭任务的美国 F-105 战斗轰炸机，并在这个过程中大量击落敌机，因为米格 -21 比 F-105 更加擅长缠斗。

1966 年 12 月，美国空军策划了一项欺骗行动，以期改变战局走向。这个计划代号“大刀行动”，目的是设置空中埋伏。

F-4C 将从泰国和南越的基地起飞，沿 F-105 常用路线飞行。因为知道北越一直监听飞机通信，所以 F-4C 飞行员使用了 F-105 在轰炸任务中经常使用的通信频率和呼号。

与此同时，其他 F-4 战斗机飞往北越沿海空中阵地，在精心选定的北越机场的正前方拦住去路，阻止米格 -21 战斗机返回机场。

此次任务非常成功。当米格 -21 战斗机起飞，前去拦截看似可以轻易捕获的猎物时，F-4 战斗机重拳出击，在 12 分钟内击落 7 架米格 -21 战斗机。事实上，他们摧毁的是敌方米格 -21 战斗机总数的三分之一。[2]

“大刀行动”是反通信情报的欺骗案例，但它也阐释了本章开篇提到

---

[1] 译注：北越即越南民主共和国，南越即越南共和国。1945 年胡志明在越南北方宣布成立越南民主共和国，南方为法国傀儡政权越南国。1954 年法国撤出，南北暂时以北纬 17 度线分治。1955 年越南共和国成立。越战期间，两越对立。1976 年，两越统一，成立越南社会主义共和国。

[2] 原注：NSA Cryptologic History Series, “Working against the Tide,” Part 1, June 1970, 149–53.

过的“蜂群”，或者说多情报欺骗行动。多个渠道成为欺骗的针对目标，其中包括北越的雷达和通信情报渠道。它还使用了一个早已固定化的真相：F-105 的行动模式和特征，让北越做出习惯性的回应。当然，它也使用了欺诈。

最终结果阐释了欺骗的另一个基本特性：一旦欺骗行动曝光，通常其有效性就会丧失，未来类似的欺骗行动也不太可能再获成功。在随后几个月里，美军开展类似“大刀行动”的其他任务——第一次是在 1967 年 1 月 23 日。但或许是执行模式让北越产生警惕，或许是其他因素出错，总之不管原因到底是什么，后面的任务都没能像“大刀行动”时那样成功。

（一）帮助通信情报欺骗取得成功

如果情报是对方必须大费周章或者斥以巨资才能获取的，他们就会认为它具备更高的可信性。所以，应当让情报变得难以获取，但并没有难到无法传递到敌方手中的程度。“肉糜行动”（参见第 2 章）中欺骗的可信性之所以大大增加，就是因为关于盟军进攻目标的信息是很难获取的，而且需要大量分析才能得出结论。

那些能够挫败通信情报的手段，如果以类似方式使用，可以**强化**欺骗性通信的可信性。以下是几个在通信情报科目中使用此类手段的例子。

1. 隐写术

“隐写术”（Steganography）被定义为一种艺术和科学，它将消息嵌入其他看似无碍的消息中，以此隐藏情报。传统上，隐写术使用隐形墨水，在明显无关的信件中，将信息写入显形的字里行间。反间谍通常需要拆开可疑信件（在互联网出现之前，业内将这种操作称为“邮检启封”[flaps and seals]）和检查是否使用隐写术。技术先进的情报机构通常不会使用隐写术。然而，在技术通信手段并不可用的国家或组织中，这种方法仍在使用。二战期间，特工们使用一种被称为微点（microdot）的高级隐写术：将一页文字拍照后微缩成针尖大小，让它看起来就像是句尾的句点[1]。

今天，恐怖分子和毒贩已经开始使用一种新的隐写术，目的是让自己计算机文件中带有破坏性且藏有情报的消息不会被侦测出来。它的原理是替换图形、音频、记事本或 HTML 文件中无用或不用的数据。这种消息常被嵌入地图或照片当中。例如，一幅拍摄风景的数字图像，就有可能包含一份公报或一张地图。数字歌曲文件有可能包含目标建筑的蓝图。[2] 除非通信情报的处理人员已经知道数字隐写内容被嵌入某个特定文件中，否则他们是很难找到它的。再次强调，当这项技术被用在进攻性欺骗当中时，或是被用来嵌入你方希望敌方取回并认为可信的材料中时，这个消息或图像必须能被找到才行——但是不能轻易找到。

2. 暗语和"兜圈子"

众所周知，手机会成为通信情报的目标。因此，当目标使用手机或互联网时，他可能会围绕一个话题兜圈子，通常还会使用预先设定的"暗语"（code word）。例如，"9 · 11"袭击者通信时没有加密，而是使用预先设定的暗语分发信息。例如，"城市规划学院"指的是世贸中心，五角大楼则被称为"美术学院"。发动"9 · 11"恐怖袭击时，穆罕默德 · 阿塔（Mohammed Atta）发给其他 18 名恐怖分子的最后消息就是用暗语写的，内容如下："本学期再过 3 周就要开始了。我们在法学院、城市规划学院，美术学院和工程学院，一共收到 19 份录取通知书。"[3] 当然，数字"19"

[1] 译注：英语等西方语言的句号多为"."，并非汉语的"。"。

[2] 原注：United States Institute of Peace, "Terror on the Internet: Questions and Answers," http://www.usip.org/publications-tools/terror-internet/terror-internet-questions-and-answers.

[3] 原注：同上。

指的是他们这个小分队当中，登上 4 架涉事飞机的成员人数。

因为使用暗语和围绕话题“兜圈子”都是广为人知的手段，所以自然也是传递欺骗性信息的方法。再次强调，这种欺骗方法在布设欺骗性信息时，还需要用到细微欺骗：通信必须让敌方看到之后，相信己方是在试图隐藏信息，但分析起来又不会太过困难，不会让敌方通信情报分析人员完全无法识破。

3. 加密术

如今，“加密术”（Encryption）广泛应用于多种类型的通信当中，以拒止通信情报进行开发利用。但结果是，通信流量在加密之后，反而更有可能成为情报关注重点，当人们发现一个不该使用加密术的系统使用加密术的时候更是如此。长期以来，“基地组织”通信时使用不加密的电子邮件，因为他们知道加密邮件会引起注意。[1]

和在打电话时“兜圈子”一样，因为意料之外的加密确实会引起注意，所以它自然也可以用来传递欺骗性信息，希望敌方相信并据此展开行动，具体做法是使用敌方已经破解的密码，或是敌方可以轻易破解的密码。请回顾第 3 章介绍的保护“超级”的案例，它介绍的手段是：英国使用无线电向那不勒斯一个名义上存在的间谍发送一条信息，感谢他就有舰队离开一事提醒英国。英国发送这条消息时，使用了德国可以破译的密码系统。二战期间，在太平洋地区，英国不止一次使用他们知道日本能够破译的密码，向那些名义间谍发送欺骗性信息。

（二）欺骗的流量分析

流量分析（traffic analysis）是一种获取情报的方法，它从所谓“外部

[1] 原注：Devin D. Jessee, “Tactical Means, Strategic Ends: Al Qaeda’s Use of Denial and Deception,” *Terrorism and Political Violence* 18 (2006): 367–88.

项”，也就是从通信信号的特性（characteristic）中获取情报，但并不研读信息内容。当消息内容不可用（比如目标使用加密）的时候，这种方法尤其有效。这些外部项可以用来确定通信发射器的位置和移动等情况。

流量分析的常见目的，是观察通信模式，对通信网络（或关系网络）建模。流量分析人员会研究这些通话模式，识别出个人或官方的关系网络。这种分析通常用于评估军事通信，以及犯罪卡特尔或恐怖小分队的内部通信。基于通信流量模式，分析人员可以做出相应判断，示例如下：

- 同一节点发出频繁通信，可以告诉分析人员谁是领导，或者这个网络的主电台位置。
- 将何人通话与何时通话这两项要素相互关联，可以看出事发时哪个站点处于启用状态。
- 频繁通信往往说明一项行动正处于策划阶段。
- 没有通信，说明或是确实没有活动，或是策划阶段已经完成。
- 快速、简短的通信往往与谈判有关。

在某种程度上，流量分析也是可以欺骗的，具体手段包括在网络中插入仿真流量。其结果是，研究这些模式的通信情报分析人员会被误导，从而得出错误结论。将流量分析作为欺骗目标，这种做法可以是更大规模的欺骗行动的组成部分，具体做法是，如让远离核心的（且可放弃的）节点，看起来像是秘密网络中的主控制节点。

三、人力情报

人力情报的情报源，包括了人们熟悉的秘密人员（间谍），流亡者和叛逃者，以及诱导和审讯等来源（将在下面几节介绍）。此类渠道的共同之处，在于搜集情报的时候，是以获取信息为目的，一个人与另一个人开展互动。

政府人力情报活动的产品，有使馆官员的评估、以诱导手段从联络人处获得的信息、雇佣特工提供的信息，以及通过购买或盗窃手段秘密获取的文件或设备。这里的人力情报源，可以是外交官和武官、国际会议与会者、叛逃者、流亡者、难民或囚犯。志愿者（愿意合作的私人性质的个人和组织）也可以提供自己在工作过程中接触到的保密信息。近年来，非政府组织不断发展壮大，愈发成为了解外国事态发展的有效情报源。

这些不同种类的人力情报，可以划分为两个大类：公开人力情报（Overt HUMINT）和秘密人力情报（Clandestine HUMINT）。在执行和侦测欺骗时，二者受到的待遇并不相同。

（一）公开人力情报

对传递欺骗性信息的活动来说，公开人力情报是很有吸引力的，因为这种渠道是非常直接的：行骗者有一定把握，相信信息会被送到目标接收方手中。它也有如影随形的缺点，就是它常被用来传递欺骗性信息，因此是一个存疑的渠道。搜集公开人力情报的渠道有很多，但在用的主要有三种：一是诱导及其形式上的对应手段，也就是联络；二是参观设施和公开展示；三是审讯。

1. 诱导和联络

诱导（elicitation）是一种获取信息的活动，它可以从谈话中获得关于某个话题的信息，最好情报源对此并不知情。诱导被广泛应用于外交官和武官们的聚会上，也被广泛应用于商业界，即企业高管的社交时间和销售会议期间。事实上，诱导可能是一个成功外交官手中最有价值的工具。但它作为开展欺骗的一种渠道，经常被用来发挥这项功能，所以必须巧妙使用才行。

联络（liaison）关系也会在情报组织之间建立，但通常并不公开。这种关系大多是双边的，是为了共享情报，有时也是为换取情报搜集设备，或是换取外交或商业人情。

外交联络和情报联络可以提供许多收益，但也自带风险，因为它们有可能被联络伙伴用以开展欺骗。即使这个联络伙伴无意开展欺骗，他自己也有可能变成媒介，被别人利用，传播针对其他联络伙伴的欺骗。第 2 章介绍的“肉糜行动”就是这种情况：英国依靠西班牙与德国情报机构间的联络关系，确保欺骗性信息能在二者之间实现共享。

相比使用秘密人力情报开展欺骗的做法，联络渠道的优势在于，传递情报时复杂程度更低。但搜集人员和侦测欺骗的分析人员都很清楚这一点。因此，如果不能以独立的方式加以确认，通过联络获取的欺骗性信息就不太可能得到认可。

2. 参观设施和展示

冷战期间，参观工厂的做法常被用来获得先进的军用技术。苏联等国都曾多次参观美国的工业设施，试图（通常都会成功地）获得先进的军用和民用技术。而且，因为东道主能够控制参观者的所见所闻，所以这种参观设施的做法，可以提供大量用以开展欺骗的机会。

国际军控条约往往要求现场参观。这种参观活动会遭到利用，以对外宣传以下印象：如某个化学武器工厂实际上只是生产杀虫剂的工厂。要想反制这种欺骗，通常要使用秘密材料取样等手段。

展示的目的是传递欺骗，它在军事冲突中被反复使用，其历史至少可以追溯到孙武的时代。在美国内战期间，南方军骑兵部队的内森 · 贝德福德 · 福雷斯特（Nathan Bedford Forrest）将军追击埃布尔 · 斯特赖特（Abel

Streight）上校指挥的北方军骑兵部队，并将其包围。福雷斯特的兵力虽然只有对方的三分之一，但却使用诡计令斯特赖特投降。他让手下部队在斯特赖特的对面往来驰骋，看起来仿佛他才是兵力占据优势的一方。

阅兵等公开展示活动常被用来布设欺骗性印象。苏联在 1955 年莫斯科航展上实施的欺骗行动（详见第 9 章），阐释了如何使用展示手段，让小股部队看起来显得数量众多。

第 5 章介绍了一战后德国重整军备的故事，它阐释了有史以来最为周密的一次此类应用。当时，德国同时使用设施参观和公开展示（比如航展）这两种手段来支持欺骗。

3. 审讯

审讯是一种标准的公开人力情报手段，为军方和政府广泛使用，目的是获取情报。对审讯的最准确描述是这样的：它是在可控条件下开展的诱导。不同之处在于，审讯者拥有人身羁押权，或是对情报源的命运拥有某种形式的掌控，因为这个情报源通常是被控犯罪的囚犯、战俘、流亡者或叛逃者。这期间所采用的具体手段，取决于审讯人员的掌控程度和被拘禁者的合作意愿。流亡者和叛逃者通常会表现出最大程度的合作意愿。

对军方而言，审讯囚犯可以提供大量立即可用的材料，内容涉及敌方部队的士气、位置和战备等。这是一种古老的手段，但却一直都是成功的手段。美国内战期间，葛底斯堡的北方审讯人员发现，他们关押了南方军几乎所有师级部队的俘虏，唯独没有乔治 · 皮克特（George Pickett）将军的手下。这让他们得出正确的结论，即掌握有生力量的皮克特将军，将于次日发动进攻。

审讯囚犯的工作也可被用作开展欺骗的主要渠道。事实上，就受骗者所受破坏程度而言，几乎没有哪次欺骗能够企及英国针对爱尔兰共和军（IRA）所采取的那次行动。它被称为“监狱骗局”（Prison Sting）。

针对爱尔兰共和军的“监狱骗局”

第 1 章介绍的“侵占骗局”是英国人发动的欺骗行动，目的是在北爱尔兰活动的爱尔兰共和军中制造不稳定。然而在冲突期间，最有效的一次制造不稳定的行动，可能就是 1974 年实施的那一次，它常被称为针对爱尔兰共和军的“监狱骗局”。

文森特·希瑟林顿（Vincent Heatherington）和迈尔斯·麦格罗根（Miles McGrogan）是两名年轻男性，信奉天主教，来自贝尔法斯特。两人受过英国情报机构的审讯欺骗训练，后被送往克鲁姆林路（Crumlin Road）监狱等待审判，据说罪名是谋杀两名警官。在这座监狱里，他们被关进了爱尔兰共和军所在的牢房。两人与爱尔兰共和军没有什么关系，因此被投以怀疑的目光。狱中的爱尔兰共和军领导人将两人分开，然后严刑审讯。[1]

经过几天的审讯，希瑟林顿似乎崩溃了。他承认自己是英国卧底。他说自己从 16 岁起就被迫为英国人工作。在接下来的一周里，他提供了英国针对爱尔兰共和军所采取行动的细节（这些情况已被爱尔兰共和军领导人所掌握），以及符合爱尔兰共和军疑心的虚假情报。他还指认出一些爱尔兰共和军成员，称他们是英国内奸。被他指认的基本都是刚刚上位的爱尔兰共和军少壮派领导人。最后，希瑟林顿声称自己其实是被派来暗杀典狱长的。显然是为了验证他的说法，爱尔兰共和军将暗杀阴谋的详情提供给了典狱长。随后在对希瑟林顿牢房的搜查中，人们发现几瓶毒药。后来，克鲁姆林路监狱里的爱尔兰共和军领导人便全盘接受了希瑟林顿的故事。用爱尔兰共和军一名身份关键的中尉的话来说，就是：

我们一下子就相信了希瑟林顿。他提到的所有这些名字，都被传递给隆

[1] 译注：监狱管理层默许狱中的爱尔兰共和军人员审讯新囚犯。

克什监狱（梅兹皇家监狱）里爱尔兰共和军的在押人员，也被传递给监狱外面的相关人员。于是审讯开始了。在梅兹皇家监狱里，许多人都遭到审讯者的刑讯逼供。爱尔兰共和军开始步入歧途，变得疯狂起来。人们在审讯中承认自己不可能犯下的罪行。没有人能安然躲过审查。[1]

后来，爱尔兰共和军领导人将这段时光称为他们运动最黑暗的日子。其结果是，爱尔兰共和军几乎四分五裂。他们的领导人开始了为期两年的政治迫害，以期揪出内奸。在监狱内外，爱尔兰共和军的情报人员将嫌疑人带进房间里严刑拷打。他们在监狱里使用的刑讯工具包括钢琴丝和电线。无辜的爱尔兰共和军成员在酷刑下被迫招供，承认自己是英国特工，随后遭到处决。

爱尔兰共和军最终没有灭亡，然而此事造成的后果是英国没有预料到的，也是他们所不愿见到的。新生的爱尔兰共和军是一个更加聪明的组织。例如，为了减缓英国情报机构的渗透速度，并限制内奸造成的破坏，爱尔兰共和军采用一种蜂巢式结构，来取代传统军队式的组织结构。[2]

（二）秘密人力情报

一个国家的秘密机构会开展高度多样化但相互依存的活动，这些活动横跨多个情报渠道，例如包括通信情报和网络情报等渠道。这些活动的共性在于，它们都是以秘密或保密的方式开展的。然而，秘密人力情报最广

[1] 原注：Mark L. Bowlin, "British Intelligence and the IRA: The Secret War in Northern Ireland, 1969–1988," September 1999, 83–89, https://archive.org/stream/britishintellige00bowlpdf/british intellige00bowl_djvu.txt.

[2] 原注：同上。

为人知，因为它在印刷品和电影中的形象很受欢迎。显然，秘密人力情报需要依靠欺骗才能发挥作用。另外，它可以作为载体，被用来针对情报和行动目标开展欺骗。具体而言，它依靠的是以“掩护”形式出现的欺骗，即关于个人或组织的身份、职能或二者兼有的虚假图景。

1. 个人掩护

秘密机构的情报官必须隐藏自己的真实身份。因此，某种形式的个人掩护（例如，虚假身份）就是必需的。掩护有两种：官方掩护和非官方掩护。使用官方掩护的人员在政府内部工作，有正式职务。而隐藏最深的掩护是非官方掩护，此类特工被称为“非官方掩护身份”人员。对反情报机构而言，非官方掩护身份人员更加难以识别，然而一旦被人识破，他们却也更加无力自保。

所有类型的海外掩护，越来越让所有秘密机构在使用时左右为难。对外国政府可用的生活史数据越来越多，面部识别软件和生物识别等技术在世界范围的可用程度也越来越广，这些都放大了身份掩护这个难题。（例如，美国执法机构积累的面部识别数据库，已经囊括了 1.17 亿公民，即至少一半的成年人口。）[1]

对秘密情报官而言，出入边境已经成为一件特别危险的事情。随着生物识别信息的问世，虚假文件也更容易被拆穿。此外，随着互联网的发展，人们调查可疑人物背景的能力也在迅速增强。讽刺的是，如果一个人**没有**网络足迹（cyber footprint），或许也会受到怀疑。

因此，非官方掩护变得越来越有必要，也越来越难以维持，人们必须

[1] 原注：Steven Nelson, “Half of U.S. Adults Are in Police Facial Recognition Networks,” *US News and World Report*, October 18, 2016, https://www.law.georgetown.edu/news/press-releases/half-of-allamerican-adults-are-in-a-police-face-recognition-database-new-report-finds.cfm.

创造出一种新型非官方掩护身份。另外，用以招募特工的非传统平台也变得越来越有必要，然而其维护成本是高于官方掩护平台的。[1]

2. 组织掩护

许多情报机构都在使用组织掩护，具体形式为幌子公司和“合作”企业，目的是获取技术和物资，以及管理特工。一直以来，俄罗斯等国家都在使用组织掩护，针对西欧、美国和日本开展活动，原因就是这些国家拥有可用的先进技术。

在发动欺骗以获取技术和物资时，幌子公司有多种选项可以使用。这些公司可以招标，向合法公司购买技术或产品，而受害公司希望提升自身竞争力并做成生意，往往会提供详细的技术资料。[2] 这些公司可以充当转运节点，买到物资后再进行非法出口。

四、图像情报

挫败可见光成像往往要从拒止做起：在敏感目标上方安装防护罩、对其进行伪装和将设施置于地下。当拒止成像卫星搜集信息时，因为安全人员了解卫星轨道情况，所以能够在卫星运行至高空位置时停止某项活动，又或者可以遮盖敏感部件。

针对图像情报开展欺骗的做法更进一步，那就是提供虚假图像。通常，这时使用的会是诱饵。二战期间及在科索沃时使用诱饵的案例在前面

[1] 原注：“A Tide Turns,” *The Economist*, July 21, 2010, http://www.economist.com/node/16590867/.

[2] 原注：E. M. Roche, *Corporate Spy: Industrial Espionage and Counterintelligence in the Multinational Enterprise* (New York: Barraclough, 2008), 131–35.

几章已有介绍，而且时至今日，人们在军事冲突中仍在使用诱饵。2016年，伊拉克军队发动战争，意图从“伊斯兰国”手中夺回摩苏尔市，结果在该市附近发现木制坦克、车辆甚至假人士兵的藏匿地点。对方布置这些诱饵的用意，是让空袭远离真正的目标。[1]

除诱饵外，还有各种各样的手段可以欺骗成像。再次强调，第 1 章介绍的印度核试验案例就是一次经典之作，因为它阐释了如何有效地将拒止（伪装，即在白天隐藏试验设备）与欺骗（让试验场工作人员穿上军装，并改变挖出沙子的形状，让它们看起来像是天然沙丘）结合在一起。

其巴（Al Kibar）案例阐释了图像欺骗所能达到的复杂程度，也表明有效使用其他渠道便可将其挫败。其巴欺骗行动是叙利亚精心策划的一次尝试，意在隐匿研发核武器的努力。

叙利亚的其巴欺骗行动

2003 年，叙利亚开始在其巴镇附近建造一座核反应堆。这座反应堆几乎完全复制朝鲜宁边的一座反应堆，它正是在朝鲜援助下建造的。叙利亚人意识到，美国的图像分析人员可能已经掌握宁边反应堆的资料，很快就会发现图像中的一切相似之处。于是他们策划了一次周密的欺骗行动，目的是让反应堆瞒过图像情报搜集，更重要的是要瞒过图像分析：

- 他们掩埋部分反应堆，并在周围修建假的屋顶和墙壁，目的是隐藏特征明显的外形，骗过高空成像。
- 他们伪装外墙，使其外观类似叙利亚境内常见的拜占庭式城堡。
- 他们使用多种拒止手段来支持此次欺骗行动。叙利亚人没有新建

[1] 原注：John Bacon, “Islamic State Used Fake Tanks to Confuse Airstrikes,” *USA Today*, November 14, 2016, http://www.msn.com/en-us/news/world/islamic-state-used-fake-tanks-to-confuse-airstrikes/ar-AAkhs2f.

公路，没有修建机场铁路，也没有设置防空力量或现场安保措施，因为任何一项举动都会引起图像分析人员的注意。[1]

叙利亚的策略可以概括为："尽量减少设施的可见光特征，令它看起来让人不感兴趣。"看起来这种做法一直是成功的。据称，美国图像分析人员早在 2005 年就已经发现这栋建筑，但一直弄不清楚它的用途：这东西"很奇怪，位于不知道什么地方的中心"。[2]

正如图像欺骗经常遭到曝光一样，这次欺骗行动也遭到曝光。罪魁祸首是一次人力情报行动，更准确地说，是一次由人力情报推动的网络行动。2007 年 3 月 7 日，以色列摩萨德的隐蔽行动专家闯进叙利亚原子能机构主任易卜拉欣·奥斯曼（Ibrahim Othman）位于维也纳的家中。进门之后，他们马上使用黑客手段入侵奥斯曼的计算机，复制了大约 30 多张照片。事实证明，这些照片都是在其巴建筑群内部拍摄的。这些照片证实，其巴内部确实藏有宁边反应堆的复制品。甚至在这些照片里，还有朝鲜技术人员在该设施内出没的照片。[3]

以色列决定采取直接措施来对付这个设施。2007 年 9 月 5—6 日的夜晚，4 架以色列 F-16 和 4 架 F-15 型飞机离开以色列空军基地，沿地中海海岸向北飞行，再沿叙利亚和土耳其边界向东飞行。它们在飞行途中发动电子战，欺骗和破坏叙利亚的防空网络。它们向其巴投放了 17 吨炸弹，彻底摧毁了这座反应堆建筑。

[1] 原注：Frank V. Pabian, "Strengthened IAEA Safeguards-Imagery Analysis: Geospatial Tools for Nonproliferation Analysis," June 22, 2012, Los Alamos National Laboratory, LA-UR-12-24104.

[2] 原注：Andreas Persbo, "Verification, Implementation, and Compliance," May 13, 2008, http://www.armscontrolverification.org/2008/05/syrian-deception.html.

[3] 原注：David Makovsky, "The Silent Strike," *New Yorker*, September 17, 2012, http://www.newyorker .com/magazine/2012/09/17/the-silent-strike.

2008 年 4 月 28 日，美国中情局局长迈克尔·海登（Michael Hayden）证实，其巴本来有能力生产足够的核材料，可供每年制造一到两件核武器使用，另外它的规模和技术类似朝鲜宁边核科学研究中心。

反制红外、光谱和合成孔径雷达（SAR），主要使用拒止（伪装和雷达反射覆盖物）而非欺骗。然而，使用诱饵来欺骗所有这些成像仪的做法是可以实现的。此外，当欺骗与拒止相互结合的时候，保护真正目标的效果才是最好的。在第 3 章中，塞尔维亚在科索沃开展欺骗行动，具体方法是制造热源来欺骗红外成像仪。然而按照今天的欺骗标准来看，这是一种非常笨拙的做法。

针对合成孔径雷达图像开展欺骗，这是很难做到的，却也是有可能做到的。通常，欺骗使用雷达诱饵来模拟船只、导弹阵地、飞机和坦克等设备，也使用雷达诱饵来欺骗可见光成像和雷达成像。它可以帮助人们广泛了解合成孔径雷达的能力和局限。另外，了解图像分析人员的能力也很重要，因为训练有素的分析人员，可以在图像中发现足以证明欺骗存在的细微差异。

五、技术搜集

最普通意义上的技术搜集是指一切非文献搜集，即图像情报、信号情报（不是通信情报）、测量与特征情报和物料获取。图像情报需要单独讨论，因为它在实施和反制欺骗时极其重要。

针对技术搜集开展欺骗的做法可以追溯到二战时期，因为当时技术搜集已经开始在战争中发挥重要作用。这种做法是从欺骗敌方雷达的努力开始的。

(一) 雷达

二战期间，盟军飞机在攻击欧洲目标时，已经开始使用投放干扰物的方法来欺骗德国雷达。这种干扰物是箔条，它从一架飞机上释放出来，在雷达上显示为另一架飞机。战后，这种误导手段仍在使用，而且变得更加先进。由于箔条随风移动时速度很慢，雷达操作人员可以将其与快速移动的目标，也就是飞机区分开来。于是欺骗技术继续向前发展，进入纯粹的电子领域：它使用一种被称为“晃骗”（spoofing）的技术，也就是执行攻击任务的飞机接收并转播雷达信号，让这架飞机看起来像是出现在多个其他位置上，同时隐藏这架飞机自身反射信号。随着雷达变得愈发先进，这种欺骗技术再次向前发展，于是又回到实体领域：使用空中发射的诱饵，即小型无人驾驶飞行器，目的是提供与发射它的飞机大致相同的雷达回波。

这种欺骗属于我们所说的电子战（EW）或电子攻击（EA）。为它提供支持的是作战电子情报（operational electronic intelligence，OPELINT）或电子支持措施（electronic support measures，ESM）。虽然它的针对范围极窄，仅限于在战斗态势中欺骗敌方雷达，但它要求欺骗更加周密，并且具备全部要素。这种行动必须事先做好策划，并充分了解雷达的工作原理。另外必须制定一些方法，以确定欺骗是否确实成功。

前面讨论过的“大刀行动”，阐释了雷达欺骗在战术层面的巧妙应用。北越雷达显示的飞机飞行路线来自泰国，这是 F-105 正常的攻击路线。F-4 故意将空速降至 F-105 使用的空速，并携带雷达反射器，在雷达上模拟出更加显著的 F-105 特征。

(二) 电子情报

电子情报（electronic intelligence，ELINT）是一种信息，提取这种信

息的方法是搜集、处理、利用和分析雷达、信标、干扰器、导弹制导系统和高度表发射的信号。大部分电子情报活动都是针对雷达目标开展的。

反电子情报欺骗也可以追溯到二战时期。当时，雷达界研发出欺骗技术以反制电子情报和电子攻击。后二战时期，侦察机开始执行常规侦察任务，以定位敌方雷达，并评估每种雷达的用途、性能和弱点。许多此类飞行还会针对雷达试验场，评估处于研发阶段的新雷达。

为了反制这种电子情报搜集，雷达研发人员开展欺骗性试验，即隐藏所谓的“战时模式”。这样一来，冲突期间进攻方便会遭遇突然性，因为其所遭遇的雷达，正在以预料之外的频率或模式工作。

大量更加先进的欺骗技术也被用来反制电子情报活动。例如，电子情报通过雷达特征（频率、传输模式和操作模式）来识别雷达型号，通常还可以识别出安装该种雷达的船只、飞机或车辆的型号。例如，通过模拟一个让人不感兴趣的雷达特征，人们就可以让一艘军舰看起来像是一艘商船。

（三）外国仪器信号情报

导弹、飞机和卫星等许多军用平台，携带的仪器都可以监测平台自身状态。这些仪器可以测量速度、压力、温度和子系统性能等。在导弹和飞机试验，以及卫星状态监测这两种情况下，必须将仪器读数传送到地面站进行分析。这种射频传输被称为“遥测”（telemetry）。搜集遥测信号的活动有时被称为遥测情报，但更多的是被称为外国仪器信号情报（foreign instrumentation signals intelligence，FISINT）。

外国仪器信号情报欺骗，是指发射伪造信号，同时以某种方式隐藏真正的遥测。它可用来在卫星任务或导弹飞机性能等问题上提供误导，或是在射程、有效载荷和精度等问题上展示出高于或低于实际水平的性能。目前还没有遥测欺骗的公开实例，或许因为这是一个难以成功开展的行动。人们必须深入了解外国仪器信号情报的搜集工具（尤其是工具的位置和性能），这样才能有针对性地操纵虚假遥测信号的特性。

（四）声学和次声

具有情报价值的特征，是在声学波段的可听声（高于 20 赫兹）和次声（低于 20 赫兹）范围搜集的。通常，此类搜集依靠某种扰动产生声波的意外发射。欺骗目标是声学特征搜集的两个大类：声学情报（ACOUSTINT）和水声情报（ACINT）。

1. 声学情报欺骗

一些声学传感器能够探测穿透大气层或地表浅层的声音，因此只能在相对较短的距离（几米到几千米）发挥作用。这种搜集活动的情报产品，通常被称为“声学情报”。这些传感器既可用于军事行动，也可用于情报活动，目的是识别和跟踪陆地载具和机载平台。它们可以根据空气或地面传播的声音来定位这些目标，并确定其移动的速度和方向。这种传感器可以轻易在各种地形开展部署和伪装。[1] 感应空气中或地下声音的做法，大部分情况下都可用于战术军事行动或执法活动，因为这时只需进行近距离探测。

几千年来，声学传感一直被用来探测敌方的地面活动。军队会定期派遣巡逻队或设立监听哨所，侦听坦克、卡车和士兵行军的声音。欺骗，也就是制造欺骗性声音，以模拟这些活动的做法同样有着悠久的历史。二战期间，在欧洲战场，一支盟军部队曾使用安装在卡车上的巨大扬声器，模

---

[1] 原注：B. Kaushik and Don Nance, “A Review of the Role of Acoustic Sensors in the Modern Battlefield,” paper presented at the 11th AIAA/CEAS Aeroacoustics Conference, May 23–25, 2005, https:// ccse.lbl.gov/people/kaushik/papers/AIAA_Monterey.pdf.

拟坦克和步兵的活动情况。

2. 水声情报欺骗

通过水下声音获得的声学情报，常被称为“水声情报”。水声情报活动使用一种可以探测水下声音的声学传感器。声音在水中传播的速度比在空气中快得多。船只和潜艇产生的水下声音，远在几百千米以外也会被人发现。以反制水声情报为目的实施战术欺骗，这种做法已有几十年的历史，具体形式就是部署诱饵，模拟船只或潜艇发出的声音。

[第 8 章]

网络空间渠道

在我们称为网络情报的复杂领域中，存在三种基本的欺骗：一种可以支持网络进攻，一种是网络防御的组成部分，还有一种，它所支持的欺骗行动已不再局限于网络领域。本章许多案例都属于前两种：这些案例介绍的欺骗行动，针对的是网络目标，另外欺骗活动也完全发生在网络空间里。然而，人们可以在网络空间开展欺骗，进而在 PMESII（政治、军事、经济、社会、基础设施和信息）的所有领域支持行动。它可以用来支持隐蔽活动，也可以用来影响行动。它可以用来管理认知、信念和情况了解，也可以用来在众多个人或团体中营造有漏洞的态势感知，从而增加欺骗成功的概率。如第 1 章所述，它也可以作为一种有效工具，针对特定团体开展欺骗。

网络空间对今天的军事活动极其重要。一些军事领导人认为它是一个补充领域，可以支持陆军、海军、空军和特种部队开展的实时军事行动。另一些则认为，从军事学说的角度来看，网络空间是一个可以开展行动的独立领域。随着越来越多的冲突发生在网络空间，第五个作战空间领域似乎正在开辟出来，也就是继陆、海、空、天之后的网络领域。在过去五年中，西方许多国家都成立了网络司令部，专门负责管理网络战争这个已经彻底一体化的作战空间领域。其结果是，欺骗作为冲突获胜的一个重要工具，也必须进入网络空间。而且它已经进入了。

第 7 章讨论了行骗者自己的情报渠道，并指出这些渠道在欺骗中可以发挥两种截然不同的作用。一种作用是提供用以支持欺骗的情报：评估目标、拟定故事、识别敌方渠道和评估欺骗效果。另一种作用是识别敌方发动欺骗的尝试。第 7 章还强调了必须了解敌方用以布设欺骗情报的渠道。

网络空间渠道可以在欺骗行动中发挥上述所有作用。然而，网络空间渠道已经成为布设欺骗的关键渠道，为此，我们将单列一章，也就是在本章对其展开讨论。在讨论各个子渠道之前，我们先来回顾一下网络空间所独有的一些特点。

一、网络空间中的欺骗

首先，我们必须理解一个重要的定义。虽然本章讨论网络空间中的欺骗，但术语形式的“网络欺骗”（cyber deception）一词只会在本节使用。该术语在网络世界（cyber community）拥有特定意义，而且从这个视角来看，这是狭义的意义。网络欺骗是在网络空间开展的一套欺骗性战术和战略，它可以用来挫败网络攻击和利用（黑客攻击）。这种欺骗在许多书籍和文章中都有广泛的讨论。[1] 但网络欺骗也可能在布设欺骗时发挥有益作用，这项作用将在本章最后一节讨论。

网络领域的欺骗与反情报（确切地讲，是反间谍）拥有共同特点。

[1] 原注：比如，可参见 Sushil Jajodia, V. S. Subrahmanian, Vipin Swarup, and Cliff Wang, eds., *Cyber Deception: Building the Scientific Foundation* (Switzerland: Springer, 2016)。

反间谍常被称为“乱镜丛”[1]——这个术语是中情局反情报处前处长詹姆斯·安格尔顿（James Jesus Angleton）提出的，当时他借此形容间谍和反间谍活动中的混乱景象和诡异循环。网络空间的欺骗也具有类似特点。

为达到本书的讨论目的，同时也是为了继续重点讨论情报对欺骗计划的支持，网络情报在这里被视为一种双向渠道：可以用来提取信息，以支持相关策划活动，也可以作为通信平台，投放信息以实施欺骗。因此，网络领域可以划分为两个大类：一是计算机网络利用（CNE），它从本质上讲是被动的，二是计算机网络攻击（CNA），它毫无疑问是主动的。二者都可以在欺骗中发挥作用：计算机网络利用负责搜集情报，计算机网络攻击负责布设欺骗。后者的具体方法是向目标提供材料，以支持欺骗。

因此，基于互联网的万维网（World Wide Web），就是实施计算机网络利用或计算机网络攻击的主要渠道。但是，网站无须使用计算机网络攻击，也可以成为布设欺骗的有效渠道，详见下文讨论。

二、基于网站的欺骗

2012 年，在一则颇受欢迎的美国电视广告中，一位年轻女性宣称：“他们不能把不真实的东西放在互联网上。”在回答“你是从哪里听到这些的”这个问题时，她回答说“互联网”。

互联网和与之息息相关的社交媒体，提供了可能是最常用的渠道，供

[1] 译注：“乱镜丛”（wilderness of mirrors），出自英国诗人托马斯·斯特尔那斯·艾略特（Thomas Stearns Eliot）的诗作《枯叟》（*Gerontion*）。“乱镜丛”的译法，参见湖南人民出版社 1985 年版《英国现代诗选》。该诗的主旨就是混乱与绝望。

今天的政府、组织和个人开展欺骗。过去 15 年来，基于网络的社交媒体和情报源广泛发展，已经开拓出一个变化多端的环境，供人们实施欺骗和反欺骗。事实上，它为敌方各种可能的收发渠道提供通信基础——然而这些渠道是可被监听、分析和利用的。

在网络行动的世界里，人们把大量注意力放在恶意软件（计算机病毒），以及那些研发并部署这些病毒的人员身上。下面将深入讨论网络行动中的进攻手段。但首先，我们来讨论一下网站作为渠道布设欺骗的情况，这已经和通过传统开源出版物来布设欺骗的情况不相上下了。

（一）新闻和参考资料

几个世纪以来，先是报纸、再是广播（请回想第 3 章和第 7 章介绍的“大西洋发射台”案例）、然后是电视，它们已成为新闻报道的主要来源。如今，互联网似乎将要包揽此类报道。然而，在以投放虚假新闻报道的方式实施欺骗时，它却是所有媒介中表现最差的一环。就在最近，主流欺骗手段已经开始采取用“假新闻”（fake news）的形式。假新闻的网站往往发布虚假信息和各种骗局，并让它们看起来像是合法记者报道。然后，这些网站会借助社交媒体（稍后讨论）传播虚假消息。它们作为一种新的重要工具，可以用来在心理战中使用欺骗。因此，它们可以用来影响选举，进而改变政府政策。据报道，2016 年，假新闻已经影响到英国脱欧公投结果和美国总统大选，这一现象导致《牛津词典》将“后真相”（post-truth）评为当年的年度词汇。“后真相”被定义为一种环境，在这种环境下，“在形成民意的过程中，客观事实的影响力弱于情感诉求和个人信念”。[1] 德国总理安格拉·默克尔（Angela Merkel）对于这种趋势，以

[1] 原注：Oxford Dictionary, “Word of the year is . . . ,” https://en.oxforddictionaries.com/word-of-the-year/ word-of-the-year-2016.

及假新闻有可能影响 2017 年德国大选一事感到震惊，她表示："有些东西已经改变了——随着全球化向前推进，（政治）辩论正在一种全新的媒体环境下呈现。意见形成方式已经不同于 25 年前。今天，我们有虚假网站、僵尸程序（bot）、互联网'水军'[1]——这些东西可以自我再生，并使用某些算法来强化舆论观点。我们必须学会如何对付它们。"[2]

网站也已成为几乎一切主题研究的主要资讯源。搜索引擎指向的网页和在线参考网站，都是投放误导性信息的绝佳场所。配有编辑或具有验证流程的网站（如维基百科），在某种意义上讲更适合用来防御欺骗性输入，但它们也并不是免疫的。讽刺的是，维基百科在自家网站上发布一篇文章，称许多学术机构已经禁止将其作为主要资讯源，原因就是可靠性和可信性存在问题。[3] 网络情报的可访问性大大增加，从而拓展了可用"常识"的深度和广度，让擅长布设欺骗的"艺术家们"可以通过维基百科和博客等网站，轻易取得"画布"来"设计常识"。

（二）电子邮件

看似来自可信来源的电子邮件，在植入恶意软件方面所能发挥的作用是众所周知的。但此类电子邮件也可以被用来布设欺骗。有时甚至没有必要去伪造一个可信来源。在"沙漠风暴行动"之前，联军心理战行动专家直接给伊拉克高级军官的私人手机打电话，并向他们的个人账号发送电子邮件，试图引诱他们投降。这些专家还向他们提供欺骗性信息，内容涉及

[1] 译注：水军（troll），指在互联网上发起争议话题的人及做法，他们会有意或无意地将焦点引向特定的方向或目标。

[2] 原注：Amar Toor, "Germany Is Worried about Fake News and Bots ahead of Election," *The Verge*, November 25, 2016, http://www.theverge.com/2016/11/25/13745910/germany-fake-news-facebook-angela-merkel.

[3] 原注：See https://en.wikipedia.org/wiki/Reliability_of_Wikipedia.

即将发生的那场冲突。这些措施在伊拉克高级领导人之间造成一定程度的不和与不信任，从而在冲突后期产生确定的不利影响。[1] 请回顾第 1 章介绍的术语，这是“A”型欺骗。

以获取电子邮件为目的的网络行动，可以成为心理战行动中的有效工具，2016 年美国大选前俄罗斯的网络活动就证明了这一点。美国情报机构得出结论，认为俄罗斯发动网络行动，获取（并随后公布）来自相关电子邮件的信息，从而破坏民主党总统候选人希拉里·克林顿（Hillary Clinton）的竞选活动，同时俄罗斯并不公布从共和党总统候选人唐纳德·特朗普的电子邮件中搜集到的负面信息。[2]

（三）社交媒体

如今，社交媒体是应用最广的欺骗渠道。个人、组织和政府都可以通过社交媒体传递欺骗性信息，目的有善有恶。因为很难确定呈现在互联网上的个人资料，是否真的属于某个身份可以识别的人员，所以欺骗是可以轻易实现的。这种欺骗实际上就是伪装行动的在线版本。

例如，执法机构利用社交媒体，可以诱捕网上的性掠食者（sexual predator），具体方法就是发布看起来像是年轻女孩发布的帖子。伪装成“伊斯兰国”招募网站的做法，可以识别和逮捕未来会主动加入“伊斯兰国”的人员。

欺骗性发帖通常都属于互联网水军的工作范畴，而且这些人会匿名或使用假名。发布这些帖子的目的，通常是通过情感诉求，推动某项活动和

---

[1] 原注：Wang Yongming, Liu Xiaoli, et al., *Research on the Iraq War* (Beijing, PRC: Academy of Military Science Press, 2003).

[2] 原注：Intelligence Community Assessment, “Assessing Russian Activities and Intentions in Recent US Elections,” ICA 2017-01D, January 6, 2017, https://www.dni.gov/files/documents/ ICA_2017_01.pdf.

影响人们的想法。俄罗斯政府组建了一支庞大的互联网水军队伍，他们定期发布欺骗性信息，通过持久的心理战行动，破坏北约和美国的利益，推动俄罗斯的利益。[1]

推特、YouTube、脸谱网、Instagram 和博客等社交媒体，只是现有在线社交网络的冰山一角；所有这些在线社交网络，极大地推动了跨越国界的公众舆论和观点的形成。事实一再证明，社交媒体上的“病毒式传播”，可以迅速激发现实领域的暴力事件。仅凭一幅描绘政治虚伪的图景，就可以在几秒钟内削弱海外国际联盟，破坏某项政策的国内支持力量。关于这种在线动员、互联网激进主义和草根组织，或许最引人瞩目的后果就发生在 2011 年。那一年的事件被称为“阿拉伯之春”，它始于突尼斯，并迅速蔓延到埃及和利比亚，推翻这三个国家的政府，然后蔓延到叙利亚，引发一场似乎永无休止的冲突，将许多大国卷入其中。

（四）模因冲突

欺骗可以在国家间冲突和文化间冲突这个新的领域发挥重要作用，它被称为模因战争或“模因冲突”。模因源于“基因”（gene）一词，是一种观念或行为类型，可以在某个人口群体中，从一个人传递给另一个人。它是文化观念、象征或活动的载体，可以通过书写、讲话、手势、符号或仪式等方式，从一个人传递给另一个人。

“模因”一词，是牛津大学教授理查德 · 道金斯（Richard Dawkins）在 1975 年出版的《自私的基因》（*The Selfish Gene*）一书中提出的。虽然这个名词刚刚创出不久，但很明显，模因在人类活动中已经存在很长时

[1] 原注：Timothy Thomas, “Russia’s 21st Century Information War: Working to Undermine and Destabilize Populations,” *Defence Strategic Communications* 1, no. 1 (winter 2015): 13.

间。而在社交媒体时代，它已成为一种有效工具，可以影响人们的意见和活动。

根据定义，模因冲突是"在社交媒体这个作战空间，对叙事、观念和社会控制的争夺。人们或许会把它看作专为社交媒体定制的'信息行动'的一个子集。"[1] 与网络冲突不同的是：

> 网络战争的目的是控制数据。而模因战争是要控制对话、叙事和心理空间。它旨在诋毁、破坏和颠覆敌方想做同样事情的努力。和网络战争一样，模因战争在破坏力方面也是不对称的。[2]

模因冲突是一种新型的心理战争。在这种冲突中，互联网水军扮演关键的角色。他们是互联网中的作战人员，他们的武器就是模因。[3] 对于"伊斯兰国"等非国家行为体而言，模因冲突一直都是强大有效的工具，可以用来散布消息、激励支持者和吸引新成员加入他们的事业。

当然，这种冲突工具是双方都可以使用的。例如，在针对"伊斯兰国"的模因冲突行动中，有人建议可以采取如下举措：

- 系统地引诱和诱捕"伊斯兰国"负责招募的人员。
- 建立虚假"马甲"式的"伊斯兰国"招募网站，令同情者和应征人员产生混淆。
- 曝光和骚扰"伊斯兰国"资金网络中的人员及其家人。
- 招募激进的同性恋作为互联网水军，让他们发起并且传播标签

[1] 原注：Jeff Giesea, "It's Time to Embrace Memetic Warfare," *Defence Strategic Communications* 1, no. 1 (winter 2015): 70.

[2] 原注：同上，71。

[3] 原注：同上，69。

为 #ISISisgay（“伊斯兰国”都是同性恋）的话题等方法，从而削弱“伊斯兰国”对其支持者和可能应征人员的吸引力。[1]

此类手段都是可以轻易使用的，比如被俄罗斯政府轻易使用。这些手段会给许多试图使用它们的西方国家政府带来政治和法律方面的难题。例如，美国不允许在国内传播带有宣传性质的内容，但社交媒体却是不分国界的。[2]

三、基于网站的计算机网络利用和攻击

上一节讨论了直接使用网络领域来布设欺骗的情况，这种使用方法并不需要专业技术知识。本节讨论如何使用网络行动工具，获取情报或布设欺骗。针对网络的计算机网络攻击有两大目的：

- **计算机网络利用**。其目的是将互联网或内联网（私人维护的计算机网络，需要访问授权，可以或不可通过管理员计算机接入网站）作为攻击目标，但并非用来发动攻击。相反，它的侧重点在于**搜集**行动，在此过程中，目标网络将继续正常运行。
- **计算机网络攻击**。其目的是降级、扰乱、拒止或欺骗。计算机网络攻击的效果，通常是可以轻易观察到的。本章使用“计算机网络攻击”一词，指的是一切使用网络情报手段布设欺骗的活动，它可以通过互联网实现，也可将欺骗性信息直接置入内联网或离线计算机。

[1] 原注：Jeff Giesea, “It's Time to Embrace Memetic Warfare,” *Defence Strategic Communications* 1, no. 1 (winter 2015): 68.

[2] 原注：同上，75。

虽然这些术语指的都是针对某个网络发动的进攻性欺骗，但同样的原理和工具，也可用于攻击或利用没有接入某个网络的单机计算机，只有那些用于获取访问权限的手段才是不一样的。我们先来讨论用于计算机网络利用和计算机网络攻击的一些渠道，然后讨论可以利用这些渠道来获取访问权限及植入恶意软件的一些工具。

（一）基于网站的渠道

欺骗有一项基本规律：如果一个渠道越被认为是值得信任的，它作为欺骗渠道的效果就越好。网络空间有多项要素的目的都是为了提供一个可以信任的环境，供人共享信息或开展日常活动。想要利用它们，通常需要用以进行计算机网络利用和计算机网络攻击的工具，然而这样一来，这些渠道便可有效地用来布设欺骗。

1. 内联网

内联网（intranet）是一种内部网络，人们获取访问权限的途径，只能是组织内部或可信团体内部。它的设计用途，是充当一个可以安全共享文件或敏感文档的场所。有些内联网没有接入互联网，有些可以访问互联网，但只能通过所在组织内部的网关管理员实现访问。在本节中，我们讨论的内联网类型可以接入互联网，但存在某种形式的保护。它通常被称为虚拟专用网络（virtual private network，以下简称 VPN）。人们用它上网时，希望能够保护隐私。不直接接入网站的内联网，需要另外一种不同的上网方法，我们将在后面的章节中讨论。

在布设欺骗时，VPN 是一个让人非常动心的渠道，因为使用内联网通信和共享敏感文档的人们，往往会轻易相信自己系统内部的材料是真实可靠的。如果材料并非来自本组织或本团体的内联网，而是直接来自互联网，他们对这些材料的接受程度将大大降低。但因为这些 VPN 是接人网站的，所以攻击者可以相对轻易地通过基于网站的攻击活动，侵入这些 VPN。

2. 深网和暗网

“深网”（deep web）和“暗网”（dark web）这两个术语经常互换使用。有些人认为二者应当是有区别的，而另一些人并不同意。二者都以隐私概念为基础，但暗网更强调匿名性。

深网是互联网中极其庞大的组成部分，它们没有建立索引，因此通常对搜集引擎是不可见或不可访问的。访问受限的商业数据库、网站和服务，组成了深网中相当大的一部分。它们需要“洋葱”（Tor）（最初由美国海军研发，用于安全传输文件）等专用浏览软件才能访问。“洋葱”使用一组 VPN，让用户可以安全访问深网，同时保持匿名。它保护用户的方法，是在全球志愿者操作的分布式中继网络当中，以多跳方式传递通信。这样做可以阻止他人察看用户互联网连接情况，从而阻止其了解用户访问过哪些网站，还可以阻止用户访问的网站了解用户真实位置，也可以让用户访问那些除特批外其他人一概禁止访问的网站。美国国家航空航天局（NASA）及美国专利商标局等机构维护的政府数据库也在使用深网空间，原因不言自明。

在深网中还有通常被称为暗网的存在。暗网上的许多内容都非常名副其实：它包括了所有类型的黑市、非法贩毒、欺诈材料和儿童色情制品。它被用于实施多种骗术，但也被政治讨论团体、举报网站和社交媒体网站等所使用，目的通常都是为了躲避政府审查。暗网这些合法用途，为布设欺骗提供了极其诱人的渠道，因为许多政府都在密切关注这些网站上发布的材料。追查暗网发帖源头是非常困难的，这也正是实施欺骗的一项额外优势。

3. 区块链

区块链（blockchain）则是另外一个例子，它介绍了看似安全的用以布设欺骗的渠道。困难在于必须找到一种方法来使用它。

区块链是一种软件，可以为交易创建数字账本，然后在分布式网络上，在参与者之间共享账本。它使用加密技术，让网络中每个参与者都能安全地操作账本，无须中央权威机构的控制。软件安装到区块链之后，程序就会自动运行，允许一切互联网用户访问。这种设计让它们在本质上是自动的，不受政府控制。

区块链最出名的地方，在于它是支撑加密货币比特币的技术。如今，商业企业使用区块链，在网络上自动执行和核对交易，无须中央权威机构。一个交易事项被输入区块链账本之后，很难更改或删除。如果参与者希望更改这个事项，网络中其他参与者就要运行算法，评估并审核他提议的这项操作。如果大多数参与者一致认为该项操作看起来是真实有效的，就会予以批准，并将新的区块加入链中。其关键特点在于，负责确保每项操作有效性的并不是中央权威机构，而是整个网络。[1]

和内联网一样，人们倾向于信任区块链。因此，如果它们遭到破解，由此产生的欺骗就更有可能成功。当然，相比入侵互联网上一些更“软”的目标，破解区块链要困难得多。

4. 物联网

物联网（IoT）是设备、车辆、建筑物和其他物品等实物组成的网络。这些实物自带电子设备、软件、传感器和网络连接，因此可以搜集和交换数据。人们可以通过网站，远程感应和控制这些实物。

据专家估计，2016 年全球共有 64 亿件互联物品投入使用，较 2015 年增长了 30%。预计在 2020 年，物联网将由近 500 亿件物品组成。它包

---

[1] 原注：Steve Norton, “The CIO Explainer: What Is Blockchain,” *Wall Street Journal*, February 2, 2016, http://blogs.wsj.com/cio/2016/02/02/cio-explainer-what-is-blockchain/.

括大量不同种类的互联网—实物系统。这些系统使用智能电网、智能住宅、智能交通和智能城市等技术，每件物品都可以通过自带的计算系统获得唯一识别身份，同时又能在现有互联网基础设施内互联运行。

这些通过网络连接的设备可以自动搜集和交换数据，提高企业的效率和产量。不过，物联网的网络集成了大量互联设备，为这些网络带来多个漏洞节点。

正如“未来”（Mirai）攻击所展示的，物联网可用来针对基础设施发动网络攻击。但它也可以用来传递欺骗，通常这会是某次攻击的子行动，具体做法就是提供关于安全系统的虚假图景，或是提供已遭篡改的设备状态。本章稍后部分介绍的“震网”（Stuxnet）恶意软件，本身并不基于网站，但确实也是这样起作用的：传感器感染“震网”病毒后，向伊朗纳坦兹核设施内的监控人员提供关于浓缩离心机正被摧毁的虚假图景。

“未来”

2016 年 10 月 21 日，美国东海岸互联网中断，原因是遭到大规模分布式拒绝服务（DDoS）攻击，这种攻击使用大量请求来淹没网站服务。这次攻击的目标是 Dyn 公司维护的服务器——这家公司管理着许多互联网域名。此次攻击破坏了欧洲和美国许多很受欢迎的网站，其中就有推特、网飞、红迪（Reddit）、美国有线电视新闻网（CNN）和《卫报》的网站。

此次攻击使用名为“未来”的恶意软件包，组建我们所说的“僵尸网络”（botnet）来发动攻击。僵尸网络的控制器通常被称为指挥与控制（C&C）服务器。该服务器向僵尸网络发出指令，通过互联网中继聊天或超文本传输协议（HTTP）等通信手段，指挥受感染计算机（被称为僵尸）的活动。

“未来”僵尸网络利用存在漏洞的物联网技术发起攻击。物联网使用的一项主要资源，就是某公司出售的监控摄像头。共有数百万个这样的摄像头被销往美国。分布式拒绝服务攻击利用这款设备的默认密码，将它们组成僵尸网络。公司于 2016 年 10 月 24 日发布摄像头召回通知，同时抱怨称用户本应修改默认密码。

“未来”等僵尸网络，利用物联网设备中的薄弱安全措施。对于大多数此类设备而言，如果说它们有什么防护措施的话，无非就是配备了密码—用户名这种标准组合——“admin”和“1111”就是一种常见组合。僵尸网络扫描互联网，寻找使用这些密码的物联网系统，再令其感染恶意软件。于是，恶意软件便会指挥它连接指挥与控制服务器。然后，该服务器便将它们作为主机来发动网络攻击。

（二）网络行动工具

计算机网络利用和计算机网络攻击使用相同的工具。它们数量众多——事实上是数以千计，而且每天都有新的工具出现，每天也都在更新换代。这里介绍的是一些传统工具，以及截至本书出版时此类工具的一些最新进展。然而这些也只是冰山一角而已。

攻击者必须获得目标网络的访问权限，拥有能够开发该网络的工具，并删除该次行动的一切证据。攻击者可以利用网络中出现的漏洞，或是供应链提供的漏洞。他们可以伪装成授权用户，或是使用特工，获得在现实世界访问这个网络的权限。他们获得访问权限之后，通常会留下一个被称为“后门”（backdoor）的植入软件。这个植入软件可以向其控制组织回传通信，使攻击者能够从该网络中获取数据，并对其植入恶意软件。

在防御薄弱的系统中，后门可以提供无限制访问系统数据的权限。竞争对手宝贵的商业专利情报，就是这样被人通过后门一再获取的。[1]

例如，当目标收到看似来自可信来源（熟人或本组织内部某人）的电子邮件时，就有可能发生这种情况。该电子邮件可能要求目标打开某个附件。奥多比公司（Adobe）的 PDF、图片和微软的 Office 文件都是常见的此类附件。在受害者计算机中，每当存在漏洞的程序（如 Adobe Acrobat 或 Microsoft Excel、PowerPoint 或 Word）打开这个文件时，后门程序就会运行，计算机就会遭到破解。与此同时，目标的计算机屏幕上也会出现一个看似正常的文件或图片，这样接收方就没有理由再怀疑哪里出现问题。人们广泛使用电子邮件来开展欺骗，因为只要查看某位雇员的电子邮件收发模式，就有可能识别出此人信任的关系网和职业网络。

还有一种方法，该电子邮件可以引导目标访问包含后门的网站，结果大致相同。这种网站被称为途经下载（drive-by download）网站，它通常需要借助网站浏览器和浏览器插件中的漏洞。如果用户使用的计算机存在漏洞，只需访问一个这样的网站便会感染恶意软件，即使没有尝试下载任何东西也是如此。[2] 接下来，攻击者就可以从这台计算机或计算机里的电子邮件中获取文件，或是利用这台计算机对外发送数据，或是强制这台遭到破解的计算机下载其他恶意软件。由此，攻击者便可以通过这台受感染的计算机，利用受害者的联系人，或是利用目标网络上的其他计算机。[3]

恶意软件的基本工具被称为“利用工具”（exploit），讨论如下：

---

[1] 原注：John McAfee and Colin Haynes, *Computer Viruses, Worms, Data Diddlers, Killer Programs, and Other Threats to Your System* (New York: St. Martin's Press, 1989), 79.

[2] 原注：*Microsoft Security Intelligence Report*, Vol. 12, http://www.microsoft.com/security/sir/default.aspx.

[3] 原注：*Shadows in the Cloud: Investigating Cyber Espionage 2.0*, Joint Report JR03-2010, of the Information Warfare Monitor and Shadowserver Foundation, April 6, 2010, http://www.scribd.com/ doc/29435784/SHADOWS-IN-THE-CLOUD-Investigating-Cyber-Espionage-2-0.

1. 利用工具

利用工具可以利用软件漏洞来感染、破坏或控制计算机，无须用户同意，最好用户并不知情。利用工具可以利用操作系统、网站浏览器、应用程序或其他软件组件中的漏洞。[1]

利用工具经常会改变所青睐的目标，因为这些目标的漏洞会被发现和修正。例如，奥多比公司旗下软件 Flash Player 遭人利用的程度一直都很低，但从 2011 年起，它突然成为重点攻击目标。奥多比公司提供了补丁和更新以修复这些漏洞，但却年复一年地遭遇新版恶意软件，因为黑客会穷追猛打那些打过补丁的软件版本，甚至将特洛伊木马程序（将在下文讨论）植入 Flash Player 的手机版本上。[2] 2016 年，人们仍能不断发现攻击 Flash Player 的新型恶意软件。

有四个利用工具的知名度最高，它们是特洛伊木马（常简称“特洛伊”）、蠕虫、根箱和击键记录器。

- 特洛伊木马（trojan horse）。它是看似无害的程序，隐藏了自己的主要目的。它的目的是从目标计算机系统中窃取数据。
- 蠕虫（worm）。它可以做到许多特洛伊木马可以做到的事情，也可以执行安装后门等操作。但与特洛伊木马程序不同的是，蠕虫程序被设计为彻底隐藏，而不是伪装成无害程序。
- 根箱（rootkit）。它是一种软件代码，可用于控制计算机，同时逃避检测。根箱通常隐藏在特洛伊木马当中。
- 击键记录器（keystroke logger）。它又被称为键盘记录器，可以基

[1] 原注：*Microsoft Security Intelligence Report*, Vol. 12.

[2] 原注：Ben Weitzenkorn, “Adobe Flash Player Hit by Hackers on Both Ends,” *Security News Daily*, http:// www.securitynewsdaily.com/2191-adobe-flash-player-iphone-android.html.

于硬件或软件使用。它的常用目的是捕捉和记录键盘敲击。在开展网络情报搜集时，它可专门用于捕捉密码和加密密钥。

尽管所有这些利用工具都可用来开展网络欺骗，但在被用来针对“零日”漏洞时，它们的效果是最好的。这种漏洞也被称为“零时”（zero hour）或“零日”（day zero）漏洞，是一种应用程序漏洞，尚未被防御人员或软件开发人员所发现。它的命名由来，是软件开发人员首次发现该漏洞的时间（被称为零时或零日）。在发现它之前，开发人员显然无法研发出安全修复程序，自然也无法将其分发给软件用户。“零日”利用工具（利用安全漏洞实施入侵的软件）受到黑客和网络间谍机构的高度重视，因为人们不能对其进行有效防御——至少在“零日”后的某个时间之前一直如此。[1]

利用工具通常可以通过网站植入，但也可以像后面讨论的那样，被直接植入计算机。通过网站实施欺骗，需要的不仅仅是部署利用工具。网络间谍组织必须控制这些利用工具，并利用它们来植入希望植入的信息，同时保守行动秘密，或者至少可以撇清与行动的关系。通常这是由“未来”等僵尸网络完成的——如前所述，“未来”曾被用来发动分布式拒绝服务攻击。僵尸网络的指挥与控制服务器很难被关闭，因为人们很难确定它的真实位置。

2. 高级持续性威胁

高级持续性威胁（APT）可以看作是利用工具组成的集成系统。它是一组隐蔽而连续的计算机黑客攻击过程。“高级”，指的是使用多个恶意软件组件来利用系统漏洞，它们经过特制，可以逃避软件安全公司的检测。“持续性”，指的是存在一个持续的外部指令系统，它控制恶意软件包，并从受感染的计算机或网络中提取数据。[2]

---

[1] 原注：*Microsoft Security Intelligence Report*, Vol. 12.

[2] 原注：Sam Musa, “Advanced Persistent Threat–APT,” March 2014, https://www.academia.edu/6309905/ Advanced_Persistent_Threat_-_APT.

高级持续性威胁最初似乎是政府资助的活动，目的是搜集情报或发动计算机网络攻击，但却越来越多地被有组织犯罪集团所使用。最早发现的那几个病毒，被命名为“杜齐”、“火焰”和“高斯”。

“杜齐”、“火焰”和“高斯”

“杜齐”（Duqu）是人们在 2011 年发现的一款先进恶意软件。它曾被用来针对各种工业目标，发动大量以搜集情报为目的的攻击。“杜齐”与稍后讨论的“震网”高级持续性威胁有着许多相似之处，尽管它的目的似乎是计算机网络利用，而不是计算机网络攻击。它利用“零日”漏洞攻击微软视窗系统。它还使用窃取的数字证书来制造假象，把自己伪装成安全的软件。

人们检测发现，“杜齐”存在于奥地利、匈牙利、印度尼西亚、英国、苏丹和伊朗等国的服务器上。它可能具备多种计算机网络利用的功能，但有一项功能是明确无误的，那就是破解证书权限和劫持数字证书。然后，这些证书便可用在受到攻击计算机上，将恶意软件显示为安全的软件。[1]

2012 年，有人发现一种恶意软件，它似乎攻击了中东地区装有微软视窗系统的计算机，目的是获取情报。有报告称，它被命名为“火焰”（Flame），已在这些国家运行了五年之久。[2]“火焰”比“震网”更加强大，也更加灵活多变，它的许多特点都可以用来阐释如今网络间谍活动的复杂性，以及精准攻击有可能达到的程度：

- “火焰”采用五种截然不同的加密算法和极其另类的数据存储格

[1] 原注：Kim Zetter, “Son of Stuxnet,” *The Intercept*, November 12, 2014, https://theintercept.com/2014/ 11/12/stuxnet/.

[2] 原注：Damien McElroy and Christopher Williams, “Flame: World’s Most Complex Computer Virus Exposed,” *Telegraph*, May 29, 2012, http://www.telegraph.co.uk/news/worldnews/middleeast/ iran/9295938/Flame-worlds-most-complex-computer-virus-exposed.html.

式，既可逃避检测，也可隐藏自身目的。

- 它不会自动自我传播，只有收到控制实体（指挥与控制服务器）指令后才会传播。
- 它允许控制实体随时加入新的恶意软件，以便开展具有针对性的搜集。
- 它让控制实体能够远程更改计算机设置，搜集数据和文件，打开计算机麦克风以录制谈话，记录键盘敲击，截屏和复制即时通信聊天。[1]

“火焰”是一款非常先进的恶意软件，远比“杜齐”先进——事实上它先进得有些过分，因此几乎可以肯定是某个掌握先进软件工业的政府制造的。它可以充当后门和特洛伊木马。它还具有类似蠕虫的特性，只要收到控制者的指令，就可以在本地网络和可移动介质上自我复制。“火焰”如此先进，因此赢得 2012 年黑帽大会[2]颁发的“超级五杀”（Epic Ownage[3]）奖——在互联网安全专家眼中，这就相当于奥斯卡奖。（迄今为止，还没有人站出来领奖。）[4]

2012 年，一个搜集网络情报的新型根箱出现了。很明显，它是由开发和部署“火焰”的那个政府制造的。它被命名为“高斯”（Gauss），与“火焰”有许多相似之处。在组织架构、模块结构、指挥与控制服务器通信的手段等方面，二者惊人相似。“高斯”的指挥与控制服务器的拥

---

[1] 原注：Damien McElroy and Christopher Williams, “Flame: World’s Most Complex Computer Virus Exposed,” *Telegraph*, May 29, 2012, http://www.telegraph.co.uk/news/worldnews/middleeast/ iran/9295938/Flame-worlds-most-complex-computer-virus-exposed.html.

[2] 译注：黑帽大会（Black Hat convention），是全球公认最高等级的信息安全行业会议。

[3] 译注：在战略类网络游戏“远古遗迹守卫”（DOTA）中，对战的两方势力各有五人连线参战，连续杀死对方全部五人，即完成“五杀”后，游戏将播放名为 Own Age 的音乐。

[4] 原注：Bernt Ostergaard, “Black Hat Roundup: Keeping Tabs on the Ones That Got Away,” July 31, 2012, https://itcblogs.currentanalysis.com/2012/07/31/black-hat-roundup-keeping-tabs-on-the- ones-that-got-away/.

有者，可以在暴露后迅速关闭服务器。

“高斯”这个案例所介绍的，是具有高度针对性的情报搜集软件。它感染的个人计算机主要位于黎巴嫩，并从目标处窃取了网上银行系统和支付网站的浏览器历史记录、密码和访问凭证。已有超过 2500 个感染案例得到确认，感染总数有可能达到数万之多。

它的目的似乎是搜集金融交易情报。它的目标包括贝鲁特银行、黎法银行、布洛姆银行、毕卜鲁斯银行、法兰萨银行和黎巴嫩信贷银行等黎巴嫩银行。“火焰”也攻击了花旗银行和贝宝的某些特定账户。[1]

目前高级持续性威胁领域的最新技术被命名为“杜齐 2 号”（Duqu2）。它有一个不同寻常的攻击目标，不过对于一个从事网络间谍活动的政府来说，这却是合乎逻辑的目标。

“杜齐2号”

卡巴斯基实验室是全球最大的软件安全公司之一，总部位于莫斯科，在近 200 个国家开展业务。据称，它的创始人尤金·卡巴斯基（Eugene Kaspersky）与俄罗斯情报机构有关联（他是联邦安全局学院的毕业生，而联邦安全局的前身正是克格勃）。卡巴斯基实验室一直都是最强大的软件安全公司，擅长识别、分析和反制本章介绍的恶意软件。

2016 年，卡巴斯基实验室成为恶意软件的攻击目标。此次攻击成功

[1] 原注：Kaspersky Lab, “Kaspersky Lab Discovers ‘Gauss’–A New Complex Cyber-Threat Designed to Monitor Online Banking Accounts,” August 9, 2012, http://www.kaspersky.com/about/news/ virus/2012/Kaspersky_Lab_and_ITU_Discover_Gauss_A_New_Complex_Cyber_Threat_ Designed_to_Monitor_Online_Banking_Accounts.

访问了该公司的知识产权、专利技术和产品创新等。它专门攻击卡巴斯基用以发现和分析高级持续性威胁的工具，以及关于目前卡巴斯基调查先进恶意软件攻击情况的数据。在此次攻击曝光之前，它已在该公司内联网潜伏了数月之久。[1] 用反间谍术语来说，这就是一次“乱镜丛”事件，也就是利用计算机间谍活动，攻击网站上相当于反间谍组织的组织。人们推测，这样一来，在未来的网络攻击中，这个攻击者就可以更好地躲避卡巴斯基的查杀了。

这个恶意软件被卡巴斯基命名为“杜齐 2 号”，它的持续性很低，因此很难查杀。它几乎只存在于目标系统的内存中。因此，卡巴斯基实验室报告称：“攻击者坚信它总有办法保持感染状态——即使受害者的计算机重新启动，恶意软件从内存中消失也是一样。”[2] 之所以这样命名“杜齐 2 号”，是因为它使用了“震网”和初代“杜齐”的大部分代码，于是观察人员认为它是由同一个不明身份的组织研发的。

四、离线计算机和内联网

攻击与互联网物理隔离的网络（私人内联网），或从不接入互联网的离线计算机，所需努力的类型完全不同于进行计算机网络利用时的努力。搜集人员必须通过某种方式，获得这台计算机或其所在内联网的访问权限。一旦这位搜集人员通过 U 盘、网络插口或网线，或是类似设备获得

[1] 原注：David Gilbert, “Duqu 2: The Most Advanced Cyber-Espionage Tool Ever Discovered,” *International Business Times UK*, June 10, 2015, http://www.ibtimes.co.uk/duqu-2-most-advanced-cyber- espionage-tool-ever-discovered-1505439.

[2] 原注：Gilbert, “Duqu 2.”

访问权限，他几乎就可以为所欲为了。从防御角度来看，这场战斗已经结束，防御方已经输了。

最简单的一种目标，就是旅行或出席会议时携带的个人笔记本计算机。只需要几分钟的不间断访问，搜集人员就可以下载一台笔记本计算机硬盘中的内容，或是上传恶意软件。计算机或其他使用电子存储的设备（比如独立硬盘或U盘）在被携带出入国境时，都有可能遭到合法搜查，而且它们确实经常遭到搜查。加密这些材料的做法也无法提供保护。海关官员可以索要加密密钥、拒绝此人入境或者没收计算机。在许多情况下，海关官员是在寻找恐怖材料、色情书刊或仇恨文学，但以商业间谍活动闻名的国家，也有可能是想对所获取的材料开展情报利用。

要想以不间断方式直接访问一个处于隔离状态的内联网或一台离线计算机，仍需稍费周章。但是，信息技术系统几乎不可能长时间处于隔离状态。升级、补丁、软件修复和新软件都必须添加到系统当中。所有这些活动都可以提供机会，让锲而不舍的攻击者使用社会工程学[1]等方法，植入恶意软件或从系统获取信息。

（一）社会工程学

处于隔离状态的内联网并不接入互联网，这是人们最常用的一种安全措施。因此，它被普遍认为是安全的，不会受到攻击，不会被布设欺骗性信息。但正是这种众所周知的信任，让它在欺骗面前更加漏洞百出。当然，困难在于如何进入内联网，这样才能投放误导性信息。社会工程学就是一

[1] 译注：社会工程学（social engineering），这种手法利用人的本能反应、好奇心、信任、贪便宜等弱点，进行欺骗或伤害等危害手段，以获取自身利益。短信诈骗和电话诈骗都用到社会工程学。近年来，越来越多的黑客开始利用社会工程学实施网络攻击。

种这样的做法，它被用来协助开展计算机网络攻击和计算机网络利用。

在某些案例中，计算机从未离开过安全设施，远程访问也是不可能的，这时就必须使用现场操作的方法来访问网络。这个类别包括通过现场访问或者代理访问的方式，开展计算机网络攻击或计算机网络利用。在情报领域，它被称为人力情报推动的行动；而在黑客的世界，它通常被称为社会工程学。[1] 它包括典型的人力情报手段，比如以欺诈手段获得访问权限、贿赂或招募某个设施中的可信人员，以及秘密进入设施等。[2] 人力情报推动的行动，通常得益于人为错误或粗心大意，复杂的内联网尤其容易受到这两种情况的影响。

"震网"的案例已经引起国际社会的广泛关注，甚至成为 2016 年电视纪录片《零日》的原型，此事足以说明直接访问内联网的重要性和社会工程学的价值。虽然"震网"只是计算机网络攻击的案例之一，但它在很大程度上需要依靠欺骗才能成功。

"震网"

"震网"阐释了在计算机网络攻击和计算机网络利用中，哪种类型的精确攻击才是最有效的。"震网"是一种蠕虫，旨在感染某种特定类型的计算机，并禁止该计算机执行某个特定任务。调查人员认为，它的攻击目标是能够控制伊朗纳坦兹铀浓缩设施中同位素离心机的那台计算机。

"震网"被用来发动一场持续且直接的攻击，这场攻击从 2009 年开

[1] 原注：Kevin D. Mitnick and William L. Simon, *The Art of Intrusion* (Indianapolis, IN: Wiley, 2005), ch. 10.

[2] 原注："War in the Fifth Domain," *The Economist*, July 1, 2010, http://www.economist.com/ node/16478792? story_id=16478792.

始，一共持续了 10 个月。据报告，在那段时间里，该程序至少被写出了 3 个版本，并被植入目标。调查人员发现，该程序第一个版本完成的 12 小时之后，就发生了 2009 年 6 月的首次成功感染。2010 年 4 月发动的某次攻击，就是在基于视窗系统的计算机上，对“零日”漏洞进行利用。

“震网”蠕虫植入目标后，就会感染它能找到的所有基于视窗系统的工业控制计算机，同时搜索西门子公司生产的特定设备。这种蠕虫在编程时被赋予的功能是，找到目标之后，就反复让离心机阵列加速减速，以此破坏离心机阵列。同时它还能向监控系统显示器发送虚假信息，以此隐藏攻击，不让控制计算机发现。[1]

看起来，这次攻击至少是部分成功的。2009 年年底，检查纳坦兹的国际核查人员发现，近 1000 台气体离心机已离线。调查人员由此推测，这次攻击已造成纳坦兹建筑群部分瘫痪。

这个建筑群是如何被感染的？人们一直众说纷纭，因为这种蠕虫有多种可能的植入方式。纳坦兹这种保密地点，不太可能直接接入互联网。攻击者有可能先是找到某个与纳坦兹有关且可与之共享文件的组织，让该组织感染这个恶意软件，然后这个恶意软件就会感染纳坦兹。也有可能是一封发给纳坦兹某位操作人员的电子邮件被感染，于是携带了这种蠕虫。又或者是携带这种蠕虫的 U 盘，在日常维护的工作时被提供给了纳坦兹的某位工作人员。[2]

“震网”这种先进且有针对性的蠕虫，必须经过测试，以确保成功攻击目标，最好不会对意外目标造成破坏。“震网”记录了它所感染的每台

---

[1] 原注：John Markoff, “Malware Aimed at Iran Hit Five Sites, Report Says,” *New York Times*, February 11, 2011, http://www.nytimes.com/2011/02/13/science/13stuxnet.html.

[2] 原注：同上。

计算机的位置和类型，说明保护意外目标的问题是得到重视的。[1] 据称，以色列在迪莫纳核武器研发中心建造了一个极其复杂的试验设施。这个设施里放置的正是伊朗纳坦兹铀浓缩工厂的复制阵列。[2] 要想设计攻击软件，这样的试验场所是必不可少的。

虽然“震网”是用于攻击的恶意软件，但它也足以说明计算机网络利用能够做到哪些事情。“震网”的工作原理，是对它所入侵的任何一台计算机系统进行身份识别，以确定对方是否确系自己正在寻找的计算机。[3] 与“震网”有关的“杜齐”，可以获得某个网络上特定计算机的访问权限，从中获取机密或专利信息；它可以操纵防御系统，让一切看似都在正常运行；它还可以提取数据，也就是操作人员通过看似安全的机制（很可能是 U 盘），将数据存入受感染计算机或网络中。[4]

“震网”代表了 2009 年以前，针对离线计算机和内联网发动攻击的最高水平。从那以后，恶意软件又取得了长足的进步。2016 年，代表当时最高水平的已经变成另一个恶意软件包，它的名字是“索龙计划”（Project Sauron）。

[1] 原注：John Markoff, “Malware Aimed at Iran Hit Five Sites, Report Says,” *New York Times*, February 11, 2011, http://www.nytimes.com/2011/02/13/science/13stuxnet.html.

[2] 原注：William J. Broad, John Markoff, and David E. Sanger, “Israeli Test on Worm Called Crucial in Iran Nuclear Delay,” *New York Times*, January 15, 2011, http://www.nytimes.com/2011/01/16/ world/middleeast/16stuxnet.html.

[3] 原注：Mark Clayton, “Stuxnet Malware Is ‘Weapon’ Out to Destroy . . . Iran’s Bushehr Nuclear Plant?” *Christian Science Monitor*, September 22, 2010.

[4] 原注：同上。

“索龙计划”

2016 年 10 月，卡巴斯基实验室和赛门铁克两家公司的研究团队分别发布报告，称出现了一个名为“索龙计划”的新型恶意软件包。报告称，它需对多起大规模攻击事件负责，受害者有政府机构、电信公司、金融组织，还包括俄罗斯、伊朗、卢旺达、中国、瑞典、比利时和意大利的军事和科研中心。它似乎专门攻击这些国家使用的通信加密软件。

“索龙计划”使用针对“零日”漏洞的开发工具。据推测，它的传播途径是插入安全内联网中某台计算机上的 U 盘。当用户登录或更改密码时，这个恶意软件便记录键盘敲击并获取密码。它还可以获取文件和加密密钥。然后，它便等待另一个 U 盘插入这台受感染的计算机，以便将有效载荷下载到这个 U 盘上。

这个恶意软件似乎经过精心设计，目的是挫败卡巴斯基实验室和赛门铁克等公司软件安全专家的努力。这些专家所依赖的手段，是寻找能够识别恶意软件身份的模式或特征。但“索龙计划”并不使用可被识别身份的模式，而是使用几乎完全随机选择的伪装。它使用的文件名类似微软等软件公司使用的文件名。它定期更改向攻击者回传数据的方法。当然，它也使用非常强大的加密能力，隐匿自己在 U 盘或受害者计算机上的存在。[1]

---

[1] 原注：Michael Mimoso, “ProjectSauron APT on Par with Equation, Flame, Duqu,” *Threatpost.com*, August 8, 2016, https://threatpost.com/projectsauron-apt-on-par-with-equation-flame-duqu/119725/.

（二）硬件中的欺骗

比获取目标计算机访问权限更好的方法就是制造计算机。技术可以让我们将恶意软件隐藏在许多地方，供应链（从组件制造商一直到终端用户）就是一个非常诱人的地方。在销售前，供应链中的任何人都能掌握必要的访问权限，在计算机或其他电子设备中植入恶意软件。这种自带的恶意软件很难发现，大多数购买者也没有资源来检查此类修改。

硬件被改动的时候，有可能不会让人轻易察觉，但这也让情报机构可以获得不间断的访问权限，入侵该计算机或通信系统。攻击目标可以是计算机制造商在这台计算机出售前预装的插件。用户甚至有可能根本没有使用过这个带有漏洞的插件，也并不知道居然安装了这样一个插件。[1] 计算机的预装恶意软件可以在激活后联系攻击者，可以通过 U 盘提取敏感数据，可以允许远程控制这台计算机，还可以植入木马和蠕虫。这种后门并不仅限于安装在计算机上的软件。计算机自带的无线射频识别（RFID）芯片和闪存等硬件也可以成为此类恶意软件的感染源。

五、网络欺骗

本章主题是使用网络空间手段，布设欺骗。但是，如前所述，“网络欺骗”一词在网络世界有着特定的含义。此类欺骗的目标是网络攻击者，目的是欺骗攻击者，致其行为方式能够为防御方带来优势。

全世界都在网络防御方面投入巨大力量，以保护有组织的网络不受黑客攻击。网络欺骗这种手段，可以为防御添加强力攻击。它提供相应方

[1] 原注：*Microsoft Security Intelligence Report*, Vol. 12.

法，让人可以入侵敌方网络间谍系统，可以识别网络攻击源，还可以增加入侵受保护网络的成本。这三个因素是互为一体的：如果不知道来源为何，就很难实施报复。比如说，必须认清偶然出手的黑客与外国情报机构是有区别的。

人们开始发现，单靠传统网络安全措施只会失败，于是设计出将欺骗用于网络防御的理念。网络防御方可以防御已知类型的攻击。但是，攻击者可以反复寻找新的方法来反制网络防御。这种模式再次强调了战略冲突的基本准则：**进攻必胜**。传统网络安全防御所能做到的极致，就是延缓攻击速度，或是增加攻击成本。依靠防御来获胜，这样的选项并不可取。

基于欺骗的防御改变了这种模式。防御方不再监控已知攻击模式，而是使用复杂手段和交互式服务器（engagement server），引诱攻击者远离自己的敏感服务器。攻击者发动攻击时往往会基于一项基本假设，即他们看到的基础设施数据都是真实的。欺骗技术会使用精心设计的诱饵，在入侵过程中吸引攻击者，并立即识别其身份。

简言之，网络欺骗隐藏了你的真实网络，同时欺骗攻击者，致其相信自己已经入侵了你的网络；或者至少，它让攻击者对自己的所见所闻感到不确定和疑惑。它利用的就是网络作战空间。它诱导敌方进入另一个“现实”世界，而当这个敌方运用攻击手段并植入恶意软件时，所有这些都会遭到捕捉，等待网络取证小队稍后审查。网络欺骗手段的优势之一在于，如果单纯使用防御措施，通常需要数周时间才能识别和处理黑客攻击。与此相反，利用欺骗可以立即发现黑客，并让防御方获得相关情报，了解黑客的策略、手法和身份。

（一）网络欺骗的工作原理

网络欺骗和其他欺骗一样：它的工作原理是隐藏真相，展示假象。它可以操纵网络活动以掩饰真正的网络，同时创造出一个名义网络。这个名义网络采取“蜜罐”（honeypot）或“蜜网”（honeynet）的形式：它是一个服务器或网络，可以吸引和诱捕潜在攻击者。此类防御一般包括以下步骤：

- **安装交互式服务器**。它是单独的服务器，看起来像是某个组织的网络或网际网（network of networks）中不可或缺的组件，但目的是吸引黑客、诱捕他们并分析他们的攻击。
- **在服务器安装特殊的操作系统**。交互式服务器既可以使用模拟操作系统，也可以使用真实操作系统。模拟系统部署起来更加简单，但也更容易让黑客发现这是欺骗。在最简单的模拟版本中，黑客入侵之后就会发现里面什么也没有。如果他试图运行恶意软件，将不会产生任何影响。而真实操作系统会让攻击者更加难以发现这是欺骗。设计这种系统的时候，可以让应用程序和数据高度匹配实际网络环境，这样做既增加了欺骗的可信性，又可以在攻击者进入交互式服务器活动的同时，更好地评估这项威胁。
- **误导攻击者**。此步骤依靠诱饵与实施欺骗的交互式服务器相互配合，目的是引诱攻击者远离该组织的服务器，并将其引入交互式服务器。发布关于该组织网络的误导性细节的做法，有时可以在此步骤中提供帮助。
- **评估威胁**。此步骤利用取证方法来捕捉黑客的手法和意图。然后，它就可以识别相关指标，以此判断自己是否遭到破解。这样一来，整个真实网络的防御系统就能识别并阻止后续攻击。
- **反击**。这个步骤并非必选，它取决于取证工作能否识别攻击源；然后，可以采取的报复方式，就是将恶意软件植入攻击者的计算机或网络。
- **恢复**。操作系统应该配备自愈环境。在控制并分析一次感染后，这个环境便会删除被感染的虚拟机，然后重建虚拟机，准备迎接下一次攻击。[1]

网络欺骗所能提供的巨大优势，远超常规网络防御。常规手段会生成大量并非真实攻击的（假阴性）预警。网络欺骗就不存在这个问题：它发出预警的依据，只会是与欺骗服务器的真实交互。

2016 年，人们开始部署网络欺骗，目的是挫败针对物联网的攻击。防御使用的服务器和诱饵都是特制的，看起来非常类似生产领域物联网的传感器和服务器。当攻击者相信诱饵就是普通生产设备，并因此与该诱饵发生交互的时候，就会遭到隔离及周密的取证处理，从而支持反制措施的制定工作。

（二）布设欺骗

显然，网络欺骗是欺骗的一种，它既属于欺骗，本身又是欺骗。但它也可以作为渠道来布设欺骗。你只需将欺骗性材料放在交互式服务器里，它看起来就会像是真正的受保护文件。当敌方侵入你方网站时，他们就会获得这些文件，并被带进你想要构建的故事当中。

以上是对这个主题的简要介绍。以免受网络攻击为目的实施网络欺骗，这是一个复杂的主题，本书不做赘述。读者如果希望了解更多细节，可以阅读加茨克（Gartzke）和林赛（Lindsay）就这个主题撰写的文章，[2] 或是 2016 年出版的《网络欺骗》（*Cyber Deception*）一书。[3]

接下来，我们将要讨论欺骗过程的策划和执行环节。

---

[1] 原注：Carolyn Crandall, "The Ins and Outs of Deception for Cyber security," *Network World*, January 6, 2016, http://www.networkworld.com/article/3019760/network-security/the-ins-and-outs-of-deception-for-cyber-security.html.

[2] 原注：Erik Gartzke and Jon R. Lindsay, "Weaving Tangled Webs: Offense, Defense, and Deception in Cyberspace," *Security Studies* 24, no. 2 (2015): 316–48, doi:10.1080/09636412.2015.1038188.

[3] 原注：Jajodia et al., eds., *Cyber Deception: Building the Scientific Foundation*.

[第9章]

策划和执行欺骗

在前面的章节里，我们已经讨论了在逆向 OODA 循环中逆向策划的问题。策划欺骗的最后一步是正向执行这个循环，并回答以下三个问题：

1. 这个欺骗计划是否会导致所希望的决策和行动？

2. 它是否会产生理想结果想定，或并非预期和并不理想的结果想定？

3. 它是否只会影响希望影响的目标？

一、验证决策和行动模型：红队分析

“红队[1]分析”，要求分析人员或分析团队（理想情况下，最好不是制订欺骗计划的人员或团队）重新验证计划。该分析人员或团队将从欺骗行动的目标这一视角，验证将在欺骗计划中传递的故事。红队的核心目的，

[1] 译注：红队（red team），是在测试网络安全时负责模拟攻击者的团队，这里泛指虚拟进攻方。

就是避免种族中心论偏见的陷阱或镜像思维问题。[1]

这种方法论要求该人员或团队能够深入了解态势，掌握目标决策风格，将自己置于目标所处环境当中，在面对外界刺激时做出与目标相同的反应。也就是说，红队会运行敌方的 OODA 循环，以确认所提议的欺骗能否产生理想的结果想定。因此，它在验证博弈论决策模型结果时会非常有用。中情局在《情报技能手册》中，建议通过以下步骤开展红队分析：

- 拟定一组目标（领导或团体）可能提出的"第一人称"问题，例如"我该怎样理解发来的信息"、"我的个人关切是什么"，或"我该找谁征求意见"。
- 起草一组政策文件，列出目标做出的具体决策、提议的建议或拟定的行动方针。这些文件越是能够体现出目标的文化和个人模式，就越能为所分析问题提供另外一种不同的视角。[2]

其中最为重要的，就是要提出这个问题："除了理想决策外，敌方还会做出哪些不同的决策？"回答这个问题时，运用红队分析必须考虑到所有相关的 PMESII 要素。这样做是为了验证分析逻辑（analytic logic）。在评估敌方可能的决策时，分析逻辑就是支持评估的基础。在有欺骗和无欺骗这两种情况下，敌方可能的决策都会是什么？

[1] 原注："Red Teaming and Alternative Analysis," *Red Team Journal*, http://redteamjournal.com/about/red-teaming-and-alternative-analysis/.

[2] 原注：CIA Directorate of Intelligence, "A Compendium of Analytic Tradecraft Notes," February 1997, http://www.oss.net/dynamaster/file_archive/040319/cb27cc09c84d056b66616b4da5c02a4d/OSS2000-01-23.pdf.

二、验证不利结果：备选分析

"备选分析"（alternative analysis）与使用红队的理念密切相关。它的目的是识别除预期结果想定以外其他可能的结果想定。文化或组织方面的假设、偏见和偏好，往往可以影响分析结论，因此必须使用结构化方法去质疑它们，强迫自己考虑其他可能结果。[3] 第 4 章讨论了针对敌方可能做出的备选决策进行建模的重要性。备选分析则更进一步，不仅要考虑敌方可能的备选决策，而且要考虑该决策可能导致的备选结果。

换言之，该步骤要求我们识别非理想结果，它的表现形式是不利想定，并有可能发展为欺骗的结果。前面几章援引的若干案例都在介绍这种结果。第 1 章介绍了萨达姆 · 侯赛因在"沙漠风暴行动"前发动的大规模杀伤性武器欺骗行动。回想一下，萨达姆正式否认拥有大规模杀伤性武器，同时又在渲染伊拉克确实拥有大规模杀伤性武器的可能性。他成功地制造出简直是最糟糕的可能想定：美国采用"威慑与恐吓"（shock-and-awe）轰炸行动，随后迅速派出优势兵力发动进攻，3 年后，萨达姆被他自己的军事法庭处决。对伊拉克开展备选分析的团队本该告诉他：用一次欺骗行动来传递两个截然相反的信息，此举必将导致不利结果。当然，正如第 4 章指出的那样，萨达姆的人格类型显示，他是优越情结过强的独裁者，这种人是不会听进批评意见的。

美国和苏联在冷战期间发动了许多欺骗行动，但双方都没有考虑到某些欺骗行动可能造成的不利结果——事实证明，这些正是代价高昂的错误。有两个例子非常突出，它们有着共同的特点：这两次欺骗行动（一国

---

[3] 原注：CIA Directorate of Intelligence, "A Compendium of Analytic Tradecraft Notes," February 1997, http://www.oss.net/dynamaster/file_archive/040319/cb27cc09c84d056b66616b4da5c02a4d/ OSS2000-01-23.pdf.

一次）都是成功的，但它们对发起国来说也是一场战略灾难。

1955年莫斯科航展

20 世纪 50—60 年代，苏联领导人认为极有必要展示苏联军事力量强大的形象，以保护和推动苏联的全球利益。因此，苏联发起大量欺骗活动来渲染这种力量投送能力。有一个这样的欺骗行动，它发生在 1955 年 7 月，也就是在莫斯科附近图西诺机场举办苏联航空节的飞行展示期间。

这个航空节的飞行展示活动，每年都为西方武官提供一次良机，让他们可以观察苏联空军的最新硬件，苏联情报机构对此心知肚明。按照惯例，武官们会对展示的硬件进行拍照和摄像（20 世纪 50 年代是录像）。

但在 1955 年的活动中，表演高潮是 10 架 M-4“野牛”轰炸机飞过检阅台，紧接着又有 18 架“野牛”轰炸机飞过检阅台。

事后发现，此次飞过检阅台的表演是一次欺骗行动。前 10 架轰炸机飞过检阅台并淡出人们的视线之后，迅速沿环形航线转弯，与另外 8 架新加入编队的“野牛”一起，再次飞过检阅台，制造共计 28 架飞机飞过的假象。

这次欺骗行动是一次战术胜利，但后来发现它也是战略失误。“野牛”总数达到 28 架，此事令西方军事分析人员措手不及，因为他们原本以为其库存数量要少得多。分析人员以这个数字为起点开始推算，认为到 1960 年，苏联将拥有 800 架远程轰炸机，并将在爆发重大战争时对美国构成巨大威胁。这一威胁已成为当时总统竞选期间的一个政治议题——约翰·肯尼迪（John F. Kennedy）就曾指责艾森豪威尔（Eisenhower）政府放任“轰炸机差距”不断扩大。但事实上，直到 1963 年其流水线关停之际，苏联也只生产了 93 架“野牛”。

这次欺骗行动是战略失败，因为它导致美国做出了苏联不曾料到也不愿看到的回应。由于有可能出现“轰炸机差距”和“导弹差距”（苏联的另一个战略欺骗），所以美国政府心生警惕，开始着手军力建设，提升轰炸机的数量和弹道导弹的攻击能力，因为它们能为美国提供巨大的战略优势。

冷战期间，美国发起了一系列欺骗行动，目的是使苏联相信美国在化学武器和之后生物武器等能力建设方面已经取得进展。事实证明，这些欺骗举措至少也是对美国产生了反效果的，正如莫斯科航展欺骗行动对苏联产生反效果那样。

生化武器欺骗行动

1959 年，美国陆军中士约瑟夫·卡西迪（Joseph Cassidy）被格鲁乌（苏联军方情报部门）所招募，以特工身份为其服务 20 多年。在整个过程中，卡西迪其实是美国联邦调查局和美国陆军情报机构派出的双重特工。美国陆军在马里兰州埃奇伍德军火库开展化学武器项目，卡西迪将相关秘密信息传递给格鲁乌，目的是建立信任基础，以便执行后续的欺骗行动。[1]

这次欺骗行动的目的，是取信苏联，致其将资源投入一种无效的化学武器制剂上。曾经有段时间，美国开展研究，希望能够生产出名为 GJ 的超级神经毒剂。研究人员最后得出结论，认为它根本无法用作武器。这次欺骗行动的目的是把苏联推上同一条道路，结果他们成功了。卡西迪等人提供的信息，让苏联领导人相信美国正在研制一种超级制剂，于是他们加大力度，推动本国的化学武器项目。强化这一信念的是一份报

[1] 原注：Raymond L. Garthoff, “Polyakov’s Run,” *Bulletin of the Atomic Scientists* 56, no. 5 (September– October 2000): 37–40.

告，它来自在美国活动的第二名双重特工，格鲁乌上校迪米特里·波利亚科夫（Dmitri Polyakov）。[1]

问题在于，这个苏联项目在加大投入力度之后，真的成功研制出一种剧毒的高效神经毒剂，名为诺维乔克（Novichok）。人们并不清楚诺维乔克是苏联人复制 GJ 工作的结果，还是某种完全不同的东西。不过看起来，似乎这种制剂正是苏联在回应美国欺骗时，加大投入的那个项目的产物。[2]

但在 20 世纪 60 年代末，这场欺骗看起来似乎是成功的，并让美国情报机构开始了第二轮欺骗行动，这次的聚焦点是生物武器。

这次欺骗行动所要传递的故事，是美国一边就禁止生物武器的《生物武器公约》进行谈判，一边推动本国秘密生物武器项目。这项计划的目的至今不明。在此情形下，很难看出这种欺骗怎样才能造成有利于美国的结果。

这次欺骗行动通过多个渠道开展，但波利亚科夫上校是最关键的渠道。苏联领导人因这个新的威胁心生警惕，于是下令成立一个研发生物武器的新项目。这个代号"生物制剂"（Biopreparat）的项目，包括了许多军用和民用的研究和生产机构，以及至少一个试验场。[3]

"生物制剂"项目仿佛自己有生命一般，在 20 世纪 70 年代和 80 年代一直继续进行着。在这个项目里工作的科学家被要求跟上美国的步伐，或者超过美国。他们的上级领导和项目主管利用关于美国进展的报告，让这个项目获得源源不断的资金。[4]

---

[1] 原注：Raymond L. Garthoff, "Polyakov's Run," *Bulletin of the Atomic Scientists* 56, no. 5 (September– October 2000): 37–40.

[2] 原注：同上。

[3] 原注：同上。

[4] 原注：同上。

这两个案例阐释的是，人们很难确定欺骗造成的长期非理想结果，特别是在战略层面。莫斯科航展欺骗行动的驱动力量是展示苏联实力形象的需要，但苏联并没有考虑美国对该形象可能做出的反应。美国的生物武器欺骗尤其糟糕，因为美国显然没有考虑如果让（一直怀疑美国意图的）苏联认为不能在军控谈判中信任美国，将会造成什么影响。

三、规避

策划欺骗阶段的最后一步，通常就是“规避”（deconfliction）。其理念是策划欺骗，使之只会影响理想的目标。[1] 用军事术语表述，其目的一直都是避免附带破坏。这是从战术角度解读规避。

在战略意义上，规避是一个更加广泛的概念。从战略角度解读，这是一个预期和避免欺骗行动出现非理想后果的过程。它的目的是尽可能确保欺骗只会以理想的方式，影响理想的目标。因此，欺骗的策划人员必须高度重视的问题，就是欺骗行动有可能对理想目标以外的其他人员，造成非理想后果。因此，规避的理念，与避免因莫斯科航展和生化武器等欺骗行动而导致不利结果的理念是密切相关的。

因此，一切欺骗行动都必须在策划阶段进行精心协调，避免发动欺骗的组织的不同部门，或是发动欺骗的不同伙伴组织，在行动期间出现目的交叉的情况。然后，在战术行动的执行阶段，必须监督欺骗行动，避免同室操戈。例如，参加伪装行动（并因此装扮成叛乱分子）的各个单位，绝

---

[1] 原注：Scott Gerwehr and Russell W. Glenn. *The Art of Darkness: Deception and Urban Operations* (Santa Monica, CA: RAND, 1999), http://www.rand.org/publications/MR/MR1132, p. 35.

对**不会**希望自己成为己方部队的攻击目标。行动还必须避免对平民造成不利后果。关于第 8 章讨论的部分网络空间渠道，观察它们的不仅有预期目标，也有友方和中立方，因此存在出现不利结果的附带风险。[1]

在战略层面上，欺骗对“无辜”方（不论是中立方还是盟友）的影响是必须考虑的。在今天的全球化经济中，这可能会是一道难题。第 3 章介绍的“再会行动”，后果之一就是天然气管道爆炸，此事破坏了苏联向欧洲各国供应天然气的计划。这个结果肯定不是众多美国盟友所乐见的。举一个假设的例子，如果某个欺骗活动中的故事是某个经济大国计划将本国货币贬值，其后果是有可能引发全球经济衰退的。“大风起于青萍之末”，原因正是全球化。

在支持反情报的欺骗中，规避问题可能尤其难以解决，因为虽然情报机构数量极多，但却都只拥有有限的访问权限，如下例所示。

几年前，美国某机构开发出一种新型技术，可以用来跟踪具有高情报价值的车辆。他们必须向现场军事单位提供由此产生的情报。但是，该情报遭到破解的可能性很高，原因就是访问权限泛滥，所以它需要一个掩护故事。

这个项目的主管制订了一个欺骗计划，称关于车辆位置的原始情报是由一个新的搜集项目产生的，并称这个项目是由另一个完全不同的情报科目管理的。据他们所掌握的情况，并不存在这样的项目。但问题在于，这个新的搜集项目**确实**是存在的，而且被非常严密的隔离手段所保护。在美国情报界最高层以下，只有一名人员同时知晓这两个项目的存在。幸运的是，这个欺骗提议的汇报对象，正是美国情报界一名有能力叫停它的高级

[1] 原注：Scott Gerwehr and Russell W. Glenn. *The Art of Darkness: Deception and Urban Operations* (Santa Monica, CA: RAND, 1999), http://www.rand.org/publications/MR/MR1132, p. 35.

官员。如果这个掩护故事投入使用，就会破坏另一个耗资数十亿美元而且非常成功的情报活动。

网络情报为规避活动的管理工作带来一些特有的难题。一个国家在管理网络实力时面临的一项主要挑战是，必须在网络领域中，在持有不同目标的国家政权之间开展规避。网络情报有一项天然的能力，就是只需点击一下鼠标或敲击一下键盘，便可以突破组织界限和国家疆界，这让它成为布设欺骗的灵活渠道。但这也让它成为开展规避时所面临的挑战：当军方某个网络行动部队将欺骗性信息置入敌方内联网时，这个国家的情报组织可能也正在同一个内联网中搜集情报，并因此沦为本国军方开展的欺骗行动的受害者。如果一个网站是优质情报源，那么是否需要对它视而不见？这就是规避时面临的典型难题。此外，网络情报作为布设欺骗的渠道，很容易影响到认知领域和现实领域。例如，通过社交媒体推广欺骗故事，这属于认知领域；将病毒植入某个系统，破坏屏幕显示的雷达图像，这属于现实领域。这些领域之间如果缺乏协调，就可能导致行骗方用以开展情报行动的重要网站，被自己人植入的病毒所破坏。

四、执行过程概述

陆军元帅赫尔穆特·卡尔·贝恩哈特·毛奇伯爵（Helmuth Karl Bernhard Graf von Moltke，人称老毛奇）曾经说过：“任何作战计划在遭遇敌人后都会失效。”在一切欺骗（而不仅仅是军事欺骗）中，都存在一个理想结果，及一个利用欺骗来实现它的计划。然而，事件发生并产生完美结果，这种情况即使真有，也并不常见。因此，执行欺骗行动已经成为一个动态的过程。有两个 OODA 循环（行骗者的循环及其敌方的循环）处于运行过程，而且行骗者的循环必须在对方循环内运行，这个问题将在稍后讨论。

执行欺骗行动需要精心管理渠道。从通用行动角度来看，只有在敌方的传感器和情报源被绘图和（或）建模，敌方的处理和决策结构被掌握，用于传播欺骗的渠道被定义且（也是最重要的）被确定为可以管理之后，这个环节才会出现。与策划人员一样，那些负责执行的人员也必须了解敌方是如何接收、分析和理解通过这些渠道提供的信息的。因此，执行时需要专门预留资源，以便相关人员在使用敌方渠道搜集或分发信息的时候，可以监视这些渠道。正是在这里，渠道的概念发挥关键作用。执行欺骗行动，实际上就是利用敌方开展观察、判断和决策的方法。

图 9-1 提供了一个通用框架，可以用来了解渠道管理活动背后的动态。从本质上讲，用于布设和侦测欺骗的渠道，正是对敌我双方都可用的观察和搜集平台。在布设欺骗这个问题上，关键在于了解应当将哪个敌方搜集平台定为目标，才能影响敌方的态势认知。在侦测欺骗这个问题上，关键在于了解敌方是如何认识你方搜集平台的。

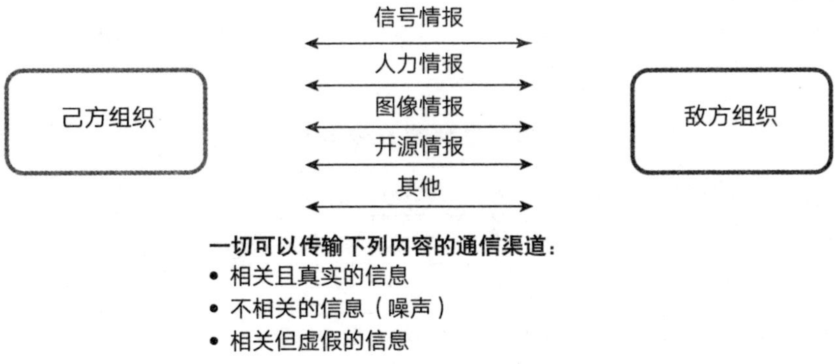

图 9-1 识别渠道

五、达成突然性

第 1 章论证了突然性在军事行动中的重要性。为了确保突然性的优势，欺骗计划的执行活动必须纳入总体行动构想（CONOP）当中。这需要将足够多的资源分配给欺骗行动，以确保它有成功的机会。请思考下面介绍的例子。

你方想在某个位置发动两栖登陆以攻击敌方，但又希望欺骗敌方，致其认为登陆将发生在另一位置，这样做的目的是减少真正登陆地点的抵抗。许多方法都可以达成必要的突然性，以实现上述目的。表面上的目的是在地点问题上进行欺骗，但同时，交叉使用欺骗的做法可以为总体任务提供有效支持。例如，你方可以在时间问题上（进攻发生的真正时间）开展欺骗，以支持关于地点的欺骗。又或者，它可以有效地伪装你方的实力和能力，以支持关于地点的欺骗。这些突然性模式是巴顿 · 惠利在比较分析历史案例后提出的，它为突然性提供了一种简单有效的分类法，可以阐释如何管理欺骗执行过程中的各项要素（参见表 9-1）。请注意，这 5 种突然性模式，解决的正是“何人—何事—何时—何地—何法”的问题集，而这也正是情报分析人员在评估任何一种态势时都必须提出和回答的问题。

表 9–1　巴顿 · 惠利的 5 种突然性模式

地点	受到威胁的地点、位置或区域，也就是行动的轴心或方向（何地？）
时间	以分钟、小时、天和周来计算的突然性的发动时间（何时？）
强度	投入行动的力量或实力的数量（何人？）
意图	基础偏好的范围，即突然性的理想态势效果（何事？）
方式	开展行动的形式或方法（何法？）

来源：Barton Whaley, *Stratagem, Deception and Surprise in War* (Norwood, MA: Artech House, 2007/ reprint of 1969 edition), 111–14。

我们回顾一下第 4 章介绍的“沙漠风暴行动”中的欺骗行动，同时补充一些事实，以阐释它在实践中是如何发挥作用的：

- **地点**。伊拉克因被误导，预期阵地受到的攻击将来自南部，而不是来自西部沙漠。
- **时间**。伊拉克因被误导，认为在 1991 年 2 月 24 日 6 时的最后期限过去之后，还要再过几天，联军才会对伊拉克发动大规模地面进攻。（伊拉克人正在缓慢地遵守联军要求，从科威特撤军。）然而，就在 2 月 24 日 6 时之前，一场地面战役已然全面启动。
- **强度**。伊拉克因被误导，认为美国第 7 军在科威特西部尚未满编就位，事实上这支部队已经满编就位。
- **意图**。伊拉克因被误导，认为联军主要的理想结果是解放科威特，以及伊拉克部队撤离科威特。伊拉克认为如果采取这些行动，联军就会马上停止下一步行动。但对联军而言，击溃伊拉克军队也是同等重要的任务。（伊拉克撤军的决策，让自己变成任人宰割的目标，因为他们正在奔赴被他们认为是安全的地方，即位于开阔地形的伊拉克边境。）
- **方式**。不是派遣装甲部队穿越西部沙漠发动进攻，而是选择两栖登陆，这就是此次欺骗的主要谎言。

还有一个例子。我们回顾一下第 2 章介绍的“刚毅行动”，也就是 1944 年诺曼底登陆前发动的欺骗行动：

- **地点**。德军因被误导，预期进攻目标是挪威（“北线刚毅”）和加来海峡（“南线刚毅”）。
- **时间**。此次欺骗行动中，陆军元帅蒙哥马利的替身于登陆前夜抵达直布罗陀，在日期问题上误导德国情报机构。
- **强度**。同盟国虚构出一支驻扎多佛尔附近的部队（美国第 1 集团军群），并虚构出另一支驻扎苏格兰的部队。他们隐瞒了在英格兰南部集结的部队的实力。

- **意图**。此次欺骗行动强化的认知是：出于后勤考虑，加来海峡是更加理想的登陆地点，优于需要延长海上补给线的诺曼底。
- **方式**。德军因被误导，相信悍将巴顿将军将指挥此次进攻。众所周知，巴顿为求获胜，往往会过度延长补给线。这一情况强化了（德国）以下部署的重要性：不能让德军机动装甲预备队过于靠近海岸线，这样就能在盟军空中力量无法企及的地方，继续保持强大的钳形攻击力。

再次强调，布设欺骗其实就是管理敌方可用渠道。跨渠道管理，主要就是对各个渠道中的欺骗进行同步，这样做可以提供协同效应，并确保将出现异常一致性（abnormal congruence）或异常不一致性（abnormal incongruence）的可能性降至最低，否则将会提醒敌方注意到欺骗的存在。在欺骗中实现协同效应，需要借助这些渠道，推动以跨渠道方式达成突然性，正如前文介绍的那次名义两栖攻击和两次真实案例所展示的那样。通过所有可用渠道向敌方布设欺骗，这种做法可以强化敌方认知：攻击将发生在错误的地点。

具体而言，如图 9-2 所示，对管理工作进行同步时，要求所布设的欺骗不存在异常模式，因为它可能会提醒敌方去关注正确的方向。

在执行欺骗行动时，行骗者需要管理的，是如何让欺骗通过所有渠道、同时以跨渠道方式展示给敌方。图 9-3 阐释的是如果不管理或管理不当时，可能发生的后果。

如图所示，异常一致性和异常不一致性这两种情况，都会出现在提供给敌方的总体图景当中，并很可能会导致欺骗失败。

任务：支持对 X 发动两栖攻击，具体方法是布设欺骗，称将对 Y 发动两栖攻击。

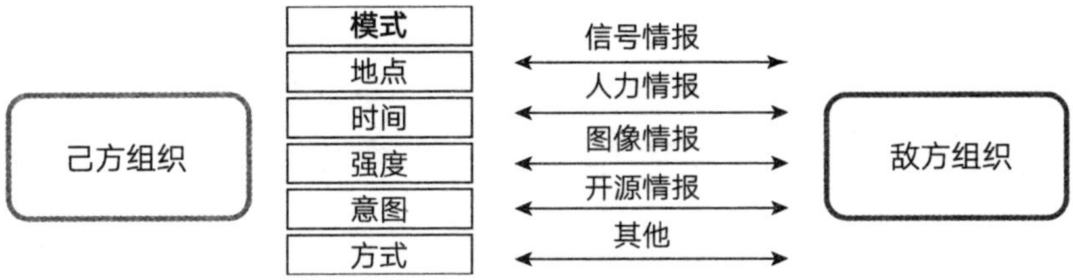

- 在该渠道布设关于攻击 Y（的欺骗）的过程中，是否发现存在异常一致性？
- 在该渠道布设关于攻击 Y（的欺骗）的过程中，是否发现存在异常不一致性？
- 能否提升协同效应？

图 9-2　管理欺骗的执行活动

任务：支持对 X 发动两栖攻击，具体方法是布设欺骗，称将对 Y 发动两栖攻击。

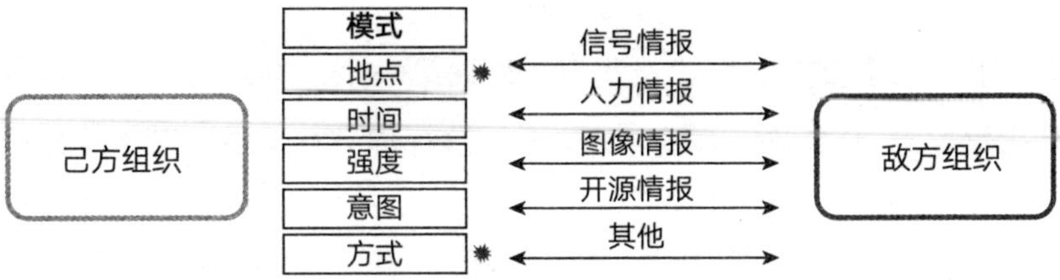

1. 在该渠道布设关于攻击 Y（的欺骗）的过程中，是否发现存在异常一致性？

是的，就方式而言，我方（针对敌方网络搜集活动开展）的信息行动的力度正在增强，表现出的目的是即将针对 Y 发动攻击，因为我方过去几乎从不使用信息战。

2. 在该渠道布设关于攻击 Y（的欺骗）的过程中，是否发现存在异常不一致性？

是的，就地点而言，我方（针对敌方信号情报活动开展）的通信指向，是针对 Y 发动攻击，但我方图像情报搜集平台让人看到的关注重点是 X。

图 9-3　同步欺骗的执行活动

现在，我们将把讨论重点转向管理执行过程的另一个部分：敌方的 OODA 循环。

六、在敌方OODA循环内运行

弗朗斯·奥辛加（Frans Osinga）认为，博伊德关于 OODA 循环的概念，比人们通常理解的更加深刻、丰富和全面。奥辛加称，其目的是：

> 在敌方的“观察—判断—决策—行动”循环中运行，使敌方陷入一个充满不确定、怀疑、不信任、疑惑、无序、恐惧、恐慌、混沌……的世界，且（或）让敌方沉浸其中无法自拔，这样一来，当事件或活动浮现之际，这个敌方也无法做出应对。[1]

这里有两个重要的概念，我们先讨论第一个，再讨论第二个。第一个是在敌方 OODA 循环内运行的概念，这样你方行动就可以比敌方行动更加有效。这是我们的夙愿，因为这意味着我们针对敌方行动所做的反应，将比敌方针对我方行动所做的反应快得多。但你方要如何在实践中做到这一点的呢？ 20 世纪八九十年代期间，利比亚的化学武器欺骗行动，以及美国及其盟国的反欺骗活动都可以用来阐释这一过程的运行情况。

---

[1] 原注：Frans P. B. Osinga, *Science, Strategy and War: The Strategic Theory of John Boyd* (London: Routledge, 2007), 186.

拉布塔、泰尔胡奈的欺骗和反欺骗行动

自 1984 年起，利比亚政府开始建造化学武器制剂的制造厂，位置是的黎波里西南 40 英里（约 64 千米）的拉布塔市附近。1988 年年底，在外国大力援助下，利比亚完成建设工作，并开始生产化学武器制剂。在长达 3 年的营运过程中，该设施至少生产了 100 吨的芥子气和神经毒剂沙林。[1] 为了掩饰这座工厂的目的，利比亚策划了一次周密的欺骗行动，但终告失败。因为利比亚向西方情报机构提供的是存在不一致性的图景，也因为美国及其盟国在面对不断浮现的事件时，做出反应的速度比利比亚更快。

拉布塔欺骗行动——第一轮 OODA 循环

建造拉布塔工厂所需的大部分资源只能来自外国公司。利比亚建立一个由幌子公司、虚假子公司和中间商组成的网络，以隐瞒采购活动。建造拉布塔建筑群所需的大量援助，是多家欧洲和日本的公司提供的。拉布塔的主要承包商是西德一家化学公司，伊姆豪森化学公司（Imhausen-Chemie）。其他物资供应来自瑞士、奥地利和中国香港的公司。大部分设备和物资在离开欧洲港口时，都使用了虚假出口文件。为了规避出口监管，利比亚使用了一个复杂的商业网络，其中包括能够借助远东港口转运货物的幌子公司。利比亚政府官员公开宣称，在拉布塔建造的设施是一座制药厂，并将其命名为“150 制药厂”（Pharma-150）。拉布塔的建筑工作是由 1300 名低薪劳工完成的，他们都是依据极其严苛的安全条件，从泰国招聘来的。

---

[1] 原注：US Congress, Office of Technology Assessment, *Technologies Underlying Weapons of Mass Destruction*, OTA-BP-ISC-115 (Washington, DC: US Government Printing Office, December 1993), 41-43.

此次欺骗行动非常复杂，这让不一致性的存在成为可能：在这条商业交易链中，任何一个矛盾或失误都很可能会引起西方情报机构的警觉。事实上，这其中确实存在许多不一致性，我们将在第 11 章讨论。这些不一致性所造成的结果，就是在整个 20 世纪 80 年代中期，美国情报机构以愈发浓厚的兴趣，主要运用图像情报，跟踪拉布塔的建造进度。到了这个工厂开工生产的时候，美国政府已经掌握了足够的证据，可以公开曝光这场欺骗行动。

拉布塔欺骗行动——第二轮 OODA 循环

1988 年 9 月 14 日，美国国务院公开发表以下声明："美国现在相信，利比亚已经建立起化学武器的生产能力，并即将全面生产这些武器。"在 1988 年 10 月 25 日的一次讲话中，美国中情局局长威廉·韦伯斯特（William Webster）提供了更进一步的细节，称利比亚这座工厂是该机构在发展中国家里发现的最大化学武器设施。[1] 这一声明导致利比亚再次发动欺骗行动，再次在 OODA 循环运行了一个回路。

利比亚显然认识到图像情报是美国进行评估的情报源。他们的回应是一场以反制图像分析为目的、精心策划的欺骗行动，具体做法是伪造 1990 年 3 月 13 日发生火灾的证据，使拉布塔设施看起来损毁严重，可能无法继续运转。[2] 据悉，伪造活动包括在建筑物上画出烧焦痕迹，烧毁成堆轮胎，好让图像搜集人员认为确系火灾。他们还紧急派遣救护车来到这个地区，好让这座工厂看起来像是火灾破坏惨重，人员伤亡惨

[1] 原注：US Congress, Office of Technology Assessment, *Technologies Underlying Weapons of Mass Destruction*, OTA-BP-ISC-115 (Washington, DC: US Government Printing Office, December 1993), 41-43.

[2] 原注：同上。

重——此举可能是针对人力情报渠道的。[1] 然而，当法国商业地球资源卫星 SPOT 1 号于 3 月 18 日拍摄拉布塔设施时，它看上去依然完好无损。

利比亚第二轮欺骗行动也失败了，原因仍然是利比亚向西方情报机构展示了存在不一致性的图景。20 世纪 90 年代中期，美国及其盟国再次在利比亚的 OODA 循环内运行。1990 年 8 月，美国情报机构推测认为，大规模化学制剂的生产工作已在拉布塔启动。因为此前一颗摄影侦察卫星发现，专门用来运输化学武器制剂的卡车，正在该厂装运数桶可疑化学制剂。1992 年，一名美国情报官员公开指出，拉布塔设施生产并储存了 100 吨以上的芥子气和神经毒剂沙林。[2]

泰尔胡奈欺骗行动——第三轮 OODA 循环

利比亚随后又开展了一轮欺骗行动，这次主要使用的手段是拒止。1990 年下半年，也就是利比亚发现第二次欺骗行动失败之后，便关闭了拉布塔工厂。为了取代这个设施，他们开始建造一个大型地下化学武器厂，位置是的黎波里东南约 60 千米的泰尔胡奈（Tarhunah）山区附近。将设施置入地下可掩盖它的活动，提高它在遇袭时的生存能力。[3] 利比亚发布新闻稿，宣称这座工厂是民用设施：石油化工生产就是它的用途之一，另外利比亚计划从南方地下含水层向沿海城市引水，这也正是该项计划的组成部分。

---

[1] 原注：US Congress, Office of Technology Assessment, *Technologies Underlying Weapons of Mass Destruction*, OTA-BP-ISC-115 (Washington, DC: US Government Printing Office, December 1993), 41-43.

[2] 原注：US Department of Defense, “Proliferation: Threat and Response,” April 1996, https://www2.gwu.edu/~nsarchiv/NSAEBB/NSAEBB372/docs/Document09.pdf.

[3] 原注：同上。

1996 年 2 月，时任中情局局长的约翰·多伊奇（John Deutch）指责利比亚在泰尔胡奈附近“建造了世界上最大的地下化学武器工厂”。美国国务院发言人格林·戴维斯（Glyn T. Davies）随后在 1996 年 4 月 4 日媒体吹风会上，介绍了利比亚在泰尔胡奈问题上开展的欺骗行动：

利比亚正在建造的将是世界上最大的地下化工厂，位置是的黎波里东南约 60 千米，一处名为泰尔胡奈的地点附近。我们认为，他们大约是 1992 年开始这项工程的，我们也知道，他们设在拉布塔的化学武器生产设施自 20 世纪 80 年代后期暴露之后，便一直处于停产状态，部分原因正是我们的努力。利比亚政府仍然坚称拉布塔化工厂只是用来生产药品的。它还声称这个新的地点，即泰尔胡奈是一个培训场所，培训在一个民用大型人工河项目中工作的利比亚工人；这个项目就在当地，尽人皆知，而且已经开始运营。但我们掌握的指征显示，泰尔胡奈将是拉布塔工厂的升级版本。如果放任继续发展，它将被用来生产芥子气等能够导致皮肤起疱的制剂，也许还有神经毒剂。[1]

美国及其盟国再次在利比亚的 OODA 循环内运行，抢在该工厂生产化学武器制剂之前曝光了这场欺骗行动。利比亚被对方抢占先机，并再度受挫，随后便叫停泰尔胡奈建造工程。之后，各方与穆阿迈尔·卡扎菲（Muammar Gaddafi）政权达成协议，于是在禁止化学武器组织的监督下，拉布塔工厂生产的化学武器库存被大量销毁。报告显示，销毁工作已于 2014 年完成。

[1] 原注：State Department Daily News Briefing, April 4, 1996, http://www.hri.org/news/usa/std/1996/9604-04.std.html.

前文讨论的重点，是让你方 OODA 循环运行时，比敌方循环更快更有效。另一个加快你方循环运行速度的办法，就是减慢敌方 OODA 循环的运行速度。有些方法是可以做到这一点的，那就是应用奥辛加的第二个概念：选择让目标所在的情报机构变得混乱或超载，并选择诱发模糊或他所谓的“不确定、怀疑、不信任、迷惑、无序、恐惧、恐慌、混沌等”。用第 1 章的术语来说，这就是一种“A”型欺骗。

“A”型欺骗是诱发不确定性的做法，有可能导致不可预测的结果，而且这种结果并非欺骗所希望的——但欺骗的目的却正是让特定决策者采取特定行动。但有时（尤其是在战略问题上）目的正是制造不确定性：让敌方犹豫不决，不肯采取行动。正如在第 1 章中，某条撒迪厄斯·霍尔特斯欺骗戒律所宣称的那样，不行动也是一种决策。有时，欺骗的首选目的只是为了增加不确定性。这是国家战略层面上的常见目的。长期以来，在许多态势中，美国采取军事行动的门槛都是不确定的，包括使用核武器方面也是如此。这种不确定性让敌方驻足不前，从而让美国政府拥有更多的行动自由。

不过，再次强调，许多欺骗的策划目的，特别是在军事行动中策划欺骗的目的，通常都是与上述目的相反的：**不让**敌方感到不确定和疑惑。问题在于，人们几乎无法预测敌方据此做出的行动会是什么。在这些态势中，目的就是产生一个可以预测的结果。

七、重视细节和时机

在成功的欺骗行动中，人们在每个环节都会极度小心，处处留意细节。如果行骗者无法妥善处理所有细节，欺骗就会暴露。第 1 章介绍过的、在本书中反复讨论的印度核试验欺骗行动尤其值得关注，原因就是他们极度谨慎地瞒住了试验场的准备工作。再举一个极端相反的例子，1990年利比亚发动欺骗行动，布设有关拉布塔发生火灾的故事，简直就是敷衍了事。

在针对网络情报、图像情报和测量与特征情报等技术搜集渠道发动欺骗时，在实施过程中重视细节的做法显得尤为重要，原因就是这些渠道非常复杂。图像情报和测量与特征情报的传感器已经变得更加灵敏，分辨率也在稳步提高。针对这些渠道开展欺骗，需要经受比此前几十年更严密的审查。例如，坦克和导弹发射器的模型在近距离观察时必须看起来像真的一样，这样才能骗过现在使用的图像传感器。

在执行欺骗时，时间是一项关键要素。行骗者必须考虑决策速度。有时，最好能够选定欺骗性信息送抵敌方的时机，这样敌方只能根据不完整的信息，仓促做出决策。应当尽量缩短留给敌方的时间，以防敌方识破欺骗。第 6 章讨论的分支点想定，可以有效解决执行过程中的时机选择问题。关注细节，巧妙选择时机，这就是“阿尔戈”欺骗行动成功的关键。

再谈“阿尔戈行动”

第 5 章介绍的“阿尔戈”欺骗行动，让 6 名美国使馆雇员得以逃离伊朗。这是一次高风险行动，它成功的原因是重视非常微小的细节，以及巧妙选择时机。

掩护故事里和机票上显示的 6 名电影公司高管从中国香港抵达德黑兰的时间，与真正营救小队从苏黎世抵达当地的时间，几乎就在同一个小时之内。因此，从这两个航班下机的乘客，都是由同一班移民官员处理的。这样一来，营救小队成员就可以复制自己护照上所盖的伊朗入境章，用来制作盖有相同入境章的假护照，供上述 6 人使用。如果营救小队使用的入境章来自当天没有值班的工作人员，他们就有可能被识破，并搞砸整个行动。从某种程度上讲，此次欺骗行动正是阐释如何重视此类细节的典范。举例来说：

- 在复核这些文件时，一名加拿大使馆官员发现签证日期有误：伊朗历新年不是从 1 月 1 日开始，而是从春分开始。这个中情局营救小队带有备用护照，所以能够盖上日期正确的签证章。
- 在洛杉矶有庞大的支援力量：美国人在日落大道设立六号工作室的办事处，并配备了化妆师、电影制片人和接待员；在洛杉矶一家夜总会举行电影派对；在好莱坞各大杂志上刊登广告；而且还印了假名片。
- 营救小队抵达德黑兰时，随身携带分镜头草稿和原画，可以用来向伊朗人展示。
- 在离境当天之前，营救小队对 6 名使馆雇员进行严格的审讯模拟练习，以防他们中有人在机场被扣留盘问。

营救小队选择的出发时机也很巧妙。瑞士航空公司的班机早上 7 时 30 分飞离德黑兰。营救小队凌晨 5 时抵达机场，当时机场相对比较安静，把守登机口的官员们昏昏欲睡，革命卫队的大部分人员也都在家里睡觉。2012 年，人们拍摄了一部关于此次营救的电影，名为《逃离德黑兰》，这部电影将瑞航航班起飞的情况拍成了激动人心的场面：革命卫队沿着跑道一路追赶即将离去的飞机。这种刻画纯粹是好莱坞式的。因为策划非常精心，所以实际逃离时一路平安无事。

八、管理不断变化的想定

执行过程的最后一步，是对敌方 OODA 循环中浮现的事件做出回应。执行欺骗行动的人员必须寻找并监视那些重要指标，因为它们能够表明哪种想定或想定组合确实发生了。正如巴布森商学院教授利亚姆·费伊（Liam Fahey）所指出的那样，这种指标能够提供重要见解，让人确定哪些想定**没有**发生。[1]

开宗明义，这意味着情报团队必须识别出反馈渠道。必须要有一个渠道，用以确认欺骗信息是否已经送抵预定目标（决策者）。可能还需要一个渠道，用以识别目标基于该信息正在采取的行动。反馈可以让我们确认欺骗计划是否被敌方所相信，以及更重要的，敌方是否据此采取行动。戈德森和沃茨对它描述如下：

> 成功的拒止与欺骗行动得益于反馈机制，因为这种机制可以搜集关于目标行为的数据。目标如何解读收到的数据？查明此事才是重中之重。欺骗行动就是一个动态的整体：掩护故事、通信渠道和具体举措等都需要微调，才能善加利用那些不可预见的机会或问题。知悉一个欺骗行动即将成功，这对实现宏大战略目的也是极其重要的。如果目标并未"上钩"，但却开始基于欺骗开展行动，那便是鲁莽之举。再者，如果最初发动的欺骗计划失败，反馈机制可以启动备用的拒止与欺骗行动。[2]

[1] 原注：Liam Fahey, *Competitors* (New York: Wiley, 1999), 415.

[2] 原注：Roy Godson and James J. Wirtz, "Strategic Denial and Deception," *International Journal of Intelligence and CounterIntelligence* 13 (2000): 427.

这项监视工作包括观察趋势。例如，情报团队可以监视人口趋势和经济趋势，或是恐怖分子小队数量减少的情况。政治或经济分析人员会研究敌方所提的问题，以及敌方在谈判中所持的立场。军事情报分析人员会监视部队动向和监听无线电通信，以获取相关迹象，判断哪种想定正在发生。

这种指标可以说明事件正在朝某个特定想定的方向发展。[1] 它们可以提供判断方法，用以确认哪些选项应当成为下一个决策集的关注重点。具体而言，它们有助于确定应当为哪些结果做准备（这可能需要动用部分国家权力工具），以及哪些可能的结果可以忽略不计。

美国情报界已形成一种官方方法论来监视这些指标——它们被其称为“指示变化的指标或路标”。据中情局《情报技能手册》介绍，这种方法论可以“定期审查清单上的观察事件或趋势，以跟踪事件、监视目标、发现新趋势，以及预警意外变化”。[2] 它需要分析人员识别出观察事件，并将其列入清单，因为这些事件可以说明某个特定想定更有可能或更不可能发生。它需要分析人员根据收到的情报，定期审查所有清单（每个想定一个清单）。它还需要分析人员选择看似最有可能出现的那个想定——最好就是理想结果想定。

再谈“肉糜行动”

第 2 章介绍了英国在“肉糜行动”中成功使用欺骗的情况，英国的目的是在 1943 年发动进攻之前，将德军部队从西西里岛引开。英国有两个渠道可以掌握相关指标，以此知悉行动是否成功。一个渠道确认称，

[1] 原注：Andrew Sleigh, ed., *Project Insight* (Farnborough, UK: Centre for Defence Analysis, Defence Evaluation and Research Agency, 1996), 13.

[2] 原注：CIA, *A Tradecraft Primer: Structured Analytic Techniques for Improving Intelligence Analysis* (Washington, DC: Author, 2009), 12.

该信息已被送抵预定目标；而另一个渠道确认称，该信息已被敌方采信并据此采取行动：

- 西班牙海军内部的一名英国特工报告称，马丁少校尸体上的文件已被拆封、复制和重新密封，然后才被交还给英国驻马德里使馆，并称德国已经收到这些文件的副本。
- 1943 年 5 月 12 日，“超级”截获的内容证实，德国情报机构已经相信这些文件都是真的，并确定撒丁岛和希腊才是进攻目标。[1]

很少有欺骗像“肉糜行动”那样，拥有绝佳的可用渠道来监视相关指标。更加常见的情况是，监视这些指标时必须依靠间接证据，比如部队动向或公开声明。

[1] 原注：Thaddeus Holt, *The Deceivers: Allied Military Deception in the Second World War* (New York: Skyhorse Publishing, 2007), 378.

[第 10 章]

准备反欺骗

前面的章节介绍了如何策划和实施欺骗。它们提供了必要的背景，供人了解如何发现有人针对你方实施欺骗。因此，本章讨论面向的读者是情报团队，大多数情况下他们的工作就是识别欺骗。

> 爱德华·华尔兹（Edward Waltz）称，反欺骗的目的是寻找答案，回答两个根本性的、高度相互依存的问题。关于第一个问题，反欺骗必须使分析人员和决策者有可能通过欺骗，洞悉敌方真实的能力和意图。换言之，就是让他们有可能回答“什么才是真的”这个问题。同时，分析人员和决策者还必须确定敌方试图让自己相信的到底是什么，以便思考第二个问题：敌方希望你方做什么？[1]

用以侦测欺骗的操作程序相对比较容易掌握。真正的挑战在于建立一个情报驱动的框架，用这个框架把你方 OODA 循环中所有参与者都组织

[1] 原注：M. Bennett and E. Waltz, *Counterdeception: Principles and Applications for National Security* (Boston: Artech House, 2007), 143.

起来，从而提供欺骗预警，回答华尔兹提出的问题。本章介绍了一种可以实现上述目的的方法论。

需要完成三个步骤才能做到反欺骗。其中两个是前提条件，换言之，必须在欺骗发生**之前**做到。第一步是提前评估弱点，也就是识别你方哪些渠道在面对欺骗时存在弱点，它们通常是你方 OODA 循环中那些已被敌方熟知的要素。然后就是第二步，不间断地评估可能的威胁。要想完成这两项任务，就需要遵循下面几项反欺骗原则（当然，它们在实施欺骗行动时同样重要）：

- **了解自己**。全面了解己方在分析和决策过程中存在的认知弱点。
- **了解己方渠道**。了解己方情报搜集科目，也就是了解它们的能力、局限和面对欺骗时的弱点。
- **了解己方决策者**。
- **了解己方态势**。
- **了解敌方**。了解并考虑敌方的手段、动机和文化。

识别出特定威胁之后，就可以执行第三步：当欺骗出现时，使用你方所有渠道把它识别出来。接下来，本章将介绍如何以最优方式执行前两步。第 11 章将讨论第三步。

一、评估弱点

前面的章节已经明确指出，如果不能评估敌方 OODA 循环，欺骗就不太可能成功。敌方也面临同样的问题。如果敌方不能评估你方 OODA 循环，他们就不太可能尝试发动欺骗。如果他们硬要尝试发动欺骗，也将轻易遭到识别和反制。

因此，必须了解你方 OODA 循环到底是什么，并使其变得牢固而且安全。这样做的部分原因是安全考虑：保护情报源和手段，也就是 OODA 循环中的观察和判断环节。但事实上需要的远远不止这些。决策和行动环节也必须尽可能确保安全，然而这是很难做到的。我们先来讨论观察过程。

（一）观察（搜集）

当搜集变得过于可以预测，而且敌方已经了解该循环观察环节的时候，反制拒止与欺骗的手段就要停用了。如果敌方了解你方搜集过程，他们就可以挫败这个过程，正如本书诸多案例所阐释的那样。人们倾向于认为，图像情报和通信情报在面对欺骗时弱点较少。但是，只要敌方足够了解搜集系统，反制图像情报和通信情报的欺骗就可以成功。欺骗的效果就是搜集活动可预测性的直接反映。所以，第一道防线就是让所有潜在敌方都对你方搜集渠道感到不确定。

如何才能做到这一点？应当在一切可能的情况下，使用欺骗来保护你方搜集渠道。军事战术专家声称，对付坦克的最优武器就是另一辆坦克，而对付潜艇的最优武器就是另一艘潜艇。同理，对付欺骗的最优武器，就是在你方情报能力这个问题上误导或迷惑敌方。在第 3 章讨论的 1972 年苏联采购小麦案例中，欺骗之所以成功，是因为苏联知道美国只有一个渠道用来搜集农作物情报（即美国农业专员的人力情报），而苏联又控制了那个渠道。后来，美国意识到自己在面对此类欺骗时存在弱点，于是建立起备选渠道。随后，陆地卫星和其他情报源开始提供卫星图像，它作为备选渠道，可以更加准确地估算农作物产量。自 1972 年起，再次实施此类欺骗的做法就不太可能取得成功。第 3 章还详细介绍了英国曾经发动的大规模欺骗行动，其目的是保护“超级”这个通信情报渠道不被发现。请回想一下，英国在使用“超级”提供的任何情报之前，都会让德国以为这些情报是从非通信渠道搜集的——这些渠道有的是真实存在的，有的则是虚构出来的。第1章介绍的印度核试验欺骗行动，却阐释了相反的情况：那次欺骗行动之所以成功，是因为美国试图阻止一场尚处于早期阶段的试验，于是向印度共享了自己高空成像能力的细节和成像后的分析结果。印度掌握了这一情况，加之了解到美国对于监视弹道导弹试验的重视程度，于是发动了一次近乎完美的欺骗活动。

发生在越南战争时期的“白色冰屋”案例，介绍了欺骗是如何在战术层面发挥作用的，同时也介绍了当敌方过于了解你方搜集传感器时，防御性欺骗是如何发挥作用的。

技术欺骗：“白色冰屋”

越南战争期间，北越通过一个由小道和公路组成的、贯穿老挝的网络，为在南越活动的己方部队提供补给，它被称为胡志明小道（Ho Chi Minh Trail）。美国力求破坏这条补给线路，在这期间实施了“白色冰屋行动”（Operation Igloo White）。1967—1972年，美国飞机在这条小道的多处地段投放了2万多个电池动力的传感器：有的悬挂树上，可以探测人声或卡车引擎的声音；有的坠地后埋于地下，并且外观被设计成植物模样，可以探测人的尿液，或是脚步及车辆造成的地震扰动。

这些传感器通过空中的中继飞机，将读数传至位于泰国的一个控制中心。这样，跟踪胡志明小道沿线部队和装备动向的监视设备，就可以显示出这些读数。随后，该中心将这些活动数据传给在该地区实施空袭的美军飞机，以攻击敌军部队。[1] 起初，这项行动是成功的，它让北越

[1] 原注：Brian Bergstein, “The Problem with Our Data Obsession,” *MIT Technology Review*, February 20, 2013, http://www.technologyreview.com/review/511176/the-problem-with-our-data-obsession/.

的卡车和补给遭到破坏，损失惨重。

然而成功是短暂的，并最终化为泡影，原因是一场有效的反欺骗行动。随着时间的推移，北越找到大量传感器，然后开展分析，识别用途，找到反制对策。学会如何应对之后，北越士兵开始在尿液传感器附近投放成袋的尿液，在声学传感器附近播放卡车发动机的录音。其结果是，事后调查发现，美军的许多攻击都命中了空旷的丛林。

事后反思，这个搜集计划存在一个巨大的漏洞，可以为北越所利用，他们也确实利用了。他们可以轻易获得在这条小道上使用的所有传感器的样品，并可以轻易评估出传感器的工作原理。这项工作完成之后，发动欺骗便再无难度可言。此事很好地阐释了以下原理：了解敌方渠道，可令欺骗行动变得相对容易展开。美国“钢鹰”（Steel Eagle）设备等现代化空投传感器，虽说仍然可以轻易获得，但却更加难以被欺骗，因为这种新式传感器的分辨率很高，而且还能侦测出音频特征中的微小细节。

（二）判断（分析）

判断，亦即分析，是你方最有可能识破欺骗的环节。有这样一条简单的戒律：所有可用渠道，在分析环节中都必须接受交叉验证。敌方有可能欺骗一个渠道，但很难同时欺骗所有渠道并提供一个内容连贯的故事。

不存在侦测欺骗的“最优”渠道。众所周知，任何搜集机构都存在这样一种倾向：高估并且优先采信己方渠道，而非其他渠道。[1] 搜集人员自然而然便会这样做。但在反欺骗工作中，情报团队必须帮助防范这种认知。诚然，某些渠道（具体而言，即人力情报和开源情报）用于布设欺骗

[1] 原注：William R. Harris, “Counter-Deception Planning,” in *The Art and Science of Military Deception*, ed. Hy Rothstein and Barton Whaley (Boston: Artech House, 2013), 566.

的频率高于其他渠道，同时也是侦测欺骗的常用渠道，但关注的重点必须保持广泛。

不存在“安全”渠道，也就是考虑欺骗存在的可能性时可以排除的渠道。例如，一方的密码分析人员可能会破解敌方的加密系统，并认为该渠道生成的情报都是有效的。但事实上，加密通信曾多次被用来实施欺骗，前提是一方有理由相信敌方已经破解己方的密码系统。我们回顾一下第 3 章介绍的保护“超级”的欺骗行动，当时英国已经用尽一切可以用来开展欺骗的备选渠道，另外请记住，他们还虚构出一名并不存在的间谍作为情报源。本书在该案例和第 7 章中指出，英国向德国证实这名间谍真实存在的手段是通信情报，也就是使用无线电给他发出一封表扬信，并在信中使用已确认遭德国破译的密码。正如第 7 章介绍的那样，在整个二战期间，英国成功地对日本使用了同样的手段。今天，在网络领域，同样的概念也被用来开展网络欺骗，在此过程中，由计算机网络利用活动生成的情报产品看起来似乎是真实的，但正如第 8 章所述，它其实是诱饵系统的产物。

分析是一个团队过程，只要整个网络具备相互协作的特性，它就会得到极大的增强。这意味着分析人员、搜集人员、行动执行人员、领导及其顾问等都必须共同努力，以识别欺骗。严格来讲，应当由分析人员负责建立这种关系，因为他与该网络的所有组成部分都有关系。在威胁真正形成之前，必须建立和培养这种关系。

尤其是在分析人员和搜集人员之间，必须存在一个高效反馈系统。这种关系必须是双向起作用的。搜集人员必须能够清楚地看到自己的报告是如何用于最终分析产品中的，必须有机会发表意见。

搜集人员还应当能够轻易共享自己发现的虚假信号，但这在大型情报组织中通常是无法实现的。人们自然倾向于将这些材料交给反情报部门并将其隔离，而不是与全源分析人员共享；然而全源分析人员拥有其他渠道的访问权限，本来更有可能识别出欺骗。

另外还要注意通过这些渠道的信息流的速度，并尽可能缩短这一过程，方法是利用（分析人员）与搜集人员和决策者之间的密切关系。有些渠道的运行速度必然慢于其他渠道。图像情报可以提供实时报告。秘密线人可能只能定期提供报告。搜集机构通常希望先分析所搜集的材料，然后才会发布这些材料。这样做自有其正当理由，但结果就是你方 OODA 循环的运行速度慢于敌方，这样一来，急需的欺骗警告送抵决策者时，早已为时过晚。一个优秀的行骗者会选择信息送抵的时间，以达成这样的目的，正如同盟国在"水银行动"中那样，当时特工嘉宝向其上级发送紧急消息，称针对诺曼底的进攻迫在眉睫，但发送时间却是进攻的前一天。

高效网络的一项重要因素，就是它的每个组成部分都有优秀的人员。在与当前敌方打交道方面拥有长期经验的人员是最为急需的。事实证明，搜集人员和分析人员与苏联打交道的经验，在识别导致古巴导弹危机欺骗时居功至伟。

再谈古巴导弹危机

第 3 章概述了苏联为支持在古巴部署战略弹道导弹的活动，在发动欺骗时所做的一切正确部署。然而，此次欺骗行动并非完美，其中存在一些不一致性，某一项还造成此次欺骗行动曝光：

- 苏联使用"波尔塔瓦"号（Poltava）货轮运载导弹。一些美国专家猜测，该船可能运有弹道导弹，因为苏联经常使用"波尔塔瓦"号等大舱口舰船运送此类导弹。
- 苏联当时并不是汽车出口国。但船长们接到的命令却是，如果船只发生机械故障，如有船只主动提供救援，都要告诉对方自己此行是出口汽车。虽然这种情况并没有发生，但此事原本可以轻易泄密，告诉分析人员有什么地方是不对劲的。

- 在古巴，苏联导弹部队开始部署的时候，使用的正是他们在苏联使用的标准操作程序。这样一来，他们便生成了特有的图像特征，迅速引起美国情报机构的注意。1962年9月，图像分析人员发现，古巴地对空导弹基地的部署模式，类似苏联用来保护其弹道导弹基地的模式。美国因此恢复了一度暂停的侦察飞行。10月14日，一架U-2飞机在古巴圣克里斯托瓦尔发现SS-4导弹装置，引发了古巴导弹危机。[1]

最后应当谨记，决策者也是这个网络的组成部分。通常，有些渠道存在于可被用以传递欺骗性情报的情报组织之外。通常它们是与行动团队及领导人存在交集的渠道。但它们通常都是不可用的，除非分析人员肯投入一些努力让它们变得可用。需要重申的是，搜集人员、行动执行人员、领导人、领导人顾问和决策者等，都必须能够访问通过所有渠道发来的信息，哪怕是有可能携带欺骗性信息的渠道。

关于判断环节还有最后一个注意事项，那就是存在这样一种严重的认知漏洞：意识到可能存在欺骗。中情局退休情报分析人员兼作家理查兹·霍耶尔（Richards Heuer）注意到这个悖论：我们对欺骗越是警惕，就越有可能被欺骗。霍耶尔解释，我们对欺骗的敏感程度，会影响我们对新信息的开放程度。[2] 当我们对某种给定态势已有某种既定信念，而新的证

[1] 原注：James H. Hansen, "Soviet Deception in the Cuban Missile Crisis," *CIA: Studies in Intelligence* 46, no. 1 (2002), http://www.cia.gov/csi/studies/vol46no1/article06.html.

[2] 原注：Richards J. Heuer Jr., "Cognitive Factors in Deception and Counterdeception," *Multidisciplinary Perspectives in Military Deception* (May 1980): 45–101.

据又在挑战这种信念时，我们会自然倾向于找出一些理由来否定这些新证据。为什么行骗者特别喜欢选定欺骗性信息的送抵时间，好让敌方只能根据不完整的信息，迅速做出糟糕的决策？这就是原因之一。应当尽量缩短留给敌方的时间，这样敌方便无法识破欺骗。因此，在反欺骗中，不论信息是使用哪种渠道发来的，只要是刚好赶在必须做出决策的时点之前发来的，它就特别值得怀疑。如此便产生下面这个关于新信息的难题：

- 这可能是蓄意欺骗的结果；
- 这可能是说明现有信念是欺骗结果的第一个信号。

解决这个难题和霍耶尔悖论的方法，就是遵循评估原始情报的一项基本原则：当新证据与已知证据不符或相互矛盾的时候，应当将其看作信号，提醒人们需要重新仔细评估**所有**证据——而不仅仅是新材料。第 11 章将介绍这项工作的标准流程。

（三）决策和行动（决策者）

在探讨面对欺骗时存在的弱点时，在 OODA 循环中，弱点最多的历来都是决策和行动两个环节。毕竟，敌方针对的目标正是决策者。如果敌方能够操纵渠道，如果情报团队与决策者之间的关系没有发展到应有的程度，欺骗成功的可能性就要增加许多。

兰德公司前高级职员兼反欺骗部门主管威廉·哈里斯（William Harris）指出："位高权重者必须承认，有大量机会能让他们沦为受害者。只有到了那时，他们才会共享关于高级别谈判的信息。"[1] 要做到这一点是非常困难的。决策者（国家领导人和军方指挥官）通常更喜欢接收信息，而不是共享信息。之所以他们有时会相信某件事情，是因为他们希望事情应当如此。出于这个原因，希特勒、斯大林和萨达姆·侯赛因等独裁者

[1] 原注：Harris, "Counter-Deception Planning," 565.

很容易被骗。有时，国家领导人在面对突然性时束手无策的原因，其实是他们根本不想面对爆发战争的可能性。斯大林在面对德国即将于1941年发动进攻的情报时，他其实并不希望开战。内维尔·张伯伦（Neville Chamberlain）希望相信的说法是，希特勒能够满足于1938年占领捷克斯洛伐克的部分领土。1982年马岛危机期间，英国领导人并不希望面对战争爆发这种后果，因此虽然越来越多的证据称敌方进攻迫近，但他们却并不相信。

幸运的情报团队不必和这种领导人打交道。不幸的团队至少应当做好准备，迎接即将到来的欺骗。但是，如果敌方并不确定你方领导人面对故事时很可能会做出哪项决策，就会迟疑不前，不去发动欺骗行动。决策者通常需要帮助才能明白这一点。

在这里，评估弱点需要做的，是一些情报课程上通常不会讲授的事情：评估己方领导人。请回顾第4章关于评估敌方领导人的观点。在反欺骗中，你必须从敌方角度看待自己的领导人。

拥有完全理性决策者的一方，已经立于不败之地。如果情况更好一些，决策者会使用第1章介绍的三十六计。如果领导人的决策看起来是不可预测的，就会是一把双刃剑：或许会给己方行动造成困难，但也会给敌方欺骗策划人员带来一场浩劫。

在抵御欺骗时，前面介绍过的、与已知结论矛盾的新情报所造成的问题有可能得到缓解，也可能变得更加严重，这都取决于决策者。必须说服决策者不要过快做出反应，而是应当等待后续分析，以验证是否存在欺骗。因为之前情报团队已经建立起与决策者之间的关系，所以这时的工作就容易多了——尽管其实一点儿也不容易。必须在敌方OODA循环中运行，这样才能在欺骗出现时识别欺骗，这时就需要在速度与准确性之间做出权衡。

二、评估威胁

在支持欺骗时，情报机构有责任了解敌方开展观察和判断的能力。（出于同样的原因，）它也有责任建立可以共享的态势认知，以了解敌方发动欺骗行动的能力和（或）意图，有责任识别敌方在战略或行动层面的欺骗计划。这首先要从最广义的评估威胁开始做起，第一件事就是评估态势。

应当承认，欺骗的威胁可以来自敌国、盟国或中立大国。例如，印度在核试验之前发动的欺骗，就是印度在两国关系相当友好的情况下针对美国开展的。因此，本章使用“敌方”（adversary）或“对方”（opponent）等术语时，指的是有可能使用欺骗来打击你方利益的、包括中立方和盟友在内的一切势力。

（一）评估态势

要警惕那些表明态势已经成熟，可以开展欺骗的信号。这些信号包括世界各地的高风险态势、事件或事态发展，它们可以威胁安全，也可以为敌方提供机会。它们是：

- 参与方之间的不对称实力关系（在这些态势中，欺骗往往是可以扳回局面的利器）。
- 在敌国、中立国或盟国国内，在领导人、动机、政治目的、军事学说或技术方面发生的变化（例如，2014 年乌克兰领导人更迭，总统维克托·亚努科维奇被赶下台。此后，才发生了普京占领克里米亚的事件）。
- 出现突然情况和风险的可能性，它们是高风险—高收益战略的组成部分（例如，古巴导弹危机欺骗行动）。

（二）评估敌方的历史、能力和动机

当态势成熟，足以供某个特定敌方开展欺骗时，分析努力就应该集中在这个个人或组织身上。这便需要回答以下问题：敌方理想的最终想定是什么？他们想要什么？他们害怕什么？如果情报团队能够评估敌方某个或某些理想结果想定，就有可能识别出可以指示欺骗的早期预警指标。这些指标是可以被人设定或控制的，目的正是支持欺骗侦测。

敌方是否有过开展欺骗的既往历史？如果是，是哪一种？敌方偏好使用过去行之有效的方法。请谨记，一个计谋不会因为太过古老而变得无效或不会出现。电影《骗中骗》中的赌局诡计就很古老，但它至今仍然有效，只是设定有所更新。庞氏骗局等信任骗术也都非常古老，但仍然能从人们手里把钱骗走。因此，接下来，请思考以下问题：

- 当前环境是否符合过去欺骗出现前的（环境）模式？
- 如果不是，是否还有其他历史先例？
- 如果不是，是否发生某些变化，可用以解释为何这次要使用某个特定类型的欺骗？

从这些问题的答案开始逆向运行，就可以识别出那些可能出现欺骗的态势。第 6 章介绍的“活页文件夹”欺骗行动仍有后人效仿。一名俄罗斯人正是通过上述做法，识别出一次可能的欺骗行动。俄罗斯有些不太走运，因为此人的同僚忽视了他的建议。

再谈“活页文件夹”欺骗行动

“文件活页夹”欺骗行动介绍了如何使用装有窃听器的活页夹，识别出叶夫根尼·布里亚科夫正是俄罗斯间谍的。联邦调查局在办理布里亚科夫案件时，再次发动欺骗行动，通过一次间谍活动来设计陷害他。他

们招募到大西洋城的一个商人，让此人找上布里亚科夫，并建议称自己有一个从事博彩业的客户，想在俄罗斯开设赌场。[1]

如第 6 章所述，俄罗斯情报人员对主动与之接触的人持怀疑态度，他们更喜欢主动接触对方，这样做的原因可能是过去与美英情报机构打交道的经验。布里亚科夫的上线斯波雷舍夫告诉他说，这次接触看起来像是“某种圈套，某种陷阱”。[2]

这是个明智的建议，但布里亚科夫显然没有理会，于是落入陷阱。应布里亚科夫的要求，这个商人向他提供标有“财政部内部专用”（Internal Treasury Use Only）和“仅限官方使用”（For Official Use Only）的政府文件。这些文件后来被用来判定布里亚科夫有罪。[3]

（三）评估敌方对你方 OODA 循环的了解程度

和欺骗一样，反欺骗通常也是一个管理网络的过程，需要深入了解敌方是如何看待你方的，也就是需要使用第 2 章介绍的 OODA 循环第三视角来看待问题。这是自反视角，即识别出敌方对可开发渠道（即你方平台和传感器等）的了解情况。你方情报团队也必须了解敌方是如何看待你方决策过程的。最后，潜在行骗者的局限和能力是什么？他们很可能无法察觉的渠道都有哪些？他们所获得的误导信息，又是关于哪些渠道的能力的？这些渠道的存在，通常正是你方发动欺骗所造成的，正如本章开头“评估弱点”一节所述的那样。

[1] 原注：Garrett M. Graff, “The Spy Who Added Me on LinkedIn,” *BloombergBusinessweek*, November 15, 2016, http://www.bloomberg.com/news/articles/2016-11-15/the-spy-who-added-me-on-linkedin.

[2] 原注：同上。

[3] 原注：同上。

前面讲到的原理和环节都是准备工作，这样一来，当敌方故事材料进入你方渠道之后，你们就可以应对该项欺骗行动了。对你方情报网络来说，应当特别警惕以下几种态势中的欺骗行动：

- 潜在行骗者有过开展欺骗行动的历史；
- 关键信息是在关键时刻接收的，或是情报源诚意存疑；
- 开展分析时，依靠的是独家关键信息或报告；
- 新信息需要分析人员改变一项关键的假设或判断；
- 接收的新信息将导致决策者花费或转移大量资源；
- 潜在行骗者可能掌握一个反馈渠道，能够验证欺骗行动是否成功。

[第 11 章]

识别欺骗

侦测的准备工作完成之后，下一个任务就是识别欺骗何时实际发生，其实就是监视你方渠道，以便查找相关指标。另外，它还需要某种管理渠道的计划。

一、通过渠道管理侦测欺骗

第 9 章讨论了在执行欺骗时，应当如何管理渠道。同样的渠道管理框架，也可用来识别所搜集信息中的异常或不一致性，因为它们可以指出敌方实施了欺骗。这意味着仍然需要针对你方和敌方组织，开展传感器绘图的初始环节，目的是针对双方之间的现有渠道建立图景，如图 11-1 所示（为了方便起见，这里直接复制图 9-2）。

管理渠道时，最困难的可能就是图 11-1 中“其他”所代表的部分。它包括所有非情报渠道，这些渠道通常是行动部门通过联络进行管理的，或者直接对接你方领导人。

我们将讨论一个非常简单的案例，以介绍如何使用渠道来侦测欺骗。

第 9 章介绍了一个使用渠道来发动欺骗的案例，主题是一次即将发生的两栖攻击。此次进攻预计会发生在 X 海滩或 Y 海滩。

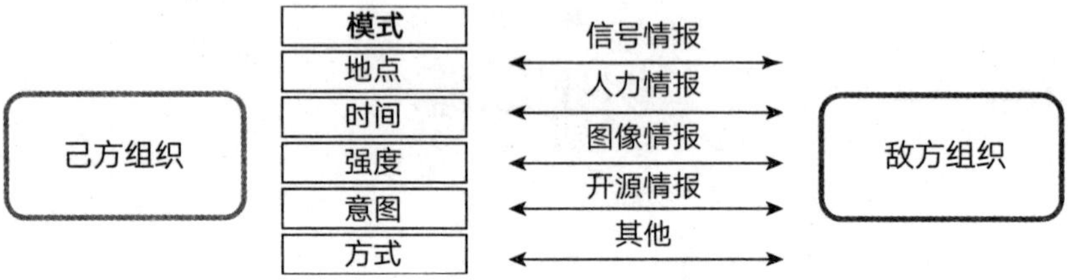

图 11-1　用于侦测欺骗的渠道管理活动

任务：评估敌方将在 X 海滩还是在 Y 海滩发动两栖攻击。

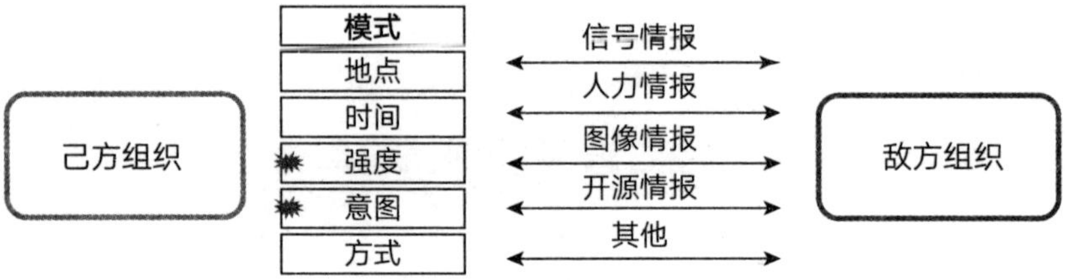

1. 与进攻 Y（的选项）比对后，是否发现报告中存在异常一致性？

是的，关于 Y 附近军力部署的人力情报报告有所增加，同时信号情报截获情况也与人力情报的内容存在异常相关性。

2. 在与进攻 X 比对后，是否发现报告中存在异常一致性？

否。

3. 在与进攻 Y 比对后，是否发现报告中存在异常不一致性？

否。

4. 在与进攻 X 比对后，是否发现报告中存在异常不一致性？

是的，关于意图：测量与特征情报显示，相比 Y 海滩（的选项），X 海滩附近的潜艇声呐活动有所增加。

图 11-2　侦测欺骗

与布设欺骗相反，在反欺骗中，情报团队的任务是关注输入渠道，而不是影响输出渠道。也就是说，必须验证输入信息，在地点、时间、强度、意图、方式或其不同组合等指标中，识别异常一致性或不一致性。图11-2（见上页）仍然使用同一个两栖攻击的案例，但这里是从侦测欺骗的角度出发建立框架。图中注释说明了在关于该次进攻的报告中，存在一些异常一致性或不一致性，进而表明存在欺骗故事，故事称进攻将发生在 Y 海滩，但事实上 X 海滩才是真正的目标。

为了阐释这种做法在实践中是如何发挥作用的，我们将从反欺骗的角度出发，再次讨论拉布塔欺骗行动。

拉布塔反欺骗行动

第 9 章介绍了拉布塔化学武器工厂的欺骗与反欺骗 OODA 循环。拉布塔案例说明，侦测欺骗时，必须使用尽可能多的渠道：除传统的开源情报和人力情报渠道外，还有通信情报和图像情报等渠道和技术渠道。这些渠道中存在大量不一致性，如下文所述。

20 世纪 80 年代中期，卫星和高空侦察飞机提供了跟踪拉布塔施工进度的图像。到了 1988 年，图像显示这个占地数英亩的设施已接近完工。然而，以制药厂的标准来看，这座工厂大得有些反常，而且周围还有高耸的围栏和 40 英尺（约 12 米）的沙石护岸——对于一座普通的化工厂而言，安全措施似乎有些过度了。此外，这家“制药厂”在引进外籍劳工时，实施了严苛的安保措施，非常可疑。

由于生产设施完全封闭在一个类似仓库的结构里，高空摄影无法拍到内部的加工设备。不过这座工厂的空气过滤系统过于庞大，表明存在生产有毒化学品的意图。

西方国家因为高空图像而开始疑心，此后便设法在拉布塔工厂中，在来自欧洲、亚洲和中东国家的十多个外国技术雇员和建筑工人中，寻找新的线人。这些线人描述了工厂设备布局和原材料情况，提供了更多的线索，证明此地可能被用来开展化学武器生产。

情报分析人员评估认为，该建筑群包括一个大型化学制剂生产厂、一个存放化学武器的大楼和一个日本制钢所建造的金属加工厂。最后一个设施里还安装了日本制造的机床，官方用途是生产灌溉泵，但也可用于生产炮弹和储气罐。运往这座工厂的特种钢材可用来制造炸弹外壳，这一情况向美英情报机构发出提示：利比亚其实是在制造化学弹药。

美国还使用了人力情报（联络渠道）。联邦德国政府通过萨尔茨吉特公司获得拉布塔工厂的建筑蓝图。这些计划披露出一些反常特征，证明存在化学武器制剂的生产活动。德国政府的一份报告称："这份综合计划里有化工厂、金属加工厂和通常不会在制药设施中看到的安全设施（比如气密门窗、生产车间和控制室之间的气密墙、焚毁车间、管道上的防腐蚀涂层和逃生通道等）。由此人们可以得出结论，判定'150 药厂'就是一个化学武器工厂。"[1]

然而，直到 1988 年 8 月，中情局才获得更加确凿的证据，证明拉布塔工厂从事化学武器制剂的生产活动。叙利亚对该工厂的生产流程进行部分试运行，但在将剧毒废弃物转移到工厂外处置时，发生了意外泄漏事件。由此产生的浓烟导致工厂附近一群沙漠野狗死亡。它们的尸体被卫星发现，从而证明这座工厂正在生产具有战争级毒性的化学物质。

据报告，关于这座工厂用途的结论性证据，来自意外泄漏之后的通

[1] 原注：*Report Submitted by the Government of the Federal Republic of Germany to the German Bundestag on 15 February 1989 concerning the Possible Involvement of Germans in the Establishment of a Chemical Weapons Facility in Libya* (English version provided by the Embassy of the Federal Republic of Germany to the United States, 1989), p. 9.

信截获。惊慌失措的利比亚官员打电话给伊姆豪森化学公司，向负责这座工厂的设计人员寻求紧急建议。西方情报机构截获这段国际电话通话。《时代》杂志报道称："利比亚官员手忙脚乱地咨询建议，想要清理和维修这座工厂，因此他们与伊姆豪森化学公司的人员进行长时间通话。这些通话明确证实，这家西德公司的雇员和利比亚人一样，都很清楚这座工厂是用来生产有毒气体的。"[1]

在管理渠道时，情报分析人员必须评估情报源、渠道本身和该渠道提供的证据。

二、评估来源

如第 7 章所述，渠道可以提供两类基本情报：文献类（采取的形式就是人们用来通信的形式）和非文献类（材料，通常是具有技术性质的材料，需要经过技术处理才能被人所理解）。正如下文所介绍的那样，二者的处理方式必然是不同的。

（一）文献情报源

许多欺骗都是以文献形式传递的，人力情报和开源情报是主要渠道。但通信情报和网络情报等渠道，也越来越多地被用来开展欺骗。在通信中，人们有可能会被提供虚假信息，又或者会互相说谎。因此，即使情报产品并非蓄意欺骗，但结果可能是一样的。请以这些参数为条件，思考以

[1] 原注：William R. Doerner, "On Second Thought," *Time*, January 23, 1989, 31.

下反欺骗的情报源评估戒律：

不能只看事物表面价值就轻易接受。应当仔细评估证据的来源，警惕情报源提供信息的动机。评估文献情报源，就是回答以下问题：

- 该情报源的能力是否足够（是否了解被提供的信息）？在一份原始情报报告中，人们不但会轻易认可该情报源的观察，而且会轻易认可该情报源的推论。应当经常提出如下问题：做出这个结论的依据是什么？如果没有令人满意的答案，就应当谨慎使用该情报源的结论，或者干脆不要使用。
- 该情报源是否拥有必要权限，足以访问该条信息？是直接访问还是间接访问？情报源访问权限的问题通常不会出现，因为人们假定他是拥有访问权限的。不过，当人们有理由怀疑该情报源的时候，就应当验证他是否可能并不拥有自称所拥有的访问权限。如果并不清楚该情报源是如何获得信息的，就应当对他提出怀疑。
- 该情报源是否存在既得利益或偏见？有些情报源可能会故意扭曲事实或提供虚假信息，因为他们希望影响政策，或提高自己在搜集人员眼中的价值。此外，报告并不包含谈话背景、语境和面部肢体表情等非语言细节，所以无法帮助做出判断。如果情报源没有经过可信伙伴的盘问，就应当对其保持怀疑。在本章稍后讨论的案例中，关于“弧线球”（Curveball）就伊拉克生物武器项目所作的报告，因为未能缩短报告链中的这个部分，所以产生严重后果。美国情报机构的官员无法直接审讯“弧线球”，无法在审讯期间观察他的举止。如果他们获准这样做了，也许就会对报告的有效性做出完全不同的结论。

在人力情报领域，这种做法被称为确定线人的“诚意”（bona fides）。即使处理的不是人力情报，这些问题也是必须要问的。这些问题非常有用，不仅在于可以识破国家支持或组织支持的欺骗行动，也在于可以识破个人（如“弧线球”）为达到自身目的进行欺骗的尝试。

1. 开源情报

开源情报必须接受非常仔细的审核和分析。必须完成两方面的常规审核，目的是检查：

- **准确性**。通常必须参照身份明确的有效情报源进行交叉验证，特别是参照现有成品情报（finished intelligence）。
- **可信性和真实性**。它们一直都是开源情报存在的问题。它们对网络材料而言更为重要，但也还有其他方法可以审核网络情报源：
  * 审核统一资源定位符（URL）。它是哪种类型的域名？例如，是 .com、.org、.edu、.gov、.mil，还是国家代码？
  * 通过审核，确认所提供材料来自适当的情报源。
  * 审核它是否确系个人主页。独立搜索作者姓名（有时姓名会嵌入网站源代码中）。
  * 审核主机服务器拥有者的身份及显示的所在位置。通过交叉验证，确认作者的真实位置是否位于服务器附近。
  * 查找哪些用户链接至这个网址。确认该网址是否已被列入可靠的网站目录。

请注意，不能通过有效性审核，并不意味着该信息是无用的。有效性存疑的材料，或许也具有情报价值。欺骗尝试可能无法通过有效性审核，但尝试本身可以透露许多关于敌方意图的信息。

2. 通信情报

和其他文献渠道一样，能否识别出针对通信情报开展的欺骗，这在很大程度上取决于是否了解己方 OODA 循环、是否了解敌方对该循环的看法和是否了解这两种认知之间的区别。例如，如果敌方知道你方已破解一套加密系统，或是知道你方正在检索某些关键字，那么基于这些渠道的情报就应该接受仔细的审核。从现在仍在使用的一键通（push-to-talk）无线电或高频通信中得出的通信情报，也应当接受仔细审核，因为此类通信是很容易被截获的。

如果能让最优秀的人才加入通信情报分析团队，那就如同团队成员在处理自己所负责目标方面拥有长期经验一样，局面都将大为改观。用以侦测通信情报中存在欺骗的线索通常都是细微的，但经验丰富的分析人员最擅长的就是发现这些不一致性，证明存在欺骗。

3. 人力情报

反人力情报的行动可以归入反间谍这个广义的范畴。该领域的欺骗和反欺骗是许多著作的主题。但在本书中，反间谍只是一笔带过。另外，本书也会涉及双重特工、“鼹鼠”和诱饵等内容。

（1）双重特工

进攻性反间谍的一个主要工具就是双重特工。双重特工可以是间谍，他们打入目标情报机构内部，成为该机构的雇员或特工；也可以是被策反的特工，他们或是被人识破，或是拒绝合作但遭受威胁（通常是被处决威胁）。在反间谍行动中，双重特工经常被用来传递假情报，或被用来识别其他特工身份。他们能否成功，取决于他们所针对的组织是否信任自己。而令其成为双重特工的组织，也会提供价值较低的真实信息，以此帮助他们建立这种信任关系。

通常，使用双重特工的目的是控制外国情报机构的行动。最著名的一个例子，就是古巴情报机构成功地发现中情局派驻古巴的特工，并将其策反为双重特工；在 20 世纪七八十年代，这批特工中的许多人（甚至可能是全部）可能都已被策反，成为双重特工。

（2）“鼹鼠”

令每个情报机构都深感恐惧的，是被称为“鼹鼠”的双重特工。他是备受信任的内奸，可以向敌方情报机构提供信息。再者，人力情报苦求不得的“圣杯”，就是打入外国情报机构内部，最好是在反情报部门工作的双重特工。第 6 章介绍的埃姆斯和汉森案例，阐释了这种“鼹鼠”可能造成的广泛破坏。

（3）诱饵

诱饵是看起来非常诱人、具备招募潜质的人员。此类人员会在刻意安排之下，出现在目标情报机构的面前，目的是让目标机构主动发起联系，并因此相信是自己发现、发展并招募到一名特工。如果目标机构“吞下”诱饵，接纳这名特工，那么诱饵的母机构或许就能够掌握目标机构部分官员的身份及弱点，以及该机构的搜集需求和间谍手段等情况。[1] 诱饵还被用来向招募他的组织传递虚假信息。

为了减少招到诱饵的可能性，大多数秘密机构都会进行某种形式的审核。这种审核主要是为了测试这名特工的真实性。一些国家使用测谎仪，询问这名特工的生活方式、联系方式、信息访问权限和既往历史等，在他的回答中寻找欺骗存在的迹象。其他许多国家仍然使用测谎仪出现之前的种种手段来进行审核。

关于人力情报的问题有：

- 判断该名情报源是否可靠的依据是什么？应当找到直接听取该名情报源汇报的人员，征求并听取他的意见。该名情报源是否存在弱点，

[1] 原注：John Ehrman, “What Are We Talking about When We Talk about Counterintelligence?” Center for the Study of Intelligence, *Studies in Intelligence* 53, no. 2 (2009): 18, https://www.cia.gov/library/center-for-the-study-of-intelligence/csi-publications/csi-studies/studies/vol53no2/towarda-theory-of-ci.html.

容易被潜在行骗者控制或操纵?

- 该名情报源的真实身份是否存在问题?可以使用身份情报(比如生物特征识别技术)来审核或认证他的身份。也可以使用生物数据(公共和私人记录)和行为数据(旅行、消费模式、互联网和其他通信活动)来审核该名情报源。
- 该名情报源提交报告的记录是否良好?有时,一个情报源的报告最初看似正确,但后来证明是错误的,并且此人似乎总是可以为这种前后差异提供无懈可击的解释,那就需要验证所有此类情况。在“水银行动”之前和期间,胡安·普霍尔·加西亚(嘉宝)之所以能够一再欺骗德国,就是因为他擅长解释这种前后差异的情况。

在识别人力情报中的欺骗时,有两个提醒事项是特别有用的:

- **避免过度依赖单一信息源**。1972 年美苏小麦交易中的欺骗活动得以成功,是因为美国只有一个信息源:农业联络人员。这说明不能完全依赖一个人所说的话。
- **不断寻找物证**(文件、图片、地址或一个可以验证的电话号码)。不过,如果存在怀疑的理由,就应当仔细研究证据的获得方式。有这样一种骗术,虽然长期使用,但却总能得逞,它被称为“背包诡计”(haversack ruse)。人们普遍认为“背包诡计”应当归功于英国上校理查德·迈纳茨哈根(Richard Meinertzhagen),虽然此计早在迈纳茨哈根之前便已有人使用。一战期间,在西奈—巴勒斯坦战役中,迈纳茨哈根让一个装有虚假英国作战计划的背包落入奥斯曼军方手中。这次欺骗活动的结果,是英军在贝尔谢巴—加沙战役中取得胜利。“背包诡计”在二战期间有多种变化,英军使用的正是其中之一。

反馈的重要性是在第 10 章强调的，它有可能成为人力情报中的一项挑战。2002 年，外界未能正确识别伊拉克大规模杀伤性武器项目的进度。在所有原因当中，很重要的一个就是虽然反馈如此重要，但并没有发生在搜集人员与分析人员之间。这个错误预测（miscall）在很大程度上导致后来美国情报界的重组。

关于伊拉克大规模杀伤性武器的错误预测

2002 年 10 月，应国会议员要求，美国国家情报委员会拟定一份《国家情报评估》，对伊拉克大规模杀伤性武器项目进行评估。这份评估中的许多关键结论都是错误的，原因是情报源的评估水平较低，另外还有整个网络内部沟通不畅，也就是反馈不足或缺失。

对于准备这份评估的分析人员而言，无论任何证据，只要可以支持伊拉克拥有这种武器和正在发展武器项目的说法，他们便全盘接受，另外他们还对指向其他分析方向的证据予以搪塞或置之不理。其中有两个证据水平极低：一个是某个关键线人对伊拉克生物武器项目所做的评估，另一个是人力情报和图像情报的情报源对伊拉克化学武器项目所做的评估。

在伊拉克生物武器这个问题上，相关结论过于依赖一个单一的情报源，即代号“弧线球”的伊拉克化学工程师。此人声称，伊拉克拥有多个可以生产生物武器制剂的机动装置。参照本章介绍的几个标准，“弧线球”提供的证据并不可信：

- **能力**。“弧线球”被不同人士描述为酗酒、不稳定、难以管理和“失控”，另外他所表现出的行为，正是典型捏造事实者的行为。[1]
- **访问**。没有证据证明他进过生物武器实验室。确凿的证据只能证

[1] 原注：*Report of the Commission on the Intelligence Capabilities of the United States Regarding Weapons of Mass Destruction*, March 31, 2005, 91, 97.

明“弧线球”去过某个特定地点，但无法证明他对那里进行的生物武器活动有任何的了解。[1]

- **既得利益或偏见**。“弧线球”有动机去提供令人感兴趣的情报，他的目的是获得移居援助和永久庇护。[2]
- **通信渠道**。这份报告是通过他与德国情报机构的联络传递的，美国情报官员并没有获得直接访问“弧线球”的权限。所以，“弧线球”和大规模杀伤性武器分析人员之间的通信渠道存在许多中间节点，分析人员有可能得到扭曲的信息。

负责评估“弧线球”提供信息的分析人员，虽然已经意识到部分上述问题，但仍判断他的报告是可靠的，仍然将其作为撰写《国家情报评估》的依据，之后还据此就伊拉克生物武器项目做出判断。他们没有采信可以证明“弧线球”供述存在不一致的图像报告，并认为这是伊拉克针对高空图像进行拒止与欺骗的结果。[3] 事后证明，“弧线球”是在捏造事实。

这份评估错误地得出结论，认为伊拉克已经重启化学武器的生产活动，已经增加了化学武器的数量。结论基础是对图像情报和人力情报所做的低水平评估：

- 分析人员过于依赖图像，因为它可以显示可疑化学武器设施所在位置出现了“萨迈拉”型油罐车。20 世纪 80 年代和海湾战争期间，这些外观独特的卡车曾经参与了化学武器的运输活动。分析人士还认为，他们在图像中看到萨迈拉卡车在可疑化学武

[1] 原注：*Report of the Commission on the Intelligence Capabilities of the United States Regarding Weapons of Mass Destruction*, March 31, 2005, 113.

[2] 原注：同上，96。

[3] 原注：同上，92。

器地点的活动有所增加。他们显然没有考虑另一种假设，就是这些卡车或许是被用作其他目的，而且事实证明正是如此。他们没有意识到这种卡车愈发频繁的活动，是图像搜集活动愈发频繁的结果。[1] 之所以观察到这种卡车变多了，只是因为图像报告变多了。

- 一个线人（一个伊拉克化学家）提供了大量报告，其中大约一半有悖常理。尽管有证据表明他可能不是可信情报源，但分析人员还是使用了他的报告，即伊拉克已成功稳定了 VX 神经毒剂，因为这符合他们现有的思维定式。[2] 另一个线人报告称，伊拉克正在生产芥子气和二元化学毒剂。但他还报告了伊拉克的导弹、核和生物项目。因为众所周知的是，伊拉克已经使用隔离手段来保护敏感武器项目，所以分析人员本应该意识到这个线人不太可能接触到所有这些项目。[3]

（二）非文献情报源

非文献情报渠道包括图像情报和信号情报，但不包括通信情报（电子情报和外国仪器信号情报）和测量与特征情报。这些渠道，尤其是图像情报，可被用来实施欺骗。二战期间，各方广泛使用坦克和登陆驳船的模型来欺骗图像搜集，此事本书已有介绍。据第 3 章介绍，在科索沃冲突期间，塞尔维亚频频针对图像情报使用欺骗手段。

---

[1] 原注：*Report of the Commission on the Intelligence Capabilities of the United States Regarding Weapons of Mass Destruction*, March 31, 2005, 122, 125.

[2] 原注：同上，127。

[3] 原注：同上，128。

非文献渠道往往更加难以用来开展欺骗，但它可以有效地挫败欺骗，当它与文献情报源的情报产品结合时更是如此。验证来自所有渠道的信息，往往可以得到关于当前态势的更加完整的图景。

1. 反可见光成像

三种依靠成像的手段经常被单独或结合使用，以挫败借助可见光成像开展的欺骗活动。对某个给定目标区域进行红外、光谱和雷达成像，再将这些图像结合在一起，就可以生成关于目标的独特见解，这是单独使用任何一种成像手段都不可能做到的。这种结合手段可以成为挫败欺骗的强大工具。从行骗者的角度来看，它让图像欺骗变成一项更加难以执行的任务。

2. 反红外成像

在光谱红外部分工作的成像仪，有时可以挫败拒止手段，具体方法是感知热特征，或是将伪装与周围植被加以区分。如果红外成像仪能在正确的光谱波段工作，那么假如反应堆开始运行，它就应该可以感应到第 7 章讨论的其巴设施并不是表面看起来的那样——因为反应堆会产生热量。至于它能否在施工阶段做到这一点，取决于红外成像质量。

3. 反光谱成像

光谱成像可以在不同光谱波段，同时拍摄关于同一区域的多幅图像。相比单独使用红外成像，它可以提供更多关于目标的见解。它能够推动创建关于目标区域的复合图像。这些复合图像能让分析人员识别感兴趣的目标，也能让他们测量来自目标的能量，再根据结果描述这些目标。

光谱成像仪拥有巨大优势，因为它能让敌方的拒止与欺骗（例如，使用伪装）变得非常难以开展。使用光谱成像，可以更加轻易地探测出埋藏的路边炸弹和地道入口。在侦测欺骗时，最好能够确定目标材质、检查表面磨损、解决异常问题，以及分类和识别目标。光谱成像已经展示出它有能力完成上述所有事项。[1]

4. 反雷达成像

今天，雷达成像主要依靠机载或空载合成孔径雷达。合成孔径雷达是目前建造和运行的最复杂的一种成像系统。但它也是侦测欺骗的一种重要成像系统。与光学成像仪相比，合成孔径雷达的成像仪具有许多优点。它可以：

- 在夜间及大多数天气和云层条件下，提供高分辨率图像；
- 从侧向观察合成孔径雷达平台，并获取图像，这意味着它可以透过建筑物、简易房和地道的开口看到内部；
- 穿透各种通常可以隐藏设备或设施的材料或表面（例如，帆布帐篷和大多数木制简易房对雷达都是透明的）；
- 让图像分析人员可以详细描述地质结构、植被、海面、积雪和坚冰，可以识别它们随时间推移而发生的细微变化。

合成孔径雷达图像对行骗者提出了一组全新的挑战，因为人们很难制造出与实物的雷达图像高度相似的诱饵；使用传统的伪装网或非金属结构进行屏蔽是不起作用的，因为雷达可以穿透它们。（诚然，金属屏蔽还是有效的。）

以下是合成孔径雷达的部分重要应用，可用来反制欺骗：

- **测绘和描述地形**。光学成像仪可以提供地图，但因为它们不能测量自身与目标之间的距离，所以不能确定地形的海拔高度。合成孔径雷达可以测量距离，因此可以提供目标区域的精确地貌。此外，合成孔径雷达可以描述地形，还可以识别土壤和水分变化，因为伴随这些变化出现的，往往是针对可见光成像进行欺骗的尝试。
- **侦测变化**。合成孔径雷达的一项主要优势，就是能够侦测某个想定

[1] 原注：John A. Adam, "Peacekeeping by Technical Means," *IEEE Spectrum* (July 1986): 42–80.

随时间推移而发生的变化。侦测变化是最适合合成孔径雷达的用武之地。它可以观察车辆轨迹、正在生长或收割的作物和地面挖掘等地表变化。地下施工引起的地表变化，也可以通过侦测变化进行观察。地下挖掘造成的垂直沉降和水平应变也是可以侦测的。[1]

- **穿透树叶和伪装**。合成孔径雷达在反欺骗领域有一个显而易见的应用，就是穿透树叶。合成孔径雷达可以在低频波段，也就是甚高频和特高频波段工作[2]。在这些较低频的波段中，合成孔径雷达可以有效针对隐藏在茂密树叶中的物体，甚至位于丛林树冠下的物体成像。[3] 它们还能穿透浅层干燥土壤，探测地雷等埋藏物体。[4]
- **识别目标**。合成孔径雷达可以识别和归类船只、飞机和军用车辆等具有情报价值的目标，并搜集相关细节，以识别针对可见光成像实施的欺骗活动。[5] 合成孔径雷达的分辨率越高，就越能获得更多关于目标的细节。

---

[1] 原注：J. Happer, “Characterization of Underground Facilities,” JASON Report JSR-97-155 (April 1999), http://www.gwu.edu/~nsarchiv/NSAEBB/NSAEBB372/docs/Underground-JASON.pdf.

[2] 译注：雷达在甚高频以上的各波段工作，因此在其工作范围内，甚高频和特高频便属于“低”频波段。

[3] 原注：Merrill Skolnik, ed., *Radar Handbook*, 3rd ed. (New York: McGraw-Hill, 2008), 17.33–17.34.

[4] 原注：L. Carin, R. Kapoor, and C. E. Baum, “Polarimetric SAR Imaging of Buried Landmines,” *IEEE Transactions on Geoscience and Remote Sensing* 36, no. 6 (November 1998): 1985–1988; David J. Daniels, *Ground Penetrating Radar* (London: Institution of Engineering and Technology, 2004), 5.

[5] 原注：Dai Dahai, Wang Xuesong, Xiao Shunping, Wu Xiaofang, and Chen Siwei, “Development Trends of PolSAR System and Technology,” *Heifei Leida Kexue Yu Jishu*, February 1, 2008, 15.

- **监视移动目标**。合成孔径雷达有能力探测目标移动。这种能力可以用来创建相关图像，以突出显示某个区域内的移动目标。它还有可能探测飞机、直升机或船只移动，以及地面车辆移动。[1]

5. 反技术搜集

技术搜集在反拒止与欺骗时特别重要，因为通常一个目标会有多项特征，很难全部隐藏或模拟。外国情报机构对某些技术了解不足，这种情况也起到帮助作用。

针对技术搜集开展的欺骗活动是可以挫败的，只要你方能够隐瞒你方搜集传感器的性能细节。如果你方技术搜集系统比敌方想象的还要先进（例如，测量特征时可以达到极其精密的程度），你方情报网络就很可能会识破欺骗。例如，很难精确模拟潜艇产生的所有声学特征，因为潜艇的识破特征实在太多了。机械振动、流经船体的水流、螺旋桨旋转或空泡以及船员活动，这些都会产生声学特征。哪怕敌方只漏掉其中一个，而你方系统搜集到这一情况，就可以轻易识破欺骗。此外，测量声音或雷达发射等特征的传感器，其分辨率和测量精度等都在不断提高。如果行骗者出现失误，低估敌方传感器性能，就会对欺骗活动造成致命影响。

三、评估渠道

在侦测欺骗时，必须了解原始情报的流通渠道，并使渠道尽可能保持有效。在一个大型情报系统中，搜集需求必须经由官僚机构传递给需求官

---

[1] 原注：Zhou Hong, Huang Xiaotao, Chang Yulin, and Zhou Zhimin, “Ground Moving Target Detection in Single-Channel UWB SAR Using Change Detection Based on Sub-Aperture Images,” *Heifei Leida Kexue Yu Jishu*, February 1, 2008, 23.

（requirements officer），再传递给国家部门、前线需求官、信号情报搜集人员或（比如）人力情报专案官（case officer），最后传给特工；而回应则是沿报告链逆向返回。在此过程中，被人力情报特工称为“行动信息”的东西（即关于线人或搜集方法的细节）将被剥离。因此，能够用以识别欺骗的关键线索就会消失。而通信情报和图像情报的报告，会在一个略有不同的过程中呈现类似结果。在这些情况下，对通信情报或图像情报分析人员没有意义的事项，通常会在发布的报告中省略。但那些没有意义的事项，却有可能是识别欺骗的关键。

因此，反欺骗团队既要了解自己的渠道，又要走近处理这些渠道中信息的人员。应当向他们询问一些问题，比如：这个渠道是什么？这条信息是刻意提供的吗？如果是，哪一部分是真的？它是否可能是欺骗，又或者是否在传递消息或信号？如果是消息或信号，那么消息的内容是什么，这么做的原因又是什么？这个情报源的报告是否准确？是否已经审核了包括翻译在内的整个证据链？是否已经审核关键证据？它是否依赖（比如，通信情报或开源情报分析人员的）笔译或口译？如果该分析人员根据这些材料得出结论，就应当审核这个结论的有效性。

情报团队还应当考虑敌方对每个渠道的了解程度。在制定1955年莫斯科航展欺骗计划时，苏联利用的优势是他们非常了解外国武官的搜集活动。他们甚至能确切掌握这些武官观察飞行时所站立的具体地点，因此“野牛”的环形飞行模式，被设计成沿着这些武官观察不到的航线飞行。而且他们很清楚，如果两次飞临检阅台时轰炸机数量相同，很可能会引起怀疑，所以他们在第二次飞过时增加了轰炸机的数量。在另一个例子中，印度政府准备核试验期间，在欺骗图像情报活动时利用的优势，就是他们了解美国设备的成像质量，了解美国图像分析人员所依赖的细节。

在审视渠道时，子情报源或辅助情报源有可能比主情报源更加重要，如下例所示。

三谈“肉糜行动”

二战期间被称为“肉糜行动”的欺骗行动，在本书第 2 章介绍，并在本书反复讨论。尽管这个计划非常成功，但也存在许多潜在的严重漏洞。众所周知，放置尸体的沿海区域，弥漫着强烈的亲轴心国氛围，但那些文件最终却落入西班牙海军的掌控（在可能的接收国中，它亲轴心国的程度最低）。此外，很多人（显然包括苏联人）已知悉这次行动，这也增加了泄密的可能性。

不过，如果西班牙和德国的情报机构能够回去找到一个极其关键的辅助情报源，从而缩短这个渠道的话，原本是可以发现这个重大漏洞的。出乎英国预料的是，西班牙负责检验尸体的验尸官是专家级病理学家，在检验溺水者方面有着长期实践经验。他在检查过程中发现多处不一致性：身体没有被鱼或螃蟹咬过、发质鲜亮而不是灰暗，衣服也没有破烂不堪，说明这具尸体在水中浸泡的时间，其实并没有公文包里文件所显示的那么长。但尸体的腐烂程度却分明表示，它在水中浸泡的时间比文件所示的时间还要更长。[1]

尽管存在这些漏洞，但欺骗还是成功了，最后直到临近进攻的时候，意大利情报机构才确定西西里才是可能的进攻目标，部分判断依据是识别出空降部队向集结地移动的情况。[2]

关键在于，复杂的欺骗行动是很难成功的，即使能像英国那样遇到

[1] 原注：Ben Macintyre, *Operation Mincemeat* (New York: Harmony Books, 2010), 201–202.

[2] 原注：Thaddeus Holt, *The Deceivers: Allied Military Deception in the Second World War* (New York: Skyhorse Publishing, 2007), 379.

敌方机构存在可乘之机的情况也是如此。最终，英国这方面工作得以成功，依靠的是几次幸运的漏洞；其中最大的漏洞，就是敌方没有管理好自己的情报渠道。

四、评估证据

最后，你需要后退一步，总览整个图景，也就是所有渠道的所有证据呈现出的那个故事。来自不同搜集源的数据，只有在共同使用时才是最有价值的。来自多个情报源的数据相互结合，其协同效应既能强化结论，又能强化人们对结论的信心，还可以让负责反欺骗的情报团队识别欺骗。

- 确定你方是否掌握完整图景。不完整的图景和彻头彻尾的谎言一样，都具有误导性，而欺骗需要掩饰部分真实图景。
- 寻找不一致性，也就是那些与故事不符的事项，或者那些本应匹配或相互结合但实际并没有实现的东西。不一致性应该始终作为标杆，用以仔细查验证据。例如，来自一个情报源（比如人力情报）的证据是否与另一个情报源（信号情报或开源情报）冲突？人们是否会认为缺失的证据才是值得关注的？
- 是否有其他情报源可以提供确凿证据？确凿证据的丰富程度是否异常？在这里，应当寻找过度的一致性，也就是故事元素的结合方式过于“漂亮”。

在 1955 年莫斯科航展的案例中，当时已经飞过多个编队。人们的思维定式是一个型号的飞机会组成一个编队飞过。同一机型两次飞过就是不一致性，它本来应当引起注意的。

(一) 评估证据时应当避免的陷阱

评估证据时需要避开许多陷阱，但我们却一再陷入其中。以下几节介绍了一些我们在识别欺骗时遇到的陷阱。更多细节载于克拉克的著作《情报分析：以目标为中心的方法》。[1]

1. 生动性加权

一般情况下，情报通信的渠道应当越短越好。但是，短渠道什么时候会成为难题呢？如果渠道太短，结果就是需要“生动性加权”（vividness weighting）。这时，只有亲身经历的证据才是最有力的（“眼见为实”）。决策者会给自己能够直接获得的证据赋予最大加权，这正是让各类高级官员屡屡落入其中的危险陷阱，而且也让他们在面对欺骗时漏洞百出。如果领导人性格强硬，精力旺盛，他的弱点尤其严重：富兰克林·罗斯福（Franklin Roosevelt）、温斯顿·丘吉尔和亨利·基辛格都是这样政治家。他们偶尔会自己开展搜集和分析，但有时会造成不幸的结果。

2. 情报源偏好

最难避免的一种陷阱，就是基于证据来源对证据进行加权。相比难民、流亡者和叛逃者提供的信息，人力情报特工往往更加重视来自秘密情报源（标准间谍）的信息。相比通过高频无线电通信（几乎任何人都可以监听）获得的情报，通过昂贵的植入式电话窃听器获取的通信情报更受重视。然而，最常见的陷阱却正是轻视开源情报的重要性：它是最容易获得的，但往往被认为是价值最低的。能否用好开源，这是一项要求极高的分析技能，但也可以为那些有耐心掌握它的人员带来丰厚回报。搜集人员可能会错误地将情报源等同于重要性，这是可以理解的。他们已经将本组织

---

[1] 原注：The material in this section was taken from Robert M. Clark, *Intelligence Analysis: A Target-Centric Approach*, 5th ed. (2016) and modified.

预算中相当大的一部分投入到搜集材料上，因此会用搜集成本来衡量所搜集材料的价值。任何优秀的分析人员都不应该犯下这种错误。

3. 偏好较新出现的证据

为最新获得的证据赋予最大加权，这是非常自然的做法。最新的情报简明清晰，且是关注重点，往往能够获得更大加权，远甚于那些之前已经获得、已被记录、已被上报、模糊、快要被人背下来的（但有可能更加重要的）的信息。必须谨记这种倾向，并对这种现象进行补偿。应当花费更多时间回到最初那些（也就是更早的）情报上来，重新阅读，让它们在自己脑中的印象历久弥新。

4. 过早完成

与偏好较新出现证据的情况截然相反，“过早完成”（premature closure）也被称为“肯定性结论”，即获得新的信息时，人们倾向于核实或肯定自己的既有信念，而不是去修改或否定那些信念。人们发现，“情报界肯定了自己选定的框架之后，所做结论就注定只会得到不加批判的肯定”。[1]

过早完成的主要风险，并不在于分析人员可能因为证据不完整而做出低水平评估，而在于当态势迅速变化或发生前所未有的重大事件时，分析人员会陷入此前已经做出的判断不能自拔。他们更有可能错过那些能够指示变化的指征，也将更加难以修正最初的评估。

（二）评估备选假设

必须评估一整套看似合理的假设集合，包括评估那些指出存在欺骗的假设，并在可能的情况下使用其他渠道进行评估。1955 年莫斯科航展上

[1] 原注：Matthew Herbert, “The Intelligence Analyst as Epistemologist,” *International Journal of Intelligence and CounterIntelligence* 19 (2006): 678.

进行欺骗的案例，就阐释了没有考虑备选假设所造成的后果。另外，它还阐释了掌握或开启新渠道以侦测欺骗的重要性，如下文所述。

莫斯科航展：评估证据

正如第 9 章和本章前面介绍的那样，1955 年莫斯科航展上进行的欺骗是苏联制造一种印象，让人们认为“野牛”轰炸机的数量高于实际拥有量，具体方法就是让相同飞机两次飞越航展检阅区上空。此次欺骗行动之所以取得成功，是因为相关人员没有评估证据，即：

- **思维定式**。西方国防分析人员预期轰炸机数量正在增加，并倾向于认为苏联轰炸机数量极其庞大。因此，他们已经做好准备，愿意接受支持这一假设的证据。
- **未考虑备选假设**。在审阅观察人员的报告时，他们没有考虑备选假设。如果考虑备选假设，那么只要计算两次飞行的时间间隔，便可发现这两次掠过检阅台有可能是飞机沿环形航线飞行的结果。
- **未考虑动机**。如果相关人员分析政治动机，原本可以发现苏联有向美国展示实力的需要，而在此次航展上进行欺骗，正是实现这一目的的合乎逻辑的做法。众所周知，莫斯科举办军事展览的目的就是展示实力。

当美国情报机构建立起苏联没有料到的备选渠道后，这一欺骗行动最终被曝光。这些“野牛”是在莫斯科的菲利工厂生产的。美国武官前往工厂附近地点，从远距离拍摄照片。随后的分析显示，正在生产中的“野牛”的机尾编号有问题。飞机机尾编号通常遵循一定顺序，但“野牛”却不是这样。它先是 5 个机尾编号按顺序排列的，比如以 10、11、12、13 和 14 结尾，接下来编号序列就跳到 20、21、22、23 和 24，然后再从 30 开始。没有以 5、6、7、8 或 9 结尾的机尾编号。[1] 综上所述，这个工厂生产轰炸机的数量低于美国情报机构的估计，这些尾号正是欺骗行动的组成部分。后来，U-2 执行任务时拍摄到苏联所有的轰炸机基地，发现"轰炸机差距"并不存在。

[1] 原注：CIA, *Penetrating the Iron Curtain: Resolving the Missile Gap with Technology* (Washington, DC: US Government Printing Office, 2014), 43–45.

第二部分

练　习

[第 12 章]

传感器绘图和渠道跟踪练习

在前面的章节中，我们讨论了用于策划欺骗的逆向 OODA 循环，以及传感器绘图和渠道管理的概念。在本章中，我们提供一些非常简单的想定，供学员在使用原始情报的情况下，同时应用这两个概念开展练习。这些想定都很简易；而这些情报，特别是涉及传感器绘图的情报，刻意直指核心，几乎没有“噪声”，目的是让学员快速掌握理论，练习如何转换这些概念。在某种意义上讲，渠道管理练习更具挑战性，它需要通过渠道来讲述故事，因此需要一些批判性和创造性思维。

一、传感器绘图练习

第 6 章介绍了传感器绘图的概念，目的是提供一个通用参考概念，供读者了解己方和敌方 OODA 循环中的“观察”部分。必须了解敌方如何观察自身行动环境，目的是掌握一些基础，进而了解欺骗是如何布设的。你收到的情报报告既包含明显线索，也包含细微线索，而这两种线索都是指向敌方搜集（观察）能力的。在本章中，虚构简易练习的目的是为学员提供一个机会，可以将传感器绘图的概念与虚构环境中的实践相互结合。

本节使用以下例子建立模型，供学员学习如何将最终产品进行格式化处理，以便进行以下三种传感器绘图练习。

（一）传感器建模的示范练习：北海海盗活动

本示范练习的目的，是根据情报汇总表格，建立传感器模型。本练习使用了一个虚构想定，背景位于苏格兰，如图 12-1 所示。

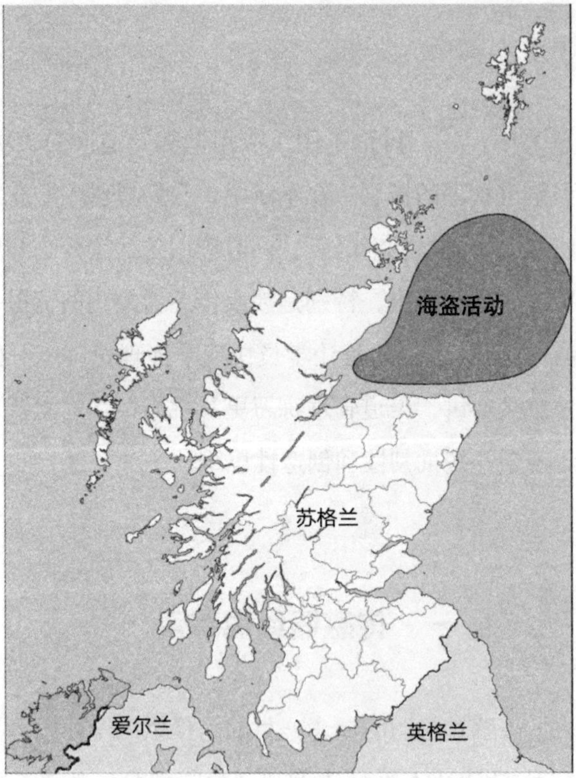

图 12-1　罗伯茨家族行动区域

来源：笔者根据 Creative Commons 授权使用的文件制作。参见：https://commons.wikimedia.org/wiki/file:scotland_location_map.svg。

石油开采活动和人类对石油的需求下降，导致北海大多数油田关闭。此后，攻击正规运输船只和渔船（而非油轮）的海盗活动大大增加，他们的目的是劫持船员，勒索赎金。海盗事件经常发生在苏格兰东海岸 200 千米以内，而且大部分海盗登船活动都发生在夜间。相关部门开展合作，调查后发现苏格兰东海岸的海盗活动是由一个大家族，也就是罗伯茨家族主导的。尽管海岸警卫队和海军的分析人员提供了一些关于其活动模式的准确信息，但这些海盗在沿岸区域的活动仍然保持稳定水平。苏格兰政府一直致力于提高海、陆、空和网络等“资产”之间的协调能力。然而，海盗们似乎总能抢先一步。人们发现，罗伯茨家族掌握着卓有成效的情报搜集能力。表 12-1 介绍了应当如何使用汇总表，对该家族进行传感器绘图。

提醒：在本章及以下各章中，所有汇总表格中的评级图式，均使用表 6-2 介绍的情报源评估和评级图式。人力情报报告中的数字（例如 023）指代具体线人。

我们基于所提供的情报，同时将重点放在识别罗伯茨家族用以观察环境的传感器和情报源上，建立了一个模型，以说明罗伯茨家族是如何观察行动环境，从而开展海盗活动的（参见图 12-2）。

表 12-1　罗伯茨家族汇总表

报告编号	日期	内容
R1	2017年5月1日	**人力情报023-C-3**：据报告，苏格兰东海岸许多港口的港务长都受罗伯茨家族控制。
R2	2017年5月1日	**信号情报**：分析表明，登记在册的拖网渔船X、Y和Z使用卫星电话通风报信，称苏格兰东海岸有海岸警卫队巡逻。
R3	2017年5月2日	**英国皇家海军巡逻艇“长钉”号（Spike）报告**：与劫持未遂船只上的船员交谈后得知，该船曾遭小型水面舰艇侦察，侦察时间为实际未遂劫持发生前的60分钟内。
R4	2017年5月3日	**人力情报005-F-6**：罗伯茨家族不久前得到探测距离更远的雷达，因此能够扩大自身安全范围，并导致劫持成功率显著提升。

（续表）

报告编号	日期	内容
R5	2017年5月3日	**电子情报**：过去2个月海军电子情报报告和分析显示，身份不明的战术雷达的发射，频繁出现于苏格兰东海岸X×Y的矩形区域内。
R6	2017年5月4日	**人力情报005–F–6**：据报告，罗伯茨家族在海岸警卫队行动策划中心内部有一个线人。
R7	2017年5月5日	**网络情报**：身份明确为罗伯茨家族海盗的嫌犯使用虚假个人资料，关注多家航运公司在脸谱网和推特上的个人资料，并关注部分船只或船员的个人资料。
R8	2017年5月6日	**撕裂线[1]**：疑似罗伯茨家族海盗收到甚高频报告，内容为出入东海岸7个港口的船只的名称和型号。
R9	2017年5月6日	**开源情报**：分析显示，疑似罗伯茨家族成员会定期出席海洋技术会议。
R10	2017年5月7日	**英国皇家海军巡逻艇“弹簧人”号（Springer）报告**：该区域多艘船只报告，称有一架装有摄像机的小型无人机飞越其顶空。

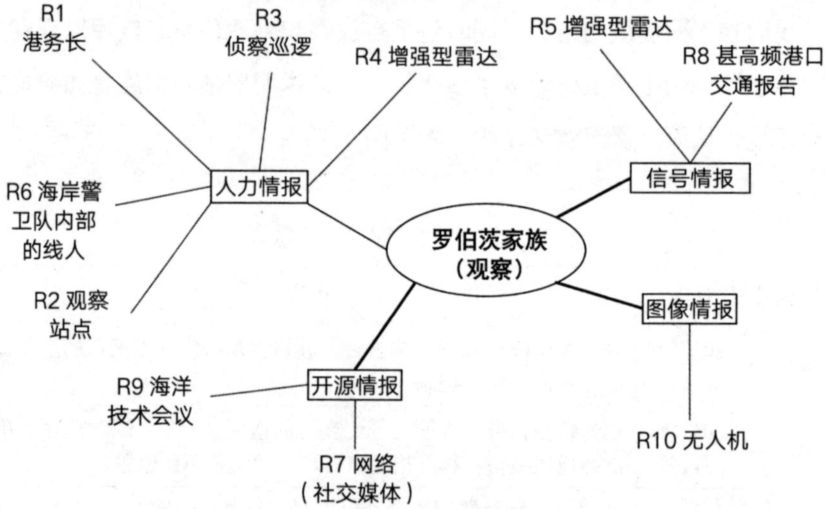

图 12-2 关于罗伯茨家族传感器和情报源的目标网络模型

[1] 原注：撕裂线（tear line），是一种简短的情报报告，它并不提供特定情报源身份，目的是保护搜集手段。

课堂使用建议：下面共有三个练习，请阅读简短想定，并以个人或小组为单位，使用附带的原始情报制作传感器绘图，介绍自己对目标组织的了解情况。使用图 12-2 的格式。然后，学员应当展示和讨论自己的传感器绘图，并将它与其他学员或团队制作的传感器绘图进行比较。

从原始情报中识别可能的传感器时，你会遇到哪些挑战？请列举并讨论其中部分挑战。讨论什么只是“噪声”，而什么又是有用的内容。讨论应当如何在你方组织内开展培训，才能确保可以从原始情报中识别出敌方的传感器。

（二）传感器绘图练习 12.1：红方第 5 营

对于所有层面的欺骗策划工作而言，传感器绘图都是必不可少的。在战术层面，在地面行动的作战空间，各部队的司令部负责了解自己直接敌手的 OODA 循环到底是怎样的。如果要在己方作战空间中成功实施欺骗行动，就必须了解敌方是如何观察和判断信息的。这个简短的传感器绘图练习可以提供这方面的实践。

1. 想定

你或你的小组隶属蓝方第 10 营的 S2（情报部门），正在进行相关准备活动，以支持欺骗的策划工作。该营奉命驻防一个地理区域，即其作战空间，名为西克拉格谷（Krag Valley West）。在你方作战空间与你们敌对的，是敌军红方第 5 营。

2. 任务

使用表 12-2 中提供的情报，针对敌军红方第 5 营建立简易传感器绘图和模型。使用图 12-2 作为建模模板。敌方一共拥有多少种不同类型的情报科目？

表 12-2 “红方第 5 营”情报汇总表

报告编号	日期	内容
R1	2017年6月19日	**情报概要：**红方第5营向其特遣部队司令部要求2周的给养。
R2	2017年6月20日	**情报概要：**不久前来自红方第5营情报行动部门的敌军宣传，透露了该营监听蓝方第10营甚高频通信后搜集掌握的情况。
R3	2017年6月20日	**A连巡逻报告：**隶属红方第5营的敌方部队，继续在雌虎河（Tigress River）以北开展侦察活动，并导致数次短时间的小规模战斗。据估计，他们将继续侦察我方防线上可能存在的弱点。
R4	2017年6月20日	**B连巡逻报告：**驻前哨“监视前线”（Eyes Front）的B连24号哨兵（bravo 24）报告称，几部为搜集甚高频通信情报而装备的“食人鱼”[1]，正在向49号山峰方向移动。
R5	2017年6月20日	**C连巡逻报告：**通信情报报告称，敌方讨论“如果还有可用雷达的话”，将在今天晚上命令“一部绿眼[2]飞过”。
R6	2017年6月20日	**D连巡逻报告：**我方驻地及防区周围都很安静。
R7	2017年6月24日	**情报概要：**光谱分析显示，在最近桥梁上游约10千米处，有新的阵地建成。目前尚不清楚这些阵地的建造意图。
R8	2017年6月26日	**情报报告：**来自粮仓村（village of Granary）的当地“不请自来”线人“史密斯”[3]报告称，本周早些时候，第5营士兵扮作游客，骑着山地自行车在粮仓村周围活动。
R9	2017年7月3日	**情报概要：**多条情报线索显示，红方第5营试图在未来10天内，为其预先部署的火力（大炮和迫击炮）阵地补充50发炮弹。
R10	2017年7月3日	**补充情报报告：**很可能红方第5营每天都有可用图像情报支持，时间为13—14时和凌晨1—2时。
R11	2017年7月4日	**人力情报005–F–6：**红方第5营指挥官没有实战经验。
R12	2017年7月5日	**网络情报：**对红方第5营进行互联网协议（以下简称IP）绘图，结果显示第2连多名人员会在条件允许时登录私营互联网服务器。已有2份社交媒体资料遭到监视。

[1] 译注：“食人鱼”（Piranha），BAE 系统公司生产的一种便携式通信反制系统，可以对抗针对甚高频或特高频通信所发动的电子攻击。

[2] 译注：“绿眼”（green eyes），法国汤姆逊无线电公司生产的一种脉冲多普勒雷达，用于自行火炮。这里似乎改为机载模式。

[3] 译注：史密斯（Smith），在美国，它类似中国的张三李四，指代不具名的“某人”。

（续表）

报告编号	日期	内容
R13	2017年7月6日	**撕裂线：**红方第5营正在监听我们侦察排通信。
R14	2017年7月6日	**信号情报：**红方第5营指挥官要求更换一辆新的指挥车，因为现有车辆的减缓悬架存在问题。
R15	2017年7月7日	**情报概要：**多方持续报告称，多个当地农民在我方作战空间出没，计算进出司令部的车辆数量。

（三）传感器绘图练习 12.2：地狱十字架摩托车黑帮

传感器绘图并不仅限于军事环境。这次传感器绘图任务，设定在一个虚构的非军事环境下。在该环境下，当局和有组织犯罪之间斗争不断，这种情况在大多数国家都很常见。

1. 想定

在这个虚构的想定中，你或你的团队是哥本哈根警区专家，隶属一个行动层面新成立的情报机构。这个机构的成立目的，是帮助警方获取主动权，以打击该市最强大的有组织犯罪黑帮。这个黑帮被称为“地狱十字架摩托车俱乐部”。黑帮中有个名叫博 · 桑德加德（Bo Sondergaard）的关键人物，但目前尚不清楚他在里面扮演什么角色。

2. 任务

你所在情报部门接到的第一个命令，就是制作一个通俗易懂的模型，介绍地狱十字架摩托车俱乐部是如何搜集和判断相关信息，供其非法活动使用的。这是了解该黑帮总体 OODA 循环的一项工作。使用表 12-3 中提供的情报报告，建立可视图模型，介绍你作为主题专家（SME），是如何看待该黑帮在哥本哈根警区的观察活动及判断活动的。请使用图 12-2 作为建模模板。

表 12–3 “地狱十字架摩托车黑帮”情报汇总表

报告编号	日期	内容
R1	2016年2月2日	**人力情报003–C–2**：出庭策略、技术和操作程序（以下简称TTP）。来自科尔拜法律事务所的高级律师安娜–玛丽·科尔拜（Anne-Marie Koldby）为该俱乐部工作，她来到博·桑德加德的住所，向他简要介绍警方在该俱乐部成员案件中使用的TTP。她进行案情简介的基础，是负责辩护的初级律师在结案后所作的汇报。
R2	2016年2月8日	**信号情报**：该俱乐部的当地支持。2016年2月5日的截获情报来自手机号87675432，机主是弗雷德里克·奥尔森（Frederick Olsen）。此人是该俱乐部西哥本哈根支持小组的当地领导人。一名不明身份人士奉命在3个路口组织“警察”纠察队（观察人员），同时发布“警告”——这3个路口是通往名为“黑锅”的当地餐馆的必经之路。（评论：2016年2月6日晚，有报道称“黑锅”餐馆发生歹徒驾车枪击事件。）
R3	2016年2月15日	**网络情报**：有几个在线资料的所有者身份明确，他们是该俱乐部当地支持小组成员。负责管理这些资料的是帕特里克·穆勒（Patrick Muller），此人身份明确，为当地支持小组成员。据信，创建这些个人资料的目的，是通过当地警察私人的在线资料，将他们加为好友。
R4	2016年2月17日	**人力情报025–B–3**：拉斯·约翰森（Lars Johannsen）是地狱十字架成员，被判纵火罪，目前已服刑3年。他负责向新囚犯介绍警方调查过程中使用的TTP，并将这些囚犯的情况报告给博·桑德加德。
R5	2016年2月22日	**人力情报003–C–2**：每当法庭审理该俱乐部成员的案件时，他们就会派遣一名或多名成员前往现场，在证人和出庭作证的警官进出法庭时识别他们的身份。这些信息将被发给博·桑德加德，然后由他向弗雷德里克·奥尔森作简要报告。弗雷德里克·奥尔森被怀疑是该俱乐部的现任头目。
R6	2016年3月3日	**网络情报**：多个属于该俱乐部成员的IP地址被用来监察开源情报源，目的是掌握警方活动，他们尤其重视通过社交媒体向警方提供的线报。
R7	2016年3月7日	**信号情报**：查获拉斯·约翰森藏在牢房里的手机，于是对其进行利用。发送给博·桑德加德的短信里包含狱警姓名，可能的话，还会有他们的社会保险号码。

（续表）

报告编号	日期	内容
R8	2016年3月8日	**网络情报：**该俱乐部几个成员之间的聊天显示，他们拥有监听警方无线电频率的能力，可以针对警方行动提供早期预警。
R9	2016年3月10日	**信号情报：**针对身份确系该俱乐部支持小组成员的人员，通过监听通信，发现他们与该俱乐部存在行动指挥关系，这些成员经常收到弗雷德里克批准的命令。
R10	2016年3月14日	**情报报告：**关于所有指控该俱乐部的案件，对其证人报告整理后发现，该俱乐部一直都在系统地识别和恐吓警方证人。
R11	2016年3月20日	**人力情报025-B-3：**有人无意中听到拉斯·约翰森吹嘘，称该俱乐部有能力贿赂那些他认为存在弱点或容易腐败的狱警。目前他手中有一份名单，在监狱工作的狱警有87人，其中15人符合条件。
R12	2016年3月24日	**网络情报：**对没收的外置硬盘进行利用后发现，他们拥有一套有条理、成系统的流程，可以用来识别对该俱乐部感兴趣的人。
R13	2016年4月2日	**补充情报报告：**全源分析显示，法庭现场有一个该俱乐部成员组成的网络，目的是识别被传唤作证的卧底警察的身份。
R14	2016年4月6日	**人力情报003-C-2：**有人无意听到科尔拜法律事务所某初级律师的谈话，讨论的是针对该俱乐部活动（此情况警方已经掌握）地点的情报搜集工作，此人还将这些地点信息发给科尔拜。这位初级律师称："这是一份肮脏的工作，但是他们给钱了，总要有人去做，所以那还不如是我呢。"
R15	2016年4月9日	**信号情报：**查获拉斯·约翰森藏在牢房里的第2部手机，于是对其进行利用。短信显示存在一个网络，它由该监狱至少4名囚犯组成，这些人都参与了拉斯·约翰森搜集警方TTP的活动。

（四）传感器绘图练习 12.3：人民党民兵联队

旨在支持即将发生的战略作战的传感器绘图，与在其他层面开展的传感器绘图并无二致。它很快就要涉及战术层面的考虑，即考虑整个组织如何在预定行动战区中，开展观察活动和判断活动。关于情报搜集人员和平台，其活动是战术层面的，但其效果却是战略层面的。旨在支持即将发生的战略作战的传感器绘图，仍然使用与上面两个练习相同的方法。

1. 想定

在这个虚构想定下，俄罗斯联邦担心朝鲜会对其发动非常规战争活动。在俄罗斯联邦远东地区与朝鲜接壤的边境地区，一个自称人民党民兵联队（People's Party Militia Wing，PPMW）的组织正在当地发动叛乱。该组织在班布罗沃、别兹韦尔霍沃和纳尔瓦等城市建立影子统治，目前正在威胁普里莫尔斯基。莫斯科成立了一个由对外情报局、联邦安全局和格鲁乌成员组成的综合分析小队，将其派往普里莫尔斯基，针对人民党民兵联队开展评估。

2. 任务

你团队的任务，是对人民党民兵联队进行传感器绘图，了解他们搜集情报的方式。你有 3 周的时间，然后反叛乱行动的策划工作将会启动。请使用表 12-4 中提供的情报报告来制作传感器绘图，并使用图 12-2 作为建模模板。

表 12–4 "人民党民兵联队"情报汇总表

报告编号	日期	内容
R1	2017年9月23日	**情报报告：**人民党民兵联队在班布罗沃、别兹韦尔霍沃和纳尔瓦等地设有内部安全小队（IST）。他们生活在这些城市里，没有武装，是当地居民中线人的上线。这个小队开展系统性的搜集活动，并报告相关行动。
R2	2017年9月23日	**情报报告：**过去3个月，班布罗沃、贝兹韦尔霍沃和纳尔瓦的军警设施多次遭到洗劫。除各种武器弹药外，被盗设备清单上还有甚高频监测系统、夜视设备、计算机、服务器、服务器存储文件和移动雷达装置。没有敏感的卫星通信设备被盗。
R3	2017年9月24日	**人力情报048-D-2：**谢苗诺娃·拉伊娜·杰尼索夫娜（Semyonova Raina Denisovna）是人民党民兵联队成员，经常与班布罗沃和别兹韦尔霍沃等地的市场店主和公交司机会面。亚基莫娃·萨拉·德米特里耶夫娜（Yakimova Sara Dmitrievna）是人民党民兵联队成员，会在纳尔瓦与高级警官和其他政府人员会面。

（续表）

报告编号	日期	内容
R4	2017年9月24日	**人力情报051-A-4：** 哈尼洛夫·伊万诺维奇（Khanilov Ivanovich）是身份明确的黑客，有人听他的朋友说起，这位黑客与一个叛军组织新签了一份大合同。其中有个朋友听他说起薪酬的事，当时他暗示一定存在比“联队”更大的支持势力。
R5	2017年9月27日	**开源情报：** 朝鲜宣传机构曾在新闻和社交媒体散布相关言论，宣称支持人民党民兵联队的主张。该联队主张对朝鲜边境附近地区拥有主权。朝鲜发言人锡勋（Chil-Soon）[1]似乎带头在朝鲜政府内支持该联队合法化。注意：从2017年6月俄罗斯媒体首次报道人民党民兵联队袭击纳尔瓦，到锡勋首次扬言支持这个联队，两起事件只间隔了2小时。
R6	2017年10月2日	**补充情报报告：** 人民党民兵联队成员舒宾·谢苗诺维奇（Shubin Semyonovich）不久前被捕并遭到审讯，对外情报局认出此人曾与已查实为朝鲜侦察总局特工的五性（Oh-Seong）保持联系。五性开展工作时，不接受朝鲜驻符拉迪沃斯托克（海参崴）领事馆的管辖。
R7	2017年10月3日	**网络情报：** 不久前，普里莫尔斯基警局的服务器遭到分布式拒绝服务攻击，人们认为攻击来自朝鲜。遭到重点攻击的计算机，其上存储文件所涉及的人员身份明确，是人民党民兵联队成员。多份关于人民党民兵联队成员的警方文件，曾于7月在同一批服务器上遭黑客复制。
R8	2017年10月4日	**信号情报：** 人民党民兵联队开展卫星通信活动时，要求某个朝鲜离线网络提供关于诺尔瓦及周边地区俄罗斯军警设施的图像信息。然而这个网络的主要使用者，就是朝鲜驻符拉迪沃斯托克领事馆。

[8] 译注：作者似乎在这里开了个玩笑，用韩国影星的名字来命名朝鲜特工：金锡勋（Chil-Soon Kim）、刘五性（Oh-Seong Yu）和李英爱（Young-Ae Lee）。

（续表）

报告编号	日期	内容
R9	2017年10月4日	**信号情报**：据估计，人民党民兵联队有能力截获当地加密甚高频和超高频（通信）。判断依据是其缴获的俄罗斯通信设备和材料。
R10	2017年10月8日	**开源情报**：人民党民兵联队在媒体和社交媒体中开展反消息发送（counter-messaging）的反应时间，说明人民党民兵联队拥有一个能够密切监察媒体的组织。
R11	2017年10月10日	**网络情报**：查明属于哈尼洛夫·伊万诺维奇作案手法的黑客特征（hacker signature）已被增强，增强它的是此前已被证实属于英爱（Young-Ae）的黑客特征。英爱是黑客，查明来自朝鲜人民军侦察总局。
R12	2017年10月10日	**电子情报**：自7月以来，朝鲜边境城镇下龙渊里（Hanyopyonhri）周围山区的防空雷达发射显著增强。据估计，针对符拉迪沃斯托克的预警覆盖率提高了300%。这只能是人员和物资大量增加所造成的。
R13	2017年10月11日	**网络情报**：在从朝鲜驻符拉迪沃斯托克领事馆服务器上复制的文件中，有五性向朝鲜人民军侦察总局提出的申请，索要关于普里莫尔斯基军事设施的卫星图像。
R14	2017年10月11日	**测量与特征情报**：扎鲁比诺海军基地周边的声呐活动显著增加，原因是一种朝鲜微型潜艇。已查明这种潜艇会被用在沿海岸线执行濒海（海岸线附近）侦察任务。
R15	2017年10月13日	**信号情报**：截获一条短信，它来自横贯纳尔瓦的公交线路上的某部手机，内容是纳尔瓦至普里莫尔斯基沿线警方检查站的参考坐标格网。这个消息被发送到不同的手机上，虽然收方不是同一个手机，但所有这些手机都是在班布罗沃的同一个网络注册的。

二、渠道管理练习：布设欺骗

第 9 章介绍了渠道管理的概念，以及一致性和不一致性的概念。下面的练习可以让读者演练的是，当在己方组织的渠道被用来针对目标敌方策划或布设欺骗时，如何在这些渠道中识别可能的异常一致性或不一致性——简言之，练习如何更好地管理欺骗。每个练习的目的都是演示如何让渠道管理改进欺骗计划，如何减少可能破坏欺骗计划中故事情节的异常性。

对于每个想定，你或你的团队都是通过管理渠道的方法，对最终实施的欺骗行动提供支持的。任务是使用图 12-3 中的异常性侦测框架，在所策划的故事情节布设工作中，识别出可能存在的问题，因为它们有可能会破坏欺骗行动。

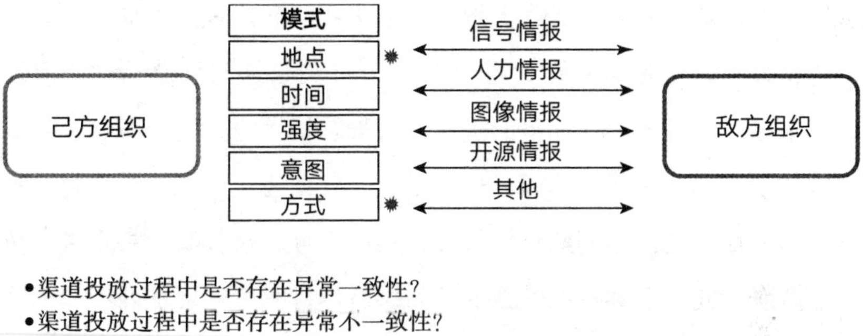

图 12-3 渠道跟踪方法

每个练习都有一个简短概要，可以介绍拟用于开展欺骗的故事情节，这是态势描述（situation description）的内容之一。基于你对敌方传感器的了解情况，已将故事细节填入一个关于渠道的表格中。因此，你不需要制作传感器绘图。表格中已经包含了针对布设欺骗不同要素时提议的时间线。

每个练习中的任务（任务陈述）有两个目的，一是运用所提供的欺骗投放数据和渠道跟踪原理，识别表格中的异常要素；二是规避正在布设故事的友方渠道，避免破坏所策划的欺骗。

(一) 渠道管理练习 12.1：选择港口

1. 想定

假设现在是 2016 年 10 月。你或你的情报分析团队现在是在南美洲，为欧洲刑警组织禁毒特遣队工作，主要负责打击南美洲对欧洲走私的可卡因。长期以来，在将可卡因销往欧洲的走私枢纽中，法属圭亚那一直都是最受欢迎的，原因就是它的行政权在部长会议。这种走私可卡因的方法，是使用私人游艇横渡大西洋、前往非洲，最终抵达法国南部的马赛。这是一条重要的走私路线，因为 1 千克来自法属圭亚那的可卡因原料，可以制成多达 10 千克的成品，然后在欧洲街头卖给吸毒人员。当前通过情报分析可以非常肯定地确认，有一大批可卡因正在法属圭亚那内陆赤道森林的某处等待装运。这批货物预计将于 2017 年 1 月，通过陆路运往圭亚那海岸的一个港口，装入等在那里的游艇。特遣队指挥官知道沿海监控资源有限，因此命令你所在情报部门通过业已查明的渠道，向该贩毒卡特尔布设欺骗故事，目的是让他们能够按警方预料的那样，选择某个特定港口将货物装上游艇。此次欺骗行动的目的，是缓解监控整个圭亚那西海岸的资源不足，以及赶在游艇离开之前拦截这批货物。可能的发货港口有 5 个：卡宴、托纳特（Tonate）、库鲁、奥尔加纳博和马纳（Mana）。任务是布设故事，“说服”该贩毒卡特尔，令其尝试在库鲁装运这批可卡因。该贩毒卡特尔向海岸发货的窗口时间是 2017 年 1 月 5—13 日，所以你有大约 2 个月的时间来布设这个故事。

2. 任务

在禁毒特遣队欺骗计划的故事情节草案（参见表 12-5）中，比较并讨论拟议不同渠道间的异常一致性和不一致性。

建议：分组讨论如何通过减少已识别的异常现象，提高欺骗故事的布设质量。

表 12-5 "选择港口"欺骗行动的渠道跟踪表

渠道	选定的贩毒卡特尔渠道（描述）	拟布设的故事
1	敌方开源情报：监察能力	2016年11月15—30日：将消息透露给当地和国际媒体，称圭亚那政府增加了在马纳和奥尔加纳博周边海域的巡逻力量，理由是苏里南人在圭亚那领海过度捕捞。
2	敌方人力情报：出现在该贩毒卡特尔的卡宴收买名单上、已被证实腐败的港口官员	2016年12月10日：通知卡宴的目标官员，要求将检查力度翻倍，因为该贩毒卡特尔将于未来3个月内进行大批量运输。
3	敌方网络情报：受限的社交媒体监察能力	2016年12月11—15日：利用己方网络能力，识别出那些已遭贩毒卡特尔入侵的禁毒官员的社交媒体资料。
4	敌方开源情报：监察能力	2016年12月15—18日：制造多起圭亚那电信的全球移动通信系统（GSM）服务中断事件，影响范围覆盖奥尔加纳博及周边地区。在当地媒体发布一个故事，称奥尔加纳博的移动服务可能在未来6周内变得不稳定。
5	敌方信号情报：监听能力	2016年12月19日至2017年1月15日：在马纳和奥尔加纳博及两港周边地区，假冒（伪造）海岸警卫队甚高频通信流量增加的现象。
6	敌方人力情报：出现在该贩毒卡特尔收买名单上、已被证实腐败的国防部官员	2016年12月20日：通知目标官员计划开展特别行动，时间为2017年1月初的某个时间，地点为托纳特港及周边地区。已拟定部队代号，部队中有一个"嗅探狗"式支持部门。
7	敌方人力情报：已证实腐败的卡宴港官员	2016年12月22日：内部宣布自2017年1月1日起将增加当地海岸警卫队检查人员数量。
8	敌方开源情报：监察能力	2016年12月23日：海事旅行部（Marine Travel Department）向全体海员发出警告，称库鲁港雷达站将于2017年1月8—10日关闭检修。
9	敌方人力情报：已证实腐败的马纳港务长	2016年12月27日：以涉嫌走私的罪名逮捕腐败的马纳港务长，并派遣一名省级调查员前往马纳。
10	敌方网络情报：监察社交媒体	2016年12月30日：使用禁毒官员在社交媒体上遭到破解的资料，发布消息称自己意外地将被派往卡宴，时间为2周。

（二）渠道管理练习 12.2：班吉备选路线

1. 想定

假设现在是 2016 年 5 月 12 日。中非共和国已向联合国请求援助，希望能将大量武器级铀运出该国，运往美国某个不公开的地点。促成此事的原因是，班吉激进叛乱分子造成的威胁与日俱增，而且他们与国际恐怖主义网络关系密切。作为奉命出动的联合特遣队 J3（行动部门）策划人员，你将与情报部门密切协调，制订一个欺骗计划，以支持按计划将这批原料运离班吉第一行政区，行进大约 8 千米后，最终送达班吉国际机场。一共拟议了 3 条可能的路线：法兰西大街、烈士大街和 2 号国道[1]。真正用来运输铀的路线是烈士大街。中非政府已经宣布，这条路线将在运输当天，也就是 2016 年 10 月 4 日对公众封闭，理由就是要运输铀。然而，此事很可能刚好可以让你发挥自身优势，也就是策划欺骗行动。该项欺骗的目的是，让叛军将关注重点和资源投在法兰西大街和（或）2 号国道上。你的工作时间线大约是 3 个月。

2. 任务

在欺骗计划的故事情节草案（参见表 12-6）中，比较并讨论不同渠道间的异常一致性和不一致性，因为它们有可能破坏这次欺骗尝试，也就是在使用哪条路线将铀送往机场这个问题上欺骗叛乱分子。

建议：分组讨论如何通过减少已识别的异常现象，提高欺骗故事的布设质量。在中非政府公布拟运输铀的具体路线之后，讨论是否和如何在欺骗策划过程中对此事进行利用。

[1] 译注：这 3 条街道都是法国巴黎街道的名称。

表 12-6 “班吉备选路线”欺骗行动的渠道跟踪表

渠道	目标叛军渠道（描述）	拟布设的故事
1	敌方人力情报：同情当地叛乱分子的人员进行的巡逻活动	2016年6月5日：在法兰西大街的第一行政区至机场路段，启动目测可见的道路修缮项目。
2	敌方人力情报：同情当地叛乱分子的人员进行的巡逻活动	2016年7月6日：支持此次行动的美国特种部队小队，将在法兰西大街开展目测可见的公路巡逻。
3	敌方人力情报：已证实同情叛乱分子的内政部人员	2016年7月18日：散布谣言称官方运输计划是骗人的。
4	敌方开源情报：监察当地媒体	2016年7月25日：宣布在法兰西大街的第一行政区至机场路段，新增两个警方检查站。
5	敌方开源情报：监察当地媒体	2016年8月13日：散布公众投诉言论，称反对封闭烈士大街。
6	敌方开源情报：监察当地媒体	2016年8月14日：发布政府回应言论，称拟重新考虑路线选择。
7	敌方人力情报：同情当地叛乱分子的人员进行的巡逻活动	2016年9月1日至10月1日：外国部队侦察连在法兰西大街巡逻活动增加。
8	敌方信号情报：甚高频监听的基本能力	2016年9月15—30日：在2号国道沿线，军警巡逻时的甚高频通信变得密集。这期间应当重点讨论对护卫车队培训的支持，并多次提及法兰西大街沿线各个地点。
9	敌方人力情报：同情当地叛乱分子的人员进行的巡逻活动	2016年9月25—30日：练习在法兰西大街上空进行无人机飞行巡逻。
10	敌方人力情报：已证实同情叛乱分子的当地警员	2016年10月3日：致电当地警方，通知他们做好准备，以支援法兰西大街上的护卫车队。

[第 13 章]

普通欺骗策划练习

本章练习要求学员策划欺骗。有些练习需要制订两到三个单独的欺骗计划。它提供的选项是一个班级可分为若干小组，每个小组制订一个计划并作简要陈述。又或者，也可以让每个学员制订所有计划。

设置这些练习的目的，是为了介绍如何在各类跨国问题中使用欺骗。军事行动也是部分练习中的一项内容，但练习重点仍是除传统正面厮杀之外的其他领域。第 14 章将专门进行军事领域的练习。

尽管提供的细节因计划不同各有不同，但每个欺骗计划至少应当介绍以下内容：

- 理想结果；
- 目标；
- 故事；
- 所用渠道；
- 信息送抵时机；
- 规避分析。

一、练习1：破坏贸易谈判

假设你是垄断国（Monopolitania）工业和贸易部长的特别助理。该部最近收到本国情报机构，垄断国情报局的一份机密报告。报告指出，有一个秘密多边贸易谈判正在开展当中，参与国为菲律宾、泰国、越南和印度尼西亚。谈判目的是四国成立自由贸易区，涵盖钢铁产品、计算机与电子产品和化工产品。

垄断国是上述所有产品对这四个国家的主要出口国。菲律宾是钢铁产品和化学品的主要进口国。泰国进口电子集成电路、计算机和零件。印尼进口钢铁。越南进口钢铁产品和电子产品。部长认为，相关贸易协定一旦签署，将严重影响垄断国上述所有出口产业。他希望确保谈判不会成功，给你布置的任务是必须让谈判失败。

（一）关键参与者

贸易谈判正在曼谷举行，主办方是泰国政府。主要参与者列于下方。至于他们在谈判中的立场，是由垄断国情报局一名秘密线人提供的。此人是前来参加贸易谈判的某位部长的秘书。

- 泰国贸易部长不久前刚刚上任，也正是他发起的谈判。他以前在泰国经营过一家康拜因[1]式工业垄断企业，并以对垄断国的敌视态度著称，因为他认为该国的贸易做法并不公平。据称，他独裁专横，肆意妄为。据称，该部的雇员都很讨厌他，而且不久前该部有多名高级官员调走或退休。这位部长是脸谱网和推特的狂热用户，经常在自己的脸谱网个人主页上发布本人和家人的照片。
- 菲律宾贸易部长对垄断国并无不满，他只想为本国争取到最有利的

[1] 译注：康拜因（combine），垄断的组织形式之一。

协议。作为一名技术官僚，他在决策时非常倚重计量经济学模型。不久前他刚刚从一个美国线人处获得一个贸易模型，并正在对其进行验证。一旦他认为它是有效的，就将运行模拟模型，并用结果来评估这份提议协定对本国经济的影响，进而据此做出决策。

- 越南部长担心这项协定可能会影响到越南对垄断国的出口。他对谈判表示担忧，担心协定公开后垄断国可能会采取报复行动，停止从四国进口商品，但他似乎也接受了其他参与者的保证，即任何此类报复行动对垄断国所造成的损失，都将远远高于对越南或其他参与国所造成的损失。
- 印尼部长坚持要求谈判保密，直到他评估该协定对印尼经济可能产生的影响之后为止。他担心的问题是，如果协定公开，他将被迫提供一份他无法提供的影响声明，并将不得不应对内部的反对意见。

垄断国情报局有一个网络行动处，其攻击目标是泰国和菲律宾的互联网服务器和政府计算机设施。该机构已多次成功实施入侵，帮助针对各国谈判小组开展行动。垄断国情报局网络行动处：

- 已获得访问权限，可以访问菲律宾部长目前正在验证的计量经济学模型；
- 可以访问泰国部长在脸谱网和推特上的私人账号；
- 成功地将特洛伊木马程序植入越南部长的笔记本计算机中——他对外发送邮件后，木马可将邮件副本发给垄断国情报局网络行动处（不过，这位部长只使用这个笔记本计算机发送私人邮件）。

（二）指导

你的任务是准备一次欺骗行动，目标是每一位部长，目的是导致谈判破裂。请谨记：垄断国**不是**美国。因此，不限制对媒体撒谎，也无须顾忌不道德行为。因为谈判正在进行，所以你只有两天时间来制订计划。

二、练习2：保护贩毒集团的运输活动

本练习需要制订两个欺骗计划，目的是转移美国的注意力，致其不再关注某个贩毒卡特尔为将毒品运入美国并回收利润而提议的新方法。尽管本练习的想定大致基于真实信息，但它确实是虚构的。

你受雇担任情报官，为锡那罗亚贩毒卡特尔头目卡洛斯·“埃尔·查卡尔”·古铁雷斯（Carlos “El Chacal” Gutiérrez）[1] 工作。埃尔·查卡尔正在竭力设法解决其卡特尔收入下滑的问题，并向你求助。

长期以来，他的卡特尔主导着将哥伦比亚的可卡因，墨西哥的大麻、冰毒，墨西哥和东南亚的海洛因等销往美国的活动。它在发展早期，使用汽车、公共汽车、拖拉机拖车和轨道车进行大宗货物运输。因为美国开展缉毒执法行动，所以这些渠道遭到系统性关闭，它转而采用空中、海上甚至地下的发货方式。小型飞机可以低空飞行，避开美国雷达覆盖，向位于南部和西南部的机场发送毒品。“快艇”和小型潜水艇（半潜式）可以取道海洋航线，将毒品从哥伦比亚发往墨西哥，再从那里发往美国加州。地道（有的长达 700 米，深达 30 米）挖在蒂华纳附近的美墨边境地下，可以将大宗毒品和非法移民运入美国。

然而，在过去两年里，这些发货渠道遭受严重遏制，转运过程中毒品损失数量激增。蒂华纳附近边境的许多地道都是很快被发现，有时首次使用即被发现。美国海军和海岸警卫队会定期拦截这个卡特尔的海上发货，

---

[1] 译注：这个名字出自 Carlos El Chacal，此人是委内瑞拉恐怖分子，因 1975 年谋杀多名法国情报人员，被判终身监禁，目前在法国服刑。

导致货物和船员均有损失。现在已经愈发难以找到船员愿意尝试海上发货线路了。空中发货线路已经基本停运。如今，使用雷达来探测和拦截航空器（包括无人机）的做法已成惯例。其他卡特尔也面临同样的问题。其结果是，去年可卡因批发价暴涨。古铁雷斯面对的是毒品交易史上利润最高的市场，但他必须能够大批量运送毒品，这样才能满足市场需求。

古铁雷斯可以承受的毒品发货损失率是 75%（直到两年前，损失还一直保持在这个水平），也就是说，这时仍能获得可观的利润。但目前他的损失率接近 90%，由此产生的边际利润过低，从长远来看是不可接受的。此外，为了能将贩毒利润转移回墨西哥，这个卡特尔尝试使用穿越边境的方法，但损失惨重。这些利润进入墨西哥之后，古铁雷斯就可以着手洗钱了，但美国缉毒署愈发能够抢在这些利润外流之前，成功将其拦截。

古铁雷斯认为自己有办法同时解决这两个问题，那就是采用一种新的手段，秘密运送货物出入边境。他有两个选项可以增加毒品发货量：一是使用 1 个无人潜航器（UUV），二是使用 2 架无人机。这两个选项可以提供大致相同的运输量，即大约每天 400 千克。目前街头价格是可卡因每克 110 美元，海洛因每克 245 美元。按照目前街头价格，任何一个选项都将为这个卡特尔带来每天 4400 万至 9800 万美元的收入。

古铁雷斯的财力只够在两个选项中选择一种：购买 1 个无人潜航器，或是购买 2 架无人机。但问题在于，如果美国街头可用毒品数量激增，将迅速为美国缉毒署所察觉，该署就会全力查明毒品进入美国的途径。他需要发动欺骗，好让美国缉毒署及其伙伴机构去错误地点寻找入境路线。埃尔·查卡尔想要一个周密的欺骗计划，以同时保护这两个提议选项。

（一）海上发货选项

这个选项要求无人潜航器在哥斯达黎加或墨西哥近海，找到停靠的一艘船只并装载货物，然后潜入水下，自动潜航至美国加利福尼亚州或俄勒冈州近海某个预先设定的位置，并在那里与一艘游艇会合。游艇船员会卸下毒品，并将贩毒利润通过潜航器运回。然后，无人潜航器将返回出发位置，接受维护、更换燃料电池和装载新的货物。这样，无人潜航器就可以一直在水下活动了。

这种无人潜航器是改进型号的，其原型为“护身符”（Talisman）无人潜航器，最早是由 BAE 系统公司水下系统部生产的。它的特点是，船体是使用碳纤维复合材料的创新外形，内部压力容器可容纳电子系统和有效载荷。船体被设计为可对被动和主动声呐隐身。该潜航器空载状态下重约 2000 千克，长约 6 米，宽约 2.5 米。一旦装载完毕，它可以下潜 200 米，并保持潜航状态直至抵达目的地。

他们主要担心途中探测的问题。如果美国怀疑有人使用无人潜航器并大致掌握发货路线，它就很可能遭到拦截、捕获或击沉。虽然它在正常运行状态下是静音和隐身的，但只要对它开展彻底搜索，还是有些声学技术（稍后讨论）有可能发现它的。

（二）空中发货选项

空中发货需要依靠从伊朗购买的 2 架无人机。它们是伊朗生产的复制产品，原型是美国 RQ-170 无人机。这架无人机于 2011 年 12 月，在阿富汗边境附近的伊朗领空被击落。伊朗击落这架无人机后对其开展逆向工程。它的特点是隐身设计，因此传统雷达很难发现。这款无人机长约 3 米，翼展 20 米，可以携带 800 千克的有效载荷。

毒贩的行动计划，要求无人机每次从墨西哥出发时，都必须使用不同机场起飞，避免产生能够引人注意的行动模式。无人机执行夜间飞行任务，目的地是美国亚利桑那州或新墨西哥州的 6 个小型机场（有草皮跑道）中的某一个。另外，这些机场都远离墨西哥边境。在那里，毒贩会卸下机载毒品，然后带回贩毒利润。无人机加满油后，将于第二天夜间返航。在地面逗留期间，无论何时，无人机都会一直藏匿于飞行路线两端机场的某个机库里。

（三）卡特尔的 OODA

人力情报：你认为美国缉毒署在蒂华纳招募到该卡特尔的一名打手，让他作为线人，通报该卡特尔的活动情况。古铁雷斯想除掉他，但在你的建议下，他很不情愿地同意让这个人（暂时）继续活着，这样你就可以把他当作并不知情的渠道，向缉毒署传递误导性信息。你并不清楚在缉毒局眼中，这个线人的可信程度到底有多高。

信号情报：你拥有一个现成的网络，可以监听缉毒署在西南地区的无线电通信。这些通信是加密的，但你已经对该署网络进行绘图，并且有能力对该网络进行流量分析。借助流量分析，你往往能够识别出缉毒署开展战术行动的位置和性质。

开源情报：你有 2 个手下负责监察新闻报道和互联网消息，了解美国“缉毒行动”（drug bust）的情况。这些消息可以提供价值极高的见解，供你了解缉毒署、边防部队和海岸警卫队都有哪些方法来识别和拦截毒品运输。

（四）美国的 OODA

虽然你的头衔是“情报官”，但迄今为止，你的大部分工作都是反情报，也就是在美国和墨西哥政府针对该卡特尔开展的官方情报活动后，对其开展评估和反制。首要威胁是美国，它部署多种传感器，可以监控来自墨西哥和中美洲的毒品走私。你已经针对下面的情报源和传感器展开威胁分析。

1. 人力情报

虽然你知道组织内部存在一个缉毒署的线人，但你怀疑墨西哥政府或美国缉毒署还掌握至少另一个尚未被你识破的线人。

2. 超视距雷达

美国海军的两部高频超视距雷达（被称为重建式超视距雷达，ROTHR），分别在得克萨斯州科珀斯克里斯蒂和弗吉尼亚州切萨皮克工作。这两部雷达可以覆盖加勒比海，以及大西洋和墨西哥湾的部分海域。这些雷达全天候工作，履行禁毒监察职能。它们能探测到任何高度飞行的小型飞机。但是，你已咨询过雷达专家，他们说无人机对这些雷达是不可探测的，或者说最多只是间歇性可探测。尽管现有重建式超视距雷达的覆盖范围并不包括该卡特尔无人机可能采用的飞行路线，但如果缉毒署怀疑有无人机飞行，就有可能调整雷达，以覆盖这些路线。

3. 浮空器

美国系留浮空器雷达系统（TARS）的设计目的，是探测低空、海洋、水面和地面的走私者和毒贩。系留浮空器雷达系统可以覆盖美国—墨西哥边境、佛罗里达海峡和北加勒比海。这些浮空器（Aerostat）类似软式飞艇，但通过系绳实现升降，以便根据天气条件自我调整和开展维护。众所周知，其上的传感器套件包括能够探测小型飞机和小船的雷达。你或许怀疑它上面也配备了可以监听通信的信号情报设备。目前共有 6 个浮空器，部署在亚利桑那州的尤马（Yuma）和华丘卡堡（Fort Huachuca），新墨西哥州的戴明（Deming），得克萨斯州的马尔法、鹰关（Eagle Pass）和里奥格兰德市。

你与技术专家交谈后得出结论，认为隐身无人机很可能不会被系留浮空器雷达系统的雷达在普通模式下探测到，除非它进入雷达 18 英里（30 千米）范围内。但是专家建议称，如果**美国佬**怀疑有人使用隐形航空器，可能就会使用一种被称为“双基雷达”的技术（同时使用一个系留浮空器雷达系统的发射器和另一个系留浮空器雷达系统的接收器），将雷达联成网络以探测无人机。

4. 地道探测技术

美国国土安全部（DHS）研发出一种传感器，可以利用地震技术和红外技术来探测地道。据称，这种方法可以使用埋设地下的光纤电缆，感应与地道挖掘有关的振动。你并不清楚这种传感器的部署范围，但根据地道发现速率，可以判断出它们已经部署并且启用。

5. 海上监视：P-3 飞机

使用船只和微型潜水器运送毒品，通常会被美国海军的 P-3 飞机所发现。P-3 携带的雷达可以在 60 英里（100 千米）以上的范围，识别水面船只和半潜式潜航器（当其浮出水面时）。P-3 机组人员在加勒比海和东太平洋上空执行巡逻任务，每年巡逻总时长约为 6000 小时。

所有 P-3 飞行活动都是情报驱动的，并由联合特遣队负责策划，飞行目的通常都是监控指定搜索区域。如果 P-3 发现可疑船只，通常就会停留在该船的可视范围之外，对该船及其货物进行拍照。P-3 通常会继续监视这艘可疑船只，直到美国海岸警卫队或海军舰船将其拦截。如果无法拦截，它将对该船实施近距离顶空飞行，通常可以让船员将毒品抛出船外。

6. 网络行动

不久前，该卡特尔的资金多次变动，被转入可能是美国缉毒署控制的账户内，人们认为此事系美国缉毒署网络行动小组所为。此外，人们还怀疑这个小组已经查明该卡特尔的洗钱活动细节。

7. 海底声学传感

美国海岸警卫队和海军拥有水下声学传感器系统，能够探测无人潜航器。你知道有两种此类传感器可以构成威胁：

- 美国海岸警卫队水下成像系统（Underwater Imaging System），是一种主动（发射和接收）三维声呐系统，用于海上安全、港口与港湾维护、搜索与回收，以及对进入美国海岸线的物体进行探测和归类。

- 监视用拖曳式阵列传感器系统（Surveillance Towed-Array Sensor System，SURTASS），是美国海军的一种远程声呐系统。它的特点是在舰船后拖曳一组阵列式水听器。这种声呐阵列可以在被动或主动模式下工作。被动探测无能为力时，它可以使用主动模式。你怀疑美国曾经使用监视用拖曳式阵列传感器系统，探测该卡特尔的半潜式潜航器，识别其身份以便开展拦截活动，但你无法证明这一点。

8. 信号情报

人们认为，系留浮空器雷达系统携带信号情报设备，可以探测和跟踪其覆盖区域内正在工作的雷达。它们很可能还会从手机和一键通无线电中搜集通信情报。美国缉毒署在加利福尼亚州、新墨西哥州、亚利桑那州和得克萨斯州的多个地点设有截听站。人们认为，这些截听站一直监听该卡特尔的手机通信。

（五）指导

请你制订两个详细的欺骗计划，每个计划对应一种用于毒品运输和资金回收的选项。欺骗必须能够误导美国执法团队，致其不再关注你们真正使用的方法和路线。古铁雷斯将根据他认为最有可能成功的欺骗计划，选择使用哪种新的运输方式。

三、练习3：破坏福尔多铀浓缩设施

本练习是以色列摩萨德开展的欺骗计划，目的是针对伊朗福尔多（Fordow）秘密铀浓缩行动发动网络攻击，同时保护攻击源。尽管本练习的想定大致基于真实信息，但它确实是虚构的。你是负责策划此次欺骗行动的摩萨德特工。

（一）福尔多的背景

福尔多燃料浓缩设施位于伊朗库姆市东北 20 英里（32 千米）的福尔多村附近。伊朗于 2006 年开始秘密建造这个设施。2009 年 9 月，美国、法国和英国官员向国际原子能机构（IAEA）通报，称福尔多是铀浓缩设施，并提交支持该项指控的证据。当时，福尔多是伊朗第二个铀浓缩设施，第一个位于纳坦兹。

外界认为，福尔多设施经过加固，可以抵御常规空袭。在福尔多，最初建成的铀浓缩区深埋于山中地道里。卫星图像已经确认，它的施工时间是 2006 年 6 月至 2007 年 7 月。伊朗原计划在福尔多安装高效先进的离心机，但因为该设施的存在已被透露给国际原子能机构，所以伊朗宣布将安装更加老旧、效率更低的 IR-1 型离心机。2012 年 1 月，伊朗表示已经开始在福尔多开展铀浓缩活动，生产出浓度为 20% 的浓缩铀。根据 2013 年 11 月伊朗签署的一项临时核协议，福尔多浓缩铀生产应当停止，而且伊朗也同意将储存在福尔多的浓缩铀，转变成扩散风险较小的存在形式。[1]

根据 2015 年 7 月签署的《联合全面行动计划》(JCPOA)，伊朗同意在未来 13 年内，销毁中浓缩铀（浓度 20%）库存，削减低浓缩铀库存，并将气体离心机数量减少约三分之二。该协议明确规定，伊朗 15 年内不得在福尔多开展浓缩活动，该设施将改为核研究中心。该设施的设计容量为 3000 台离心机，但协议规定，该场所仅限安装 1044 台离心机。该协议明确规定，在这里安装离心机的目的，是生产非军用放射性同位素。

---

[1] 原注：The Institute for Science and International Security, "Nuclear Sites: Fordow Fuel Enrichment Plant (FFEP)," http://www.isisnucleariran.org/sites/detail/fordow/.

（二）近期事件

摩萨德情报部门认定，伊朗正设法绕开各项限制，设法生产足够制造至少一枚核弹头的裂变材料。伊朗扩建地下设施，并安装大约 6000 台最新、最高效的铀浓缩离心机，目的是生产足以制造一枚核武器的铀 235，其浓度将达到 90%。该设施已于 2 个月前开始运行。

摩萨德情报部门的主要线人是该设施内部的一名特工。“拉斐尔”（他在摩萨德的代号）是一名 28 岁的伊朗物理学家，2 年前加入福尔多团队。6 个月前，在开罗举行的一次科学会议期间，（谎称隶属沙特情报机构的）特工以“假旗”行动的方式主动与他接触。他们给了他一大笔钱，让他报告福尔多内部活动情况。他表示同意，并称自己同意合作的理由是反对研发核武器的理念，因为他担心核武器会被用来对付无辜人民。他认为自己是伊斯兰教的温和信徒，暗中反对大阿亚图拉把持的伊朗政府。

自被招募以来，拉斐尔提供了该设施的生产计划、浓缩铀 235 生产进度详情和关于离心机使用计算机与软件的详细情况。离心机控制系统位于一个独立的内联网上。此内联网的访问权限仅由设施内的 4 名关键人员掌握（见“福尔多设施的关键人员”部分），在防火墙的保护下接入福尔多主网络（主网络与外界没有物理连接）。由于该设施所在主网络不与外界连接，植入恶意软件的唯一途径，就是通过一个有权访问该计算机网络的内奸来完成。拉斐尔有权访问主网络，但无权访问离心机控制系统所在的内联网。

根据拉斐尔提供的信息，以色列制作了一个恶意软件包，它类似“震网”，但经过定制，专门针对福尔多设施的计算机和软件发挥作用。拉斐尔已经同意前往位于库姆的一家网吧，将这个恶意软件下载到 U 盘上，再将其植入一台可以接入主网络的计算机中。所有带入该设施的电子存储介质，在接入网络前都必须接受病毒检查，但拉斐尔认为自己有办法轻松绕过检查过程。

这个恶意软件使用被称为 VPN 枢轴的技术。一旦被植入主网络，它就会使用“枢轴跳转”的方法，绕过离心机所在内联网的防火墙。然后，它将感染离心机控制系统，并清除能证明自己在两个网络中存在过的所有证据。它的设计目的是让离心机失控旋转和自毁，以此破坏生产。它启动破坏的日期和时间，将由拉斐尔把它上传到主网络后再行设定。

以色列科学家预计，它造成的破坏将包括爆炸、火灾和浓缩铀 235 气体释放。由于该设施位于地下，他们不知道爆炸或火灾的证据是否能够到达地表。不过，他们预计气体成分最终会逃逸到大气中。他们还预计该设施将有多名工人伤亡。这个恶意软件可以在完成任务后，擦除能证明自身存在的一切证据——以防计算设备未被破坏的情况出现。

拉斐尔已经同意植入恶意软件，但条件是必须保证随后的调查活动不会围绕自己开展。他也不希望恶意软件启动时自己尚未离开设施，因为它可能造成的附带破坏是无法确定的，但他同意事后报告结果。

摩萨德的反情报部门一直怀疑拉斐尔。他们表示，此人招募起来过于轻易，而且同意从事间谍活动的理由也令人怀疑，另外他并没有得到独立情报源的充分审查。他们担心他可能是一个双重特工，实际上是为伊朗情报机构工作的。摩萨德负责此次行动的主官最后决定，无论如何，行动继续进行，因为迄今为止拉斐尔的所有报告，看起来都是真实的。

（三）福尔多设施的关键人员

在福尔多设施内，只有 4 名关键人员有权访问离心机控制系统，拉斐尔已经指认出他们的身份：设施主管拉杰巴·赛义德（Ranjbar Saeed）博士、首席科学家穆萨维·阿里·哈特夫（Mousavi Ali Hatef）博士、计算机中心主任迈赫兰·阿斯加里安（Mehran Asgharian）博士和首席软件工程师哈桑·加梅伊（Hassan Gharmeei）。摩萨德的行动主官表示，恶意软件启动时，这几名关键人员在设施里的数量越多越好。

1. 兰杰巴尔·赛义德

在被任命为福尔多设施主管之前，兰杰巴尔·赛义德是纳坦兹设施负责燃料浓缩的首席科学家。众所周知，赛义德是伊朗核武器项目的坚定支持者。国际原子能机构档案显示，赛义德曾担任应用物理研究所所长，而这个研究所一直在为可能是伊朗核武器项目的科研工作充当掩护。他之前曾经担任德黑兰伊玛目侯赛因大学物理系主任，而这所大学与伊朗革命卫队有关，并与核武器化工作有关。据称，赛义德曾在沙希德贝赫什提大学工作，而这所大学因为与伊朗导弹和核计划有关，所以受到欧盟制裁。他的名字一直与伊朗核学会联系在一起，而这个学会以前被称为伊朗核专家协调委员会，据称是由国防部创立的，目的是聘请大学教授和科学家参与国防计划。他曾担任这个委员会的副主席。

2. 穆萨维·阿里·哈特夫

穆萨维·阿里·哈特夫以前一直与伊朗研发核武器的努力有关。据一位与国际原子能机构关系密切的专家表示，此人是伊朗纳坦兹燃料浓缩项目中的关键科学家。这位专家补充称，哈特夫曾经亲自指导更加先进的离心机的设计和操作工作。哈特夫是虔诚的伊斯兰教信徒，矢志献身伊朗革命，同时也是那位大阿亚图拉的朋友。

哈夫特被认定为“参与核或弹道导弹活动”人员，很早便因 2007 年安理会第 1747 号决议，被列入联合国制裁名单。这些制裁措施限制了他的出行，并冻结了他的一切海外资产。他后来还遭到欧盟制裁。虽然安理会没有提供将他列入制裁名单的确切原因，但据那位与国际原子能机构关系密切的专家表示，是参与伊朗核项目一事导致他遭到制裁的。

3. 迈赫兰·阿斯加里安

迈赫兰·阿斯加里安毕业于伊朗科技大学，获得计算机工程博士学位。他目前是福尔多计算机中心主任，负责监督该设施的硬件和软件操作。拉斐尔经常造访阿斯加里安的办公室，与他讨论工艺细节。

4. 哈桑·加梅伊

哈桑·加梅伊也毕业于伊朗科技大学，获得计算机工程学士学位。他负责研发和维护控制离心机运行的软件。在控制软件的研发过程中，拉斐尔曾多次与加梅伊密切合作，并视加梅伊为朋友。和拉斐尔一样，加梅伊也是伊斯兰教的温和信徒。

（四）伊朗的 OODA

伊朗情报和安全部（MOIS）利用所能掌握的一切手段，全力保护本国的伊斯兰革命，采用的方法包括打入国内反对派团体内部、监视国内威胁和国外异议、逮捕被控为间谍和不同政见者的人士、曝光被其认为具有威胁性的阴谋、保持与其他外国情报机构的联络，以及保持与全球以保护伊朗国家利益为目的的各个组织的联络。

所有组织必须与情报和安全部共享信息。该部负责监管所有隐蔽行动，通常会亲自出面执行国内行动，而伊斯兰革命卫队圣城旅负责执行大部分的境外行动，比如破坏、暗杀和间谍活动等。虽然圣城旅独立行动，但也会与情报和安全部共享所搜集的信息。

信号情报：伊朗通过外国来源搜集信号情报的能力是有限的。其信号情报能力只能构成有限的威胁，因为它仍在发展当中。

网络情报：2011 年夏天，伊朗成立了“网络司令部”，以阻止网络攻击来临，以及发动网络攻击进行报复。情报和安全部安全局很可能会邀请网络司令部的专家出面，协助调查福尔多事件。

反情报：安全局的任务是查明危害伊朗伊斯兰共和国独立、安全和领土完整的阴谋、颠覆、间谍、破坏和煽动活动。局长马哈茂德·拉菲普尔（Mahmoud Rafipoor）毕业于库姆的哈哈尼学院（Haghani School）。这是一所什叶派学院，由一群强硬右翼神职人员所控制。他拥有法律学位，曾担任伊斯兰革命法院检察官。他是神职人员，持保守的政治和宗教意识形态。作为安全局局长，他负责开展调查，有权决定逮捕涉嫌在福尔多制造破坏的人员。

情报和安全部下设虚假信息司（Department of Disinformation），负责针对伊朗的敌人策划和发动心理战。

（五）以色列的 OODA

人力情报：除拉斐尔外，摩萨德在福尔多没有其他线人。他们有个线人经常前往库姆市，这座城市也正是上述关键人员居住的地方。

图像情报：以色列拥有一个图像卫星系列，即"地平线"（Ofek 或 Ofeq）系列。在该系列中，以下卫星可定期提供关于福尔多的图像：

- "地平线 5 号"和"地平线 7 号"是可见光成像卫星，图像分辨率优于半米。
- 2010 年发射的"地平线 9 号"是多光谱成像卫星。与"地平线 5 号"和"地平线 7 号"一样,"地平线 9 号"提供的分辨率远远优于半米。
- "地平线 10 号"，又称技术合成孔径雷达（TecSAR），是一颗雷达侦察卫星。它配备高分辨率合成孔径雷达，能够在夜间和透过云层搜集图像。

信号情报：以色列信号情报搜集的很大一部分工作，都是由我们所说的"8200 部队"（Untit 8200）完成的，其驻地是位于内盖夫沙漠的乌里姆（Urim）基地。这个基地架设了多个用于截获卫星通信的碟形天线，搜集重点是电话、电子邮件，以及中东与北非发起的金融交易的细节。乌里姆基地的计算机能够自动检索截获通信，寻找感兴趣的单词、电子邮件地址和电话号码，再将情报产品发往位于赫兹利亚的8200部队总部。这些信息将在那里得到翻译，最后呈报以色列国防军总部和摩萨德。

网络情报：除信号情报行动外，8200部队还针对阿拉伯国家和伊朗开展网络搜集。这支部队的搜集目标是互联网论坛、博客和暗网。它还负责监视伊朗关键官员和国防领域科学家在推特和脸谱网上的活动。

以色列国防军拥有多个由网络作战人员组成的精锐团队，他们可以同时开展网络进攻和网络防御，以此支持军事行动。这些团队还会以伊朗的导弹和核设施为目标，开展网络入侵和情报搜集。在过去的一年里，这些团队已经多次成功地针对军事目标发动攻击，但他们也报告称愈发难以入侵这些目标，因为伊朗已经发展出更加强大的网络防御。

开源情报：摩萨德搜集来自各种信息源的新闻报道，关注重点是能对以色列构成威胁的邻国。它密切监察伊朗的电视广播和报纸。

（六）指导

摩萨德的行动主官命令你准备一个欺骗计划，目的有3个：

1. 虽然这位主官得出结论，认为拉斐尔可能并不是双重特工，但他仍然希望能有独立情报源，以此证实攻击确实发生，并尽可能详细地证实结果到底怎样。

2. 他想保护拉斐尔免于暴露，因为他需要关于此次网络攻击结果的后续报告，他想让拉斐尔活下来，以备将来利用，即将来伊朗重建该设施时，报告一切相关的后续尝试。

3. 如有可能，他希望怀疑可以落在一名或多名（前文所列的）关键科学家头上，最好能让他们被永远驱离这个设施并被处死——假设他们在离心机遭到破坏时没死的话。

只要能够帮助欺骗行动，令其一直保持成功状态，该主官愿意在恶意软件交给拉斐尔之前，对它进行任何修改。

四、练习4：反制以色列破坏福尔多设施的努力

本练习借用练习 3，也就是“破坏福尔多铀浓缩设施”中的事件，但做如下改动。

你被派往伊朗情报和安全部安全局。你局内部有个双重特工，名叫贾迈勒·法加达尼（Jamal Farghadani），以色列情报机构认为此人现在福尔多设施内工作。6 个月前，安全局提议将法加达尼作诱饵使用，并对迄今为止所产生的结果感到满意。为了建立法加达尼的可信性，他们还为他提供“鸡饲料”[1]，供其转交以色列。4 个月前，他向以色列提供了关于该设施的经过改动的计划，以及关于计算机软硬件的虚假细节。

法加达尼收到以色列发来的软件文件，并收到命令，要将这个软件载入 U 盘，然后植入福尔多的主计算机系统。这个文件包含恶意软件，目的是感染设施的离心机控制系统。你方专家已对这个恶意软件进行验证，相信它确实会让设施里离心机遭到破坏——前提是以色列收到的关于设施软件的详情是准确的。

情报和安全部部长希望以色列能够相信其计划已经成功，并相信福尔多将在可以预见的未来停止运转。他已经向你发出指示，命令你做到这一点。

---

[1] 原注：“鸡饲料”（chicken feed），指情报价值很低的真实材料，由双重特工提供给敌方情报机构，致其认可此人为可靠线人。

（一）伊朗的 OODA

这是你对伊朗（你方）OODA 的认识，它不同于练习 3 中提供的以色列视角。**不得考虑来自该练习的各项相应信息。**

人力情报：你了解到，伊斯兰革命卫队圣城旅有一名军官在耶路撒冷开展秘密活动，此人在以色列首都掌握一个特工网络。你并不掌握这些可用线人的任何细节，但负责行动的主官已经同意，称如果此人的线人掌握必要访问权限，你可以使用这些线人来传递信息或获取信息。但基于你与圣城旅部队朋友的讨论，你怀疑这些线人的级别很低，他们更适合开展隐蔽活动，而不是搜集情报或向以色列传递误导性信息。

图像情报：伊朗主要依靠购买商业图像，以此获取图像衍生情报。它获取的关于以色列目标的图像全都来自俄罗斯的成像卫星。

信号情报：伊朗有三个秘密的信号情报站，它们位于叙利亚北部的杰济拉（Al-Jazirah）地区和戈兰高地。这些站点由伊朗和真主党武装联合操作，针对目标是黎巴嫩和以色列。它们搜集来自以色列的部分手机通信，以及使用一键通无线电的以色列军方通信。

网络情报：在经历了“震网”惨败之后，伊朗发展出可以媲美俄罗斯等国的网络行动能力。它有能力针对许多以色列商业网站发动信息行动，并已成功攻击了部分政府网站。

开源情报：情报和安全部定期搜集并分析以色列报纸和新闻网站上的内容。

反情报：伊朗研发出一套全面反情报系统，以保护其核项目。但以色列偶尔也能够成功突破这套系统，而且至少曾有一次成功地让一名特工侵入伊朗情报系统内部。

（二）以色列的 OODA

这是伊朗情报和安全部对以色列 OODA 的认识，它不同于前面练习中出现的以色列视角。**不得考虑来自该练习的各项相应信息。**

图像情报：以色列拥有一个图像卫星系列，即“地平线”系列。人们认为，这些卫星每次飞临顶空时都可以拍摄伊朗政府和国防设施：

- “地平线 5 号”和“地平线 7 号”是可见光成像卫星，据称图像分辨率优于半米。
- 据称，2010 年发射的“地平线 9 号”是多光谱成像卫星。与“地平线 5 号”和“地平线 7 号”一样，“地平线 9 号”提供的分辨率远远优于半米。
- “地平线 10 号”，又称技术合成孔径雷达，是一颗雷达侦察卫星。据称，它配备高分辨率合成孔径雷达，能够在夜间和透过云层搜集图像。

信号情报：以色列信号情报搜集的很大一部分工作，都是由我们所说的 8200 部队完成的，其驻地是位于内盖夫沙漠的乌里姆基地。据称，乌里姆基地重点搜集电话、电子邮件，以及从中东与北非发起的金融交易的细节。人们认为，该基地可以监听卫星通信。伊朗情报机构评估认为，乌里姆基地可以监听“伊朗卫星 3 号”（Iransat 3 satellite）的所有传输信号。这颗地球静止卫星面向整个中东的听众观众，提供电台电视台广播，播报伊朗新闻，输出伊朗观点。它还提供国内和国际的电信和互联网服务。

网络情报：人们认为，除信号情报行动外，8200 部队还针对阿拉伯国家和伊朗开展网络搜集活动。伊朗情报机构评估认为，8200 部队的搜集目标是互联网论坛和博客。你的网络防御团队报告称，有黑客频繁尝试入侵伊朗的国防和情报网络，而且几乎每周都会发现有成功入侵政府其他网络的事件。

开源情报：人们认为，以色列会例行监察伊朗的电视和新闻媒体，包括来自“伊朗卫星 3 号”的广播。

（三）指导

你的任务是制订一个欺骗计划，让以色列相信其恶意软件已经成功破坏离心机。你的计划必须包括某些手段，确保以色列情报机构已经相信这个欺骗计划。

五、练习5：支持非战斗人员撤离

本练习是制订一个多情报欺骗计划，以掩护利比亚城市的黎波里的非战斗人员撤离行动（NEO）。它是虚构的，但大致基于各个真实组织的情况。

（一）背景

两周前，一支“伊斯兰国”特遣队从海上突袭的黎波里，占领的黎波里港大部分区域。发动此次进攻的是“伊斯兰国”驻利比亚苏尔特部队，他们还得到了“伊斯兰国”驻的黎波里小分队的支持。此次进攻遇到抵抗。发动抵抗的部队来自被称为“利比亚黎明”的亲伊斯兰武装组织，这个组织控制着的黎波里大部分地区，是的黎波里现政府的军事执法武装。

上周，“伊斯兰国”部队从港口阵地向的黎波里发动一系列进攻。他们目前控制了整个的黎波里港，如图 13-1 所示。“利比亚黎明”武装组织控制了图示的其他地区，但“控制”程度相当松散。

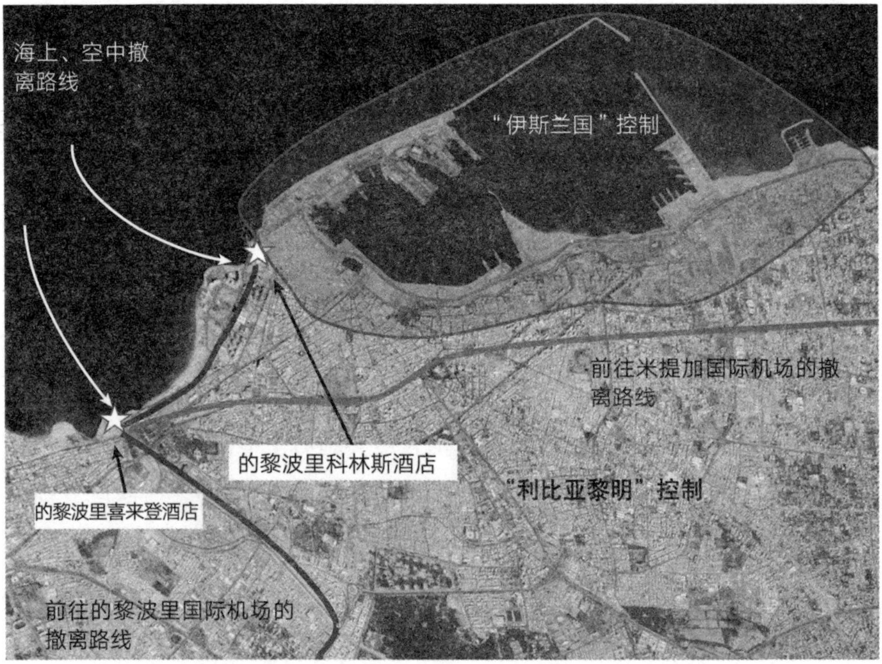

图 13-1 的黎波里控制区和提议撤离路线

来源：公有领域地图，参见：https://commons.wikimedia.org/w/index.php?curid=660014。

这座城市看起来已经陷入混乱，当地居民也惊慌失措。面对“伊斯兰国”进攻，的黎波里政府（国民议会）逃离该市。“利比亚黎明”的武装力量仍然坚守该市，且兵力超过“伊斯兰国”，但“伊斯兰国”的组织和装备占据优势。

大约 950 名西方人（134 名美国人、256 名德国人、158 名法国人、312 名英国人及若干其他国家人员）在图示两家酒店避难。“利比亚黎明”部队拒绝让被困人员离开这两家酒店，称无法保证酒店外一切人等的安全。情报评估的结论是，在如何处置被困西方人员的问题上，“利比亚黎明”内部各派领导人存在分歧。一些派系想把他们当作谈判筹码，另一些派系似乎希望“伊斯兰国”抓住他们，称这样可以让北约针对利比亚的

"伊斯兰国"采取行动。

北约海上联合特遣队已经成立，目前正在前往的黎波里的途中，预计两天内抵达沿岸海域。这个联合特遣队负责执行非战斗人员撤离行动，营救两家酒店的被困侨民。关于如何实施非战斗人员撤离行动，联合特遣队指挥官已经听取了下属指挥官提出的三个不同提议。所有提议都是派出一支特种部队先遣队同时进入两家酒店，以保护被困平民，同时协调撤离行动。

- 美国指挥官提议使用美国海军陆战队远征部队第 62 特遣队的分遣队，沿图 13-1 所示的两条路线在海岸登陆。然后，他们会打通一条通往酒店的道路，对酒店被困人员实施海上撤离。该指挥官指出，两家酒店靠近海滩，登陆部队可以轻易抵达。联合特遣队的其他指挥官表示反对，称"伊斯兰国"占据有利地形，可对一切来自海上的抵近活动做出反应。另外，"伊斯兰国"狙击手可以清晰观察科林斯酒店的登陆区域。再者，这条撤离路线极易被人识破。
- 英国指挥官提议使用直升机，从酒店屋顶开展撤离行动，采用的路线与美国海军陆战队远征部队的提议相同。由于撤离人数众多，反对意见认为，这需要在较长时间内开展多次飞行活动，很可能会使"伊斯兰国"警觉，进而使用便携式防空系统（MANPADS）攻击直升机。
- 德国指挥官提议使用部署在马耳他的德英两国特种部队，护送撤离人员离开两家酒店并前往的黎波里国际机场，具体做法是使用在旅馆附近为此目的征用的民用交通工具，或使用可以飞进机场的装甲航空器。他们曾经考虑过一条备选撤离路线，即沿埃姆鲁斯（Al Amrus）公路前往的黎波里仍可使用的米提加国际机场。它是民用机场，位于的黎波里市中心以东约 5 英里（8 千米）处。这个备选方案遭到否决，理由是选用路线靠近"伊斯兰国"控制的地盘，因此这种做法存在风险。德方提议的两条撤离路线如图 13-1 所示。

策划人员担心，执行撤离任务的飞机在降落的黎波里国际机场时，可能会被“伊斯兰国”和“利比亚黎明”部队发现，而地面撤离路线又可能会被“利比亚黎明”武装人员拦截。

联合特遣队指挥官的结论是，无论选择哪个选项，都必须开展欺骗行动，以误导“伊斯兰国”和“利比亚黎明”部队，致其远离实际撤离活动，从而提高非战斗人员撤离行动的成功概率。他已经要求提供一份详尽的欺骗计划，它应当可以支持上述三项行动中的任何一项。

（二）“伊斯兰国”的背景

“伊斯兰国”驻的黎波里部队指挥官是阿卜杜勒·萨阿德·塔杰里（Abdul Sa’ad al-Tajuri）。据称，他作为幕后主使，曾在苏尔特地区策划多起攻击政府部队和平民的事件。同伙形容他野蛮、暴躁、冲动、多疑，臆想着各种来自外部和内部的威胁。在他担任驻苏尔特部队指挥官时，无数人因亵渎、巫术和间谍等罪名，被公开斩首，或是身穿橙衣被绞死在脚手架（他称之为“受难十字架”）上。罪魁祸首正是塔杰里。

看起来，塔杰里是绝不会放走两家酒店里被困的西方人，但他处置这些人的计划尚不明确。北约信号情报部队已经监视了塔杰里的互联网通信，发现他命令的黎波里地区全体部队保持戒备，防止有人试图从空中或海上撤离两家酒店里的外国人。

“伊斯兰国”的控制区如图 13-1 所示。塔杰里已在科林斯酒店附近部署狙击手，“利比亚黎明”已派部队前往该酒店附近，但已在狙击手火力下出现一些伤亡。

塔杰里非常熟悉上一次发生在利比亚的非战斗人员撤离行动。那是一次大规模军事行动，目的是从利比亚撤侨，时间为 2011 年 2 月 26 日至 3 月 3 日。在此期间，英德两国军方组建联合特遣队，从该国撤离数百名侨民。德国的行动代号“天马行动”(Operation Pegasus),使用 C-160 运输机,从利比亚东部纳弗拉简易机场撤出了 262 人,其中包括 125 名德国人,另外还有巴斯夫公司旗下子公司温特沙尔公司(Wintershall)雇员——温特沙尔公司在利比亚运营石油生产设施。英国的行动代号“尊重行动”(Operation Deference),使用 C-130 飞机,从利比亚东部沙漠撤离大约 300 名英国和其他外国石油工人。

(三)“伊斯兰国”的 OODA

“伊斯兰国”部队现已占据有利地形,可以很好地观察的黎波里科林斯酒店的活动情况。未经证实的报告显示,“伊斯兰国”也派出一个小分队观察的黎波里喜来登酒店。“伊斯兰国”监察美国有线电视新闻网和半岛电视台,了解它们对这场危机的报道。

“伊斯兰国”驻在该地的信号情报部队,使用商业可用的法国信号情报设备和缴获的俄罗斯信号情报设备。人们认为,他们能够监听该地区航运无线电通信、手持式双向无线电通信,以及手机和军民两用飞机的空对地通信。据称,“伊斯兰国”还在监视出入两家酒店的互联网流量。另外,这个信号情报部队有可能具备监听舰载雷达和舰对舰通信的能力,可以探测联合特遣队是否抵近。

人们认为,“伊斯兰国”信号情报部队至少有能力监听“利比亚黎明”的双向无线电通信,可能还有能力监听他们的手机通信。

“利比亚黎明”驻的黎波里的部分部队可能已遭“伊斯兰国”特工的渗透,但目前还没有关于渗透确切情况的详情。

(四)“利比亚黎明”的背景

“利比亚黎明”是亲伊斯兰武装组织,曾于 2014 年夏季进攻的黎波里国际机场，并占领首都大片区域。这个武装组织联盟可被视为国民议会的“武装部队”。国民议会以前是该国议会，后来在的黎波里重新召集，是“土匪式”政府（rogue goverement）。“利比亚黎明”控制着的黎波里及周边大部分地区，统领在该区域活动的小型武装组织，有能力保卫领土并维持治安，但装备不足以发动更大规模的进攻。不过，据称一些武装组织已经得到了军用飞机和防空武器。他们关于非战斗人员撤离行动的立场尚不明确，但部分武装组织的头目有可能会阻挠撤离外国非战斗人员的尝试，因为他们将这些人视作谈判筹码，以争取获得国民议会的承认。

（五）“利比亚黎明”的 OODA

外界不了解“利比亚黎明”部队是否使用互联网，但他们协调行动时，使用手提式对讲机和手机。对于这两种设备，联军是有能力监听的。“利比亚黎明”正在监察美国有线电视新闻网和半岛电视台，了解它们对这场危机的报道。

（六）“津坦旅”

强大的反伊斯兰组织“津坦民兵”（Zintan militia），又称“津坦旅”（Zintan brigades），他们支持国际社会承认的利比亚政府（民族团结政府，简称 GNA），并多次与“利比亚黎明”发生冲突。这个组织对“伊斯兰国”持同样的敌视态度，但此前从未与“伊斯兰国”部队交战。

2014 年 7 月 14 日，的黎波里国际机场爆发激烈战斗，交战双方是“利比亚黎明”和“津坦民兵”，机场设施几乎被彻底摧毁。此后机场一直关闭，但跑道仍在使用。目前，“津坦民兵”在机场周围驻有部队，他们是在“利比亚黎明”武装组织撤回的黎波里市市中心之后，为应对“伊斯兰国”威胁而派驻的。

吉拉尼 · 达赫什（Jilani Dahesh）是“津坦民兵”驻的黎波里国际机场部队的指挥官。据称，他与“利比亚黎明”许多指挥官的关系都不错，他主张必须成立联盟，这样才能消除“伊斯兰国”威胁。他愿意在非战斗人员撤离行动中为联军部队提供帮助。北约部队可以通过无线电或手机联系到他，但他的通信很可能会被“利比亚黎明”和“伊斯兰国”监听。

（七）北约部队

德国海上部队是“勃兰登堡”号和“莱茵兰 – 普法尔茨”号护卫舰，以及“柏林”号特遣队补给舰和“奥克”号舰队勤务艇。德国部队还有 3 架 C-160 飞机（每架可运载 95 名人员）在马耳他待命，可支持非战斗人员撤离行动。德国联邦国防军一支 400 人的特种部队小队正在马耳他待命。

英国部队是 4 架 C-130 型飞机（每架可运载 92 名人员）和一支 500 人的特种部队特遣队，他们也在马耳他待命。

美国第 6 舰队的一个海军打击群是支持此次行动的主力部队。它包括以下力量：

- “哈里斯 · 杜鲁门”号航空母舰。
- 第 61 特遣队，由大约 3 艘两栖军舰及标配登陆艇组成。美国海军陆战队地面部队可以使用这些舰艇，在两栖攻击或紧急撤离任务中，从海上和空中抵近海岸。
- 第 62 特遣队，一支 1900 人的海军陆战队远征部队。这支部队配备装甲车、火炮和运输直升机，能够开展岸上行动，或从动乱地区撤离平民。

联合特遣队的情报评估是，预计会出现有组织的和临时的阻挠，形式为伏击和进攻，特点为使用小型武器和火箭榴弹。据估计，当地平民约有 100 万人，其中许多人正在逃离该市。因此，联合特遣队的指挥官实施限制性交战规则（rules of engagement，ROE），以防止出现过多非战斗人员伤亡。联合特遣队指挥官表示，考虑到营救部队的规模和集结地区的面积，逐区“打通并坚守”（clear and hold）方案的选项是不可行的。他更倾向于让轻武装部队快速插入两家酒店，然后迅速撤离，这样既能最大限度地减少附带破坏，又能确保部队和被救人员的安全。

（八）北约的 OODA

网络行动支持由美国第 10 舰队（美国舰队网络司令部）提供。北约信息行动小组还入侵了“伊斯兰国”的内联网，并正在监听其领导人与的黎波里各地部队之间的通信。

支持这次行动的联合情报中心，定期提供来自美国、法国和德国侦察卫星的可见光和雷达图像。这些卫星每次飞临顶空时，都会针对的黎波里开展图像搜集，成像包括可见光、红外、多光谱和雷达图像，且成像质量极高。

联合特遣队能够访问经过脱密处理的人力情报报告，它们都是参与国情报机构提供的。联合特遣队代号“茶叶”（Tealeaf）的线人可以报告“伊斯兰国”部队的部署情况，但出于保护线人的考虑，“茶叶”的报告通常会延迟 15—22 个小时。一个代号“椅子扶手”（Chairarm）的线人，可以就“利比亚黎明”部队在的黎波里喜来登酒店附近的活动情况，提供近乎实时的报告。这两家酒店的入住人员，都在用手机和互联网报告酒店周围的实时态势，但这种报告受制于间歇性停电，而且人们认为“伊斯兰国”和“利比亚黎明”都在监听这些通信。

（九）指导

作为策划团队主官，你的任务是制订并提交一个欺骗计划，以支持三个提议撤离选项中的某一个。（**课堂使用注意**：这里假定一个班分成三个小组，每组分别选择一个选项。）只要能够支持欺骗行动，联合特遣队指挥官乐于修改三个提议撤离计划中的任何一个，或执行相关“展示”行动。这个计划必须明确需将什么信息提供给每个敌军或友军（“伊斯兰国”、“利比亚黎明”和“津坦旅”），明确由谁提供，并明确如何提供和何时提供。它还必须明确需要公开发布哪些信息，并安排发布事宜（例如，可以通过新闻稿，也可以通过美国有线电视新闻网或半岛电视台的广播）。

六、练习6：破坏“博科圣地”的行动

本练习是一个不受任何约束的心理战行动欺骗计划，目的是对北非恐怖组织“博科圣地”（Boko Haram）造成破坏。它是虚构的，但大致基于真实组织的情况。

你是乍得—喀麦隆—尼日利亚秘密联合特遣队的指挥官。这个特遣队是在法国支持下成立的，目的是拟定和执行非常规手段，对恐怖组织“博科圣地”造成破坏。在官方角度，你并不存在：你开展行动时，政府不会承认你的行动。你得到以下行动指令：

- 阻止其招募新的武装人员；
- 策动现有武装人员叛逃；
- 鼓励“博科圣地”各部队之间、各头目之间开战；
- 破坏该组织用以获取补给的资金和能力。

没有交战规则。你的任务就是破坏“博科圣地”的行动，可以无所不用其极。衡量成绩的标准是行动是否成功，不必顾虑附带破坏。各参与国政府（乍得、喀麦隆、尼日利亚和法国）在你行动中所扮演的角色，在任何情况下都不得泄露。只要这些国家参与的事可以保密，并且行动取得成功，你所采取的手段就不会受到任何质疑。

目前你正在策划一系列欺骗行动以完成任务。以下是敌方和你方可用资源的详情。乍得、喀麦隆和尼日利亚的军方领导人已经同意开展行动，以协助执行你的总体欺骗计划，但前提是这样做不会过度干扰他们自己的正常行动。

（一）“博科圣地”的背景

“博科圣地”是伊斯兰极端主义组织，以尼日利亚东北地区为根据地，活跃于乍得、尼日尔和喀麦隆北部地区。

“博科圣地”最初依靠成员捐款。它与“伊斯兰马格里布基地组织”有关，因此能够获得来自沙特阿拉伯和英国的诸多团体的资助。但它获得资金的方式也包括抢劫银行和绑架勒索。媒体报道有时也称“博科圣地”涉足可卡因走私。这个组织掩饰资金来源的方法是，使用高度去中心化的资金网络。该组织采用被称为“哈瓦拉”（hawala）的伊斯兰式汇款模式，其基础是诚信制度和一个由全球代理人员组成的网络，因此很难追查资金流动情况。

虽然“博科圣地”的组织形式是等级结构，只有一名最高领导人，但在开展行动时，也会采取秘密的“细胞”式系统——这是一种网络化结构，每个小分队有 300 到 500 名武装人员。

“博科圣地”的效忠誓言，到目前为止主要是一种品牌推广活动，旨在提高该组织在“圣战”领域的国际声誉，吸引新人，以及呼吁“伊斯兰国”领导人为其提供帮助。

尽管遭受一系列挫折，但“博科圣地”仍然能够制造伤亡。2016 年 6 月，它发动了一年多来造成伤亡最甚的一次袭击。当时，该组织攻占尼日尔博索镇，一共打死 30 名士兵，迫使 5 万人逃离家园。

定期报告显示，“博科圣地”与“伊斯兰国”在利比亚的分支机构有合作。2016 年 4 月，开源情报报告显示，一个运送军火的车队在乍得被拦截。它从利比亚出发，被认为将驶往“博科圣地”，这是能够证实双方存在合作的首批确凿证据之一。有证据显示，自那时起，“博科圣地”与“伊斯兰国”在利比亚的分支机构间的合作开始增多。“博科圣地”武装人员前往利比亚，为“伊斯兰国”作战。作为回报，“伊斯兰国”派遣车队，取道乍得，向“博科圣地”运送武器和物资。

“博科圣地”会将敌对派系的情报通报给安全部队，另外它以前曾与尼日利亚和喀麦隆政府就人质问题进行谈判，这些说明“博科圣地”并非如尼日利亚政府所说的那样“身份不明”，也说明至少与某些“博科圣地”领导人进行沟通还是有可能的。

“博科圣地”在尼日利亚的活动区域如图 13-2 所示。

图 13-2 “博科圣地”在尼日利亚的活动区域

来源：笔者依原图制作。原图参见：https://www.usaid.gov/political-transition-initiatives/where-we-work/nigeria。

（二）关键官员

阿布巴卡尔 · 谢考（Abubakar Shekau）、马曼 · 努尔（Mamman Nur）和“安萨鲁”（Ansaru，“博科圣地”分裂出来的组织）某身份不明的领导人，是“博科圣地”网络中最有影响力的三名领导人。谢考是网络中最引人瞩目的领导人，但另外两名领导人在网络中大权在握，与谢考有着复杂的关系。

1. 阿布巴卡尔 · 穆罕默德 · 谢考

“博科圣地”现任领导人出生于尼日利亚东北地区约贝州谢考村。据说他是一个无所畏惧的孤独者，一个复杂而且自我矛盾的人：一半是神学家，另一半却是恶棍。他因意识形态的极端偏执和冷酷无情而闻名。据称他曾说过：“我喜欢杀死真主命令我杀死的任何人——就像我喜欢杀死鸡和公羊那样。”[1] 谢考能流利地使用豪萨语、阿拉伯语和母语卡努里语。人们认为他的年龄介于 35—45 岁之间。谢考并不直接与手下士兵联系。他通过少数几个指挥官行使权力，但即使与他们联系也是很少的。一直以来，他坚决反对与尼日利亚政府进行任何谈判或和解。

谢考是一位有争议的领导人，但他确实具有合法性，因为他曾是“博科圣地”创始人穆罕默德 · 优素福（Muhammad Yusuf）的副手，并与博尔诺州草根信徒保持密切联系。他掌握着一批核心效忠者，因为许多反对他的武装人员已经叛逃，或者已被“博科圣地”那些更加残忍、洗脑程度更甚的武装人员所杀害。这些武装人员对谢考的忠诚度仍然很高，但是据说，在谢考决定与“伊斯兰国”缔结紧密联盟之后，他们中有人表示反对。

---

[1] 原注：Jacob Zenn, “Leadership Analysis of Boko Haram and Ansaru in Nigeria,” West Point Combating Terrorism Center, February 24, 2014, https://www.ctc.usma.edu/posts/leadership-analysis-of- boko-haram-and-ansaru-in-nigeria.

2. 马曼 · 努尔

马曼 · 努尔与“基地组织”在非洲的分支机构有关系，他既是行动指挥官，又是意识形态领袖。据称，努尔的行动都是以卡诺为根据地，在博尔诺没有或几乎没有网络存在。他手下武装人员都是“博科圣地”创始人穆罕默德 · 优素福以前的追随者，而他本人与优素福也是关系密切的盟友。这些武装人员往往具有国际视野。努尔偶尔会与“安萨鲁”武装人员合作。他与谢考存在意识形态分歧，原因是谢考的领导风格不同，且与“伊斯兰国”关系密切。

3. “安萨鲁”

“安萨鲁”是伊斯兰“圣战”武装组织，以尼日利亚东北地区为根据地。它是“博科圣地”分裂出来的组织，成立于 2012 年 1 月。“安萨鲁”此前一直由哈立德 · 巴纳维（Khalid al-Barnawi）领导，直到他于 2016 年 4 月被捕为止。巴纳维已被取代，但取代者的身份一直没能在新闻稿中得到确认。

“安萨鲁”的大本营位于尼日利亚中北部的卡诺州。它与总部设在马里北部的“伊斯兰马格里布基地组织”协调行动。它的许多成员都曾在位于阿尔及利亚的“伊斯兰马格里布基地组织”营地接受训练。

“安萨鲁”的中层指挥官在当地与谢考和“博科圣地”开展合作。不过，虽然“安萨鲁”与“博科圣地”保持联系，但其成员反对“博科圣地”那种不加区分实施杀戮的内部导向和手段。“博科圣地”重点关注尼日利亚及周边国家，“安萨鲁”却刚好相反，它具有国际视野。“博科圣地”成员中有很多都接受过西方教育。“安萨鲁”的手段强调抓捕高知名度外国目标，以及打击西方利益。

“安萨鲁”不久前刚刚在尼日尔、喀麦隆、可能还有中非共和国开展行动，目前正在自行划定的“黑非洲”行动区域里，以“外国行动部队”的身份活动。虽然活动方式与博尔诺的“博科圣地”完全不同，但它也在避免与该组织发生冲突。

（三）你的资源

1. 法国网络部队

法国已经成立一个特种网络部队，它对你可用，能够协助执行你的欺骗计划。它可以监视“博科圣地”用以招募恐怖分子并将其极端化的社会关系网。它可以定期监察“博科圣地”使用的名为 al-Urhwa al-Wutqha 的推特账号。此账号被用来威胁发动袭击，还可用来与其支持者及哈瓦拉资金来源开展通信。这个网络部队掌握了马曼·努尔和“安萨鲁”部分军官的电子邮件地址。他们还在马曼·努尔的个人计算机上植入后门，以产生情报效益。该部队紧盯这些恐怖分子监控的互联网新闻和电视广播。该部队报告称，“博科圣地”监察尼日利亚的报纸，以获取关于尼日利亚部队部署情况的情报，从而确定攻击目标，同时观察民众对“博科圣地”发动攻击的反应。

2. 特种部队

你指挥的特种部队接受过非常规战争训练。它由乍得和尼日利亚志愿人员组成，这些人都曾在“博科圣地”发动的袭击中失去家人；它的成员还包括被迫加入“博科圣地”部队但后来逃脱的武装人员。该部队已于不久前结束战斗训练：他们配发的是“博科圣地”的制服和武器装备，接受的是“博科圣地”的战术训练。

（四）渠道

你的特种部队已经得到了两个“博科圣地”使用的短程通信收发器，它们可以用来监听“博科圣地”通信，或者与“博科圣地”军官通信。

“博科圣地”越来越多地使用视频这种手段，在线招募新人并对其进行洗脑。它在招募策略中加入了“伊斯兰国”曾经成功使用的同一种消息：该组织正在节节获胜，控制的领土足以建成一个国家。这些视频是“伊斯兰国”特工制作的，他们并不在当地，而是使用暗网连接（已遭法国互联网机构监控）来发送这些视频。视频内容包括“伊斯兰国”编写的多本武器制造手册和训练手册。

（五）指导

你的任务是制订和执行一个计划，它包括几个独立的欺骗行动，以帮助实施本练习开篇提出的行动任务。

[第 14 章]

军事欺骗策划练习

为完成下面的军事欺骗（MILDEC）练习，学员应当使用所提供的信息和情报，生成一个基本的军事欺骗行动构想（CONOP）。它们都是简单想定，用来开展军事欺骗行动构想培训，以及用来应用本章介绍的部分方法和技巧。目的并不是让读者成为行动构想领域的专家，或是让读者去挑战该领域那些经验更加丰富的策划人员。相反，目的是通过演练行动构想的部分基本原理，提供机会来深入浅出地介绍行动构想的拟定过程。格式化处理是最基本的要求，而第一个军事欺骗行动构想，即“推土机行动”（Operation Bulldozer）是作为通用模型提供的。教师可以根据（学员）经验的丰富程度，按需调整产品格式。关于其他行动构想练习，本书仅提供初始想定和情报汇总表。所有案例都是虚构的。

建议学员分组演练行动构想，并对各组的最终产品进行比较研究。几乎不可能生成两个完全相同的欺骗计划，所以存在很大的讨论空间。例如，在评估欺骗计划的一阶、二阶或三阶效应时，很可能会存在极大的差异。使用下文“推土机行动”的行动构想，从中获得相关见解，学习如何将练习中的最终产品进行格式化处理。

一、军事欺骗行动构想的示范练习："推土机行动"

（一）态势

假设现在是2012年夏季。在两年来的大部分时间里，乍得一直陷于内战之中。冲突双方是亲西方的政府军，以及一个名为扎加威里（Zagaweri）的激进部落。扎加威里控制着第二大城市阿贝歇。自控制阿贝歇以来，该武装组织使用加深战壕、简易爆炸装置带和地道等手段，巩固外围一切防御。

乍得政府已经做出决定，必须在2013年春季攻占阿贝歇，希望通过代号"白蚁交汇点"（Termite Junction）的计划，绕开外围防线，从内而外攻占阿贝歇。在西方特种部队的支持下，乍得军方一直忙于开展隐蔽的训练活动和渗透行动，同时他们还要求非盟部队的行动策划人员制订并执行一项欺骗计划，以支持反对扎加威里部落策划的、在外围防线内部发动的起义活动。

根据情报报告显示，扎加威里的情报、监视、目标获取和侦察（以下简称ISTAR）能力非常有限。他们过于依赖人力情报和开源情报等搜集手段来跟踪国内和国际事件，并依靠人力情报和通信情报来监视外围防线周边30千米范围内的活动。他们在社交媒体上非常活跃，但针对社交媒体的分析能力有限。扎加威里掌握传感器的态势如图14-1所示。

已找出4个可在此次行动中布设欺骗的主要渠道，如图14-2所示。

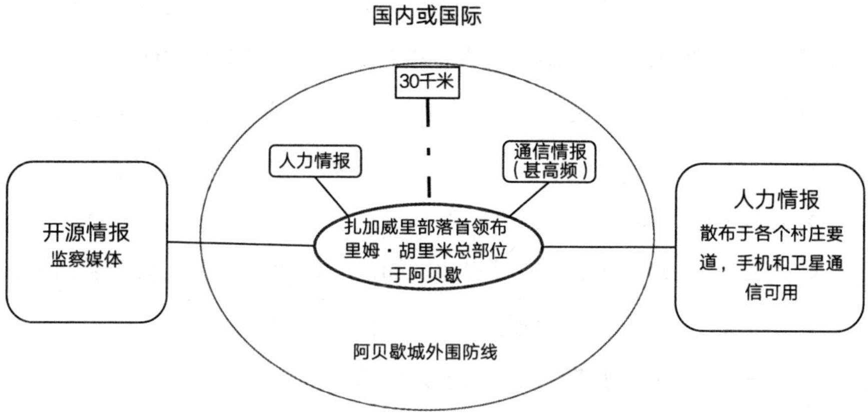

图 14-1 扎加威里的传感器绘图

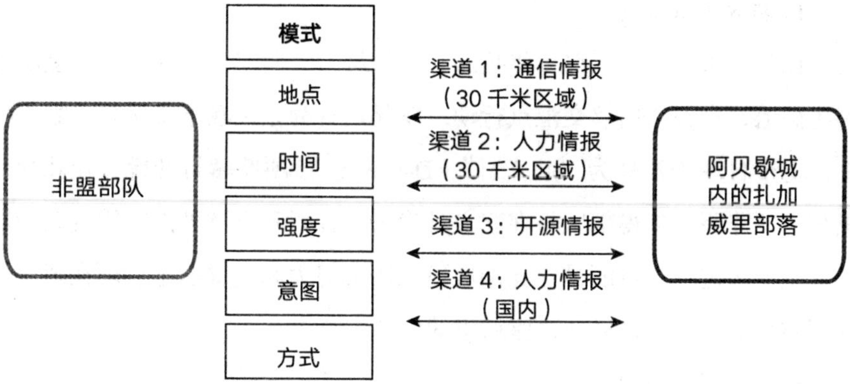

图 14-2 扎加威里的渠道跟踪图

（二）行动构想的基本格式

行动构想可以有多种格式，这取决于它的组织形式、学说和发展状态。它通常会让人感到困惑，或是普遍让人难以理解，原因就是围绕它所搭建的行政架构和组织形式。不过，对于行动构想而言，它在启动阶段以最基本的草稿形式出现时，其实不过就是策划人员在白板上或咖啡馆餐巾纸上所画的草图而已——据说美国陆军的弗兰克斯将军在“伊拉克自由行动”（Operation Iraqi Freedom）启动前就是这样。通常来说，在任何一种行动构想中，不论格式为何，有三项基本要素是始终存在的，它们是：

- 提议的任务陈述(该行动需要实现什么？该行动的理想效果是什么？)；
- 关于该行动构想在一定时间和空间的实际执行情况（何人做何事、于何时、于何地、以何法、为何原因？）的概述；
- 关于该行动何时结束的、基于条件的明确陈述。

就这些要素而言，行动构想与欺骗的行动构想是没有区别的。因此，所有军事欺骗行动构想都应该包括这三项要素。下例为军事欺骗行动构想“推土机行动”的文字介绍，关于它的可视图，参见图 14-3。

1. 提议的任务陈述

任务：布设欺骗，继续将扎加威里的努力方向牢牢地拴在阿贝歇的外围防御上，直到“白蚁交汇点行动”发起当日为止。在下文所有策划工作中，这个日期均被称为“起义日”（D-Day）。该项欺骗行动旨在让扎加威里相信，非盟及乍得部队将在起义日当天，针对阿贝歇外围防线发动一场大规模地面进攻。目的是让扎加威里把防御努力和资源的重点放在阿贝歇外围防线上，而不是放在这座城市的内部安全上。

2. 执行情况概述

注意：我们将在这里使用书面格式，表达真实的行动构想概述。这个概述应当反映各项具体活动之间的相对时机，而不是确切日期。关于行动构想执行情况的介绍，通常会按次序分解成不同阶段，这些阶段介绍了促成关注重点及努力等发生改变的先决条件。例如，搜集关于提议目标的信息是第一阶段，第二阶段是针对该目标采取行动。显然，在确定第一阶段完成之前，第二阶段不会开始。

图 14-3 军事欺骗行动构想可视图

来源：笔者依原图制作。原图参见：https://commons.wikimedia.org/wiki/file:chad_regions_map.png。图片版权：burmesedays and the University of Texas Library Map Collection。

行动构想：为完成既定任务，非盟的 J2（情报部门）将对各项努力进行同步，好让扎加威里相信大规模地面进攻将于起义日当天发生。行动分为三个阶段：第零阶段是进一步搜集情报，以便在针对扎加威里的国内人力情报渠道进行详细绘图时，提供支持。基于第零阶段的结果，第一阶段开始，它将针对目标开展旨在促成变化的活动，具体方法是利用扎加威里的开源情报和人力情报，以布设欺骗，称针对阿贝歇发动的常规地面进攻迫近。基于第零阶段和第一阶段的结果，第二阶段开始，它将在阿贝歇 30 千米外围防线以内，进一步加紧针对目标开展旨在促成变化的活动，具体方法是利用人力情报和通信情报，以布设欺骗，称针对阿贝歇外围防线发动的地面进攻迫近。欺骗行动将在起义日结束。

- **第零阶段（起义日前 30 天）**：非盟的 J2 将制订情报搜集计划，并选定适宜的可用 ISTAR，以进一步了解扎加威里的国内人力情报网络及其开源情报能力，为利用工作做好准备。非盟的 J2 还将定义可搜集的“效果测量”（MoEs），以便开展评估。效果测量活动应当持续到起义日前 1 天，而欺骗效果的最终评估结果，应当至少在起义日前 1 天呈交指挥官。
- **第一阶段（起义日前 20 天）**：非盟的 J2 将通过已经查实的扎加威里人力情报网络这个情报源，协调或同步消息投放工作。消息内容是，非盟及乍得部队即将对阿贝歇外围防线发动常规地面进攻。这应当包括使用直接传递消息的方法来利用双重特工，或是执行可被观察的非盟 ISTAR 活动，目的是明确表现出对阿贝歇外围防线的兴趣，方便扎加威里的人力情报搜集人员发现。非盟的 J2 还将借助已经查实扎加威里会感兴趣的开源情报枢纽（媒体和社交媒体），同步消息投放工作，目的是布设关于即将针对阿贝歇外围防线发动常规地面进攻的图景。这些活动将持续到起义日。
- **第二阶段（起义日前 5 天）**：非盟的 J2 将与 J3（行动部门）密切协调，在 30 千米区域内，在人力情报和通信情报渠道，对投放消息的努力和相关活动进行同步，目的是布设关于即将于起义日针对阿贝歇外围防线发动地面进攻的图景。相关措施还包括让通信变得更加密集，以便提示即将发动进攻的时间、地点和强度。

3. 行动结束陈述

通常，在真正行动开始之后，军事欺骗行动便会结束。因此，结束欺骗的条件，是真正行动已经发展到一定阶段，此刻敌方或是已经确定真正行动的意图，或是正在对真正行动做出反应，或是完全无视欺骗行动。

- **行动结束（起义日后 1 天）**：当情报评估提供有力证据，证明扎加威里部队不再认为阿贝歇外围防线将会遭受进攻时，欺骗行动将会停止。

二、练习1："熄灯行动"（OPERATION LIGHTS OUT）

（一）想定

1. 政治

自 2014 年起，暴君国[1]一直与暴君国北区（NTR，以下简称北区）处于内战状态，当时北区单方面宣布独立，并将该国第二大城市布鲁克斯（Bruks）定为首都。暴君国政府立即做出反应，动员南部地区，并制订了一项军事行动计划，以重新确立中央对北区的控制权。2016 年年底，尽管暴君国在北区控制领土掌握空中优势，但僵局已经形成，北区军队（被称为北方反政府自卫军）的活动被限制在一个"口袋"区域内，该区域地跨弗兰克河两岸，背临北海海岸。

2. 关键基础设施

北区地盘包括布鲁克斯市和大理石大坝（Marble Dam）水电站。这座电

[1] 译注：Tyronika（TKA），应当是英语 Tyrannic 的变体，意思是"暴君的"。

站战略意义重大，可为布鲁克斯的200万居民提供电力。北区还可以获取泰提亚（Tetia）燃煤发电站的电能。这个发电站位于其地盘南侧防线，就在阿瓦隆（Avalon）镇附近。但是，这个发电站并未启用，需要一些操作才能开始运行；另外它离前线过近，需要投入大量资源进行保护。暴君国对北区基础设施进行PMESII分析，已将北区的电力态势确定为可能的“重心”，可以由此在战略层面击败北区。暴君国通过分析已经确定，北区城市布鲁克斯的生活完全依赖大理石大坝提供的电力，而过冬时的依赖程度更甚。如果失去大坝，北区将只剩一个选择：启动阿瓦隆的燃煤发电厂（参见图14-4）。

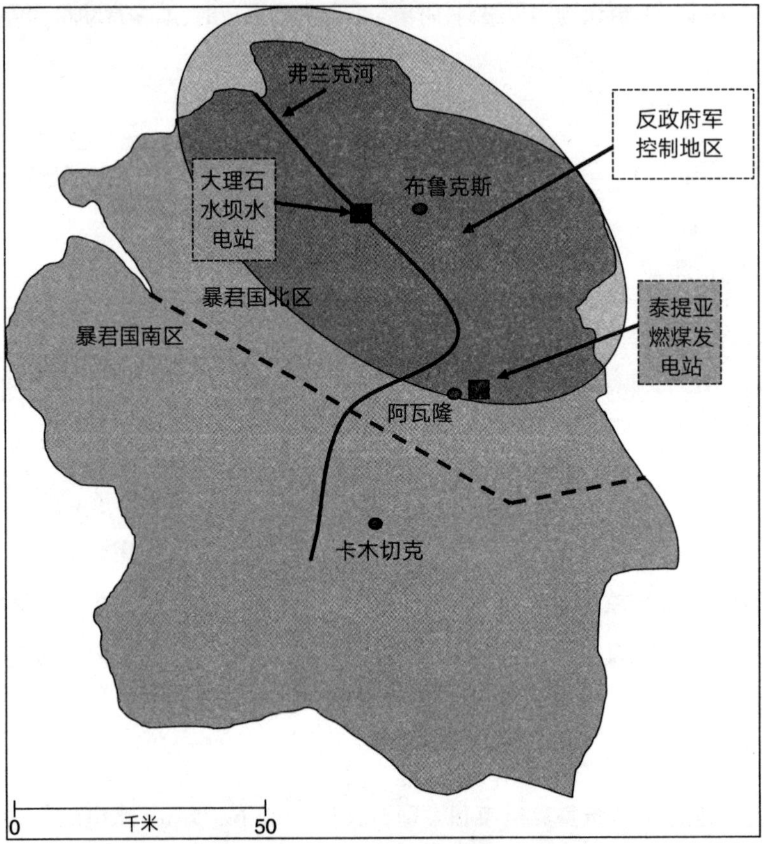

图14-4　2017年5月态势图

3．北方反政府自卫军的军事力量

因为在冲突初期丧失北区空中优势，所以在军事方面，北方反政府自卫军一直集中力量，强化地对空导弹防御力量，同时占领布鲁克斯和大理石大坝，以迫使暴君国让步。与此同时，北方反政府自卫军一直开展广泛的准备工作，以便在布鲁克斯进行城市战争防御，包括：大量部署地雷、安放简易爆炸装置、挖掘地道和建造混凝土掩体。在北方反政府自卫军防空部队中，有些部队装备 SA-15（射程 12 千米）、SA-8（射程 10 千米）和 SA-6（射程 25 千米），可能还有一些 SA-11（射程 35 千米）。这些防御力量可以削弱暴君国在布鲁克斯市的空中优势，同时因为大理石大坝已被暴君国视为非打击目标（原因很多，包括环境和人道主义法律方面的原因），所以暴君国空军不会在水坝附近执行任务。至于地面，北方反政府自卫军认为，暴君国地面部队的行动自由仅限于布鲁克斯以南约 50 千米的阿瓦隆市郊区。

北方反政府自卫军将机动响应部队的大部分力量部署在布鲁克斯，其中包括大约 1.2 万人的第 1 摩托化步枪师。

第 1 摩托化步枪师（参见表 14-1）被用作预备队，负责保护布鲁克斯和大理石大坝。它离开布鲁克斯冒险出击这个选项严重受限，因为北方反政府自卫军地对空导弹防御范围缩小，也因为虽然它在反政府军控制地区内，但如果向南突进太远，就有可能被切断与布鲁克斯的联系。只要这个师有能力为布鲁克斯提供可靠的防御，它就是绝佳的谈判筹码。因为，如果北方反政府自卫军失去这个师，北区从暴君国手中获得政治让步的希望将会减少。

4．暴君国的军事力量

暴君国空军掌握空中优势，但也受到限制，原因是选择目标时面临的严格管制和北方反政府自卫军地对空导弹造成的威胁（这种威胁在飞机抵近布鲁克斯时会大大增加）。然而，暴君国空军也限制了北方反政府自卫军在叛军控制区内的行动自由。如果北方反政府自卫军地面部队试图大规模运动，就有可能在空袭中遭受重大损失。

表 14–1　北方反政府自卫军第 1 机动步枪师

第 1 摩托化步枪团
第 2 摩托化步枪团
第 3 摩托化步枪团
坦克团
炮兵团
防空团（SA-6和SA-8）
反坦克营
信号连
侦察连
后勤团

相比北方反政府自卫军，暴君国机动地面部队在数量上占据显著优势，但尚不足以压制布鲁克斯的防御，在北方反政府自卫军 1.2 万人的响应部队驻守布鲁克斯的情况下更是如此。暴君国地面部队由 2 个坦克师组成（参见表 14-2），并不十分适合城市作战。使用这些部队进攻布鲁克斯，代价将会非常高昂，特别是在没有近距离空中支援的情况下。在任何情况下，都必须将北方反政府自卫军的地对空导弹防御削弱到极低程度，这样才能提供必要的近距离支援。

暴君国还有一支机动两栖部队，由 2 个海军陆战旅和 1 个三栖（SEAL）突击团组成（参见表 14-3）。

表 14–2　暴君国机动地面部队

第 1 坦克师	第 2 坦克师
第 1 坦克团	第 1 坦克团
第 2 坦克团	第 2 坦克团
第 3 坦克团	第 3 坦克团
摩托化步枪团	摩托化步枪团
防空团	导弹旅
摩托化炮兵团	防空团
后勤团	后勤团

表 14–3　暴君国两栖部队

第 1 海军陆战旅
第 2 海军陆战旅
第 1 三栖突击团

（二）态势

你在暴君国联合行动司令部工作，身份是未来行动官（J35）。假设现在是 2017 年 6 月 2 日。为打破僵局，指挥官希望制订一项计划，让麾下机动部队主力（地面部队或两栖部队）在布鲁克斯城外，与北方反政府自卫军机动部队主力交战并将其消灭。问题是如何将北方反政府自卫军响应部队引出布鲁克斯。然而不久前，暴君国联合行动司令部的 J2（情报部门）表示，这样的机会很可能会在 11 月 4—7 日之间出现。

自 5 月旱季开始以来，暴君国情报机构使用人力情报和测量与特征情报，持续观测大理石大坝水位，并报告称水位下降速度极快——较往年更快。J2 专家已经确定，当水位低于某一位置时，大理石大坝将停止发电。按目前的速度计算，预计停电日期为 2017 年 11 月 23 日的当天或前后。仅有的其他电力来源便是阿瓦隆附近的泰提亚燃煤发电站，但这座发电站在大理石大坝发电期间并不运行。不过，电力是布鲁克斯市过冬的战略必需品，因此届时北区将被迫启动泰提亚发电站，并将派遣机动响应部队南下，以确保启动成功。有评估极其肯定地做出判断，称北区坚信水位下降的秘密不会泄露。

（三）任务

暴君国联合行动司令部预计，北区别无选择，只能动用北方反政府自卫军机动部队，以帮助保卫阿瓦隆附近的泰提亚发电站。换言之，北区将被迫派遣响应部队离开布鲁克斯，南下前往阿瓦隆。暴君国联合行动司令部非常希望能在阿瓦隆和泰提亚发电站现场或附近位置，与北方反政府自卫军机动部队交战，并将投入 80% 的机动部队以消灭这支部队。然而，为了提高突然程度、减少伤亡和增加成功概率，暴君国联合行动司令部希望 J2 和 J3 能够拟定一个军事欺骗行动构想。按照优先顺序，该行动构想目的如下：

1. 欺骗北方反政府自卫军，致其低估 2017 年 11 月 4—7 日期间，暴君国在阿瓦隆地区可用部队的数量和类型。

2. 在 2017 年 11 月 4—7 日期间，将尽可能多的北方反政府自卫军机动防空部队，牢牢地拴在布鲁克斯城内或周围地区。

3. 在 2017 年 11 月 4—7 日期间，将尽可能多的北方反政府自卫军机动炮兵部队，牢牢地拴在布鲁克斯城内或周围地区。

4. 在 2017 年 11 月 4—7 日期间，将尽可能多的北方反政府自卫军反坦克部队，牢牢地拴在布鲁克斯城内或周围地区。

该项军事欺骗行动构想，可以动用暴君国全部机动部队的 20%。主力作战部队的最终编成，将在该项军事欺骗行动构想获得批准后被确定。欺骗计划，应不迟于 2017 年 8 月 1 日做好投入使用的准备，它应当可以持续使用到 2017 年 11 月 4 日主攻开始为止。

第一步是 J2 对北方反政府自卫军部队进行传感器绘图，以识别布设欺骗的渠道并跟踪进展，目前此步骤已经实施。图 14-5 中的传感器绘图就是为此目的提供的。一旦建立渠道跟踪图表，你就可以拟定一个军事欺骗行动构想（需附有时间线和最终阶段），并呈交指挥官。

（四）指导

1. 使用图 14-5 中的传感器绘图，建立一个渠道管理框架，它可以布设欺骗，还可以对欺骗的进展进行最终评估。

2. 备好该项军事欺骗行动构想的初稿，供演示使用，它应当包括时间线和阶段分解，最好是在一张演示幻灯片上（使用为“推土机行动”提供的行动构想格式）。

3. 列举并讨论可在布设欺骗期间搜集的效果测量和（或）信息需求，以控制效果。

三、练习2：“浮木行动”（OPERATION TIMBER FLOAT）

（一）想定

这个想定的起点，是一个早已进入初步起草阶段的作战计划。一场种族冲突（参见图 14-6）在帕斯顿（Pastonian）半岛已经酝酿多年。少数民族尼伯利亚族（Niberian）一直受到地方当局的压制，因为极大比例的有组织犯罪行为都是该族人员所犯，令地方当局大为不满。2017 年初春，4 名帕斯顿警察在与尼伯利亚裔毒枭的枪战中丧生。随后，帕斯顿族和尼伯利亚族间冲突不断升级，时间长达 3 个月。双方的极端分子破坏了一切旨在解决冲突的尝试。2017 年 7 月 4 日，帕斯顿政府宣布，尼伯利族所

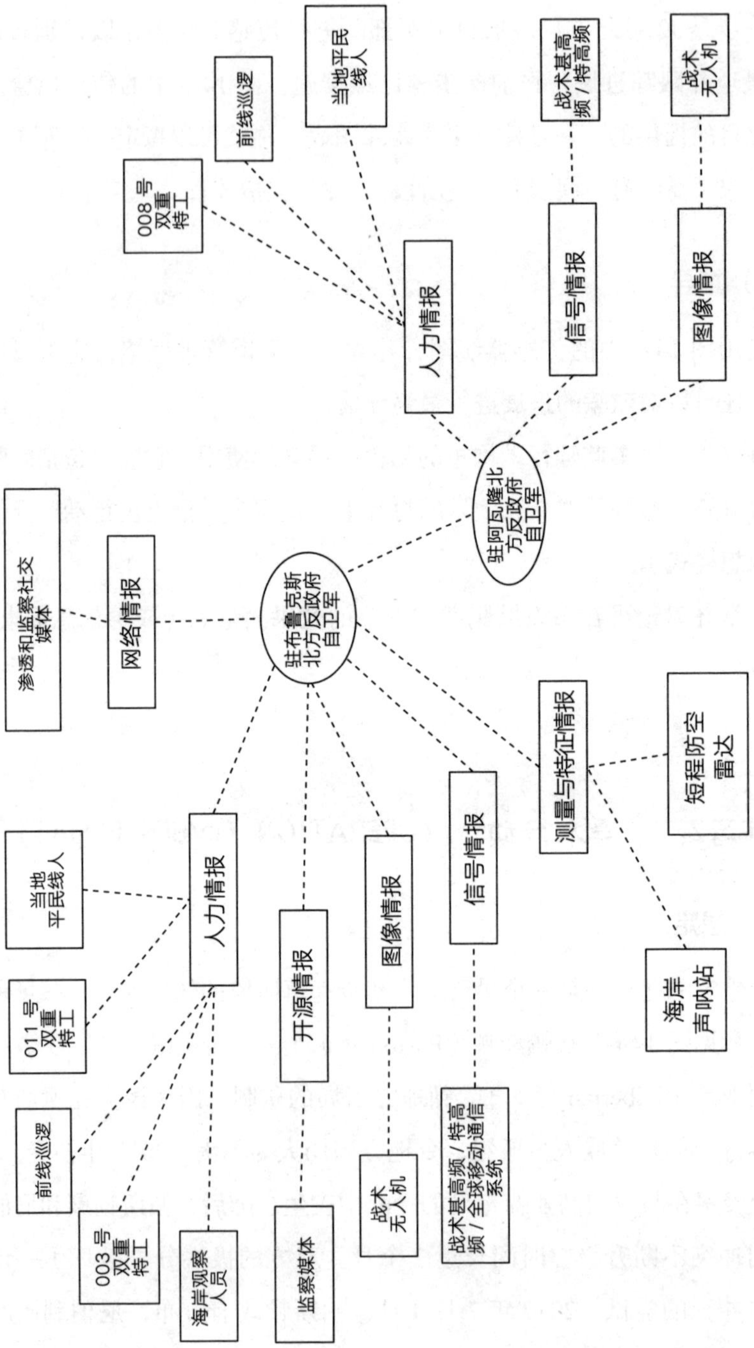

图 14-5 北方反政府自卫军的传感器绘图

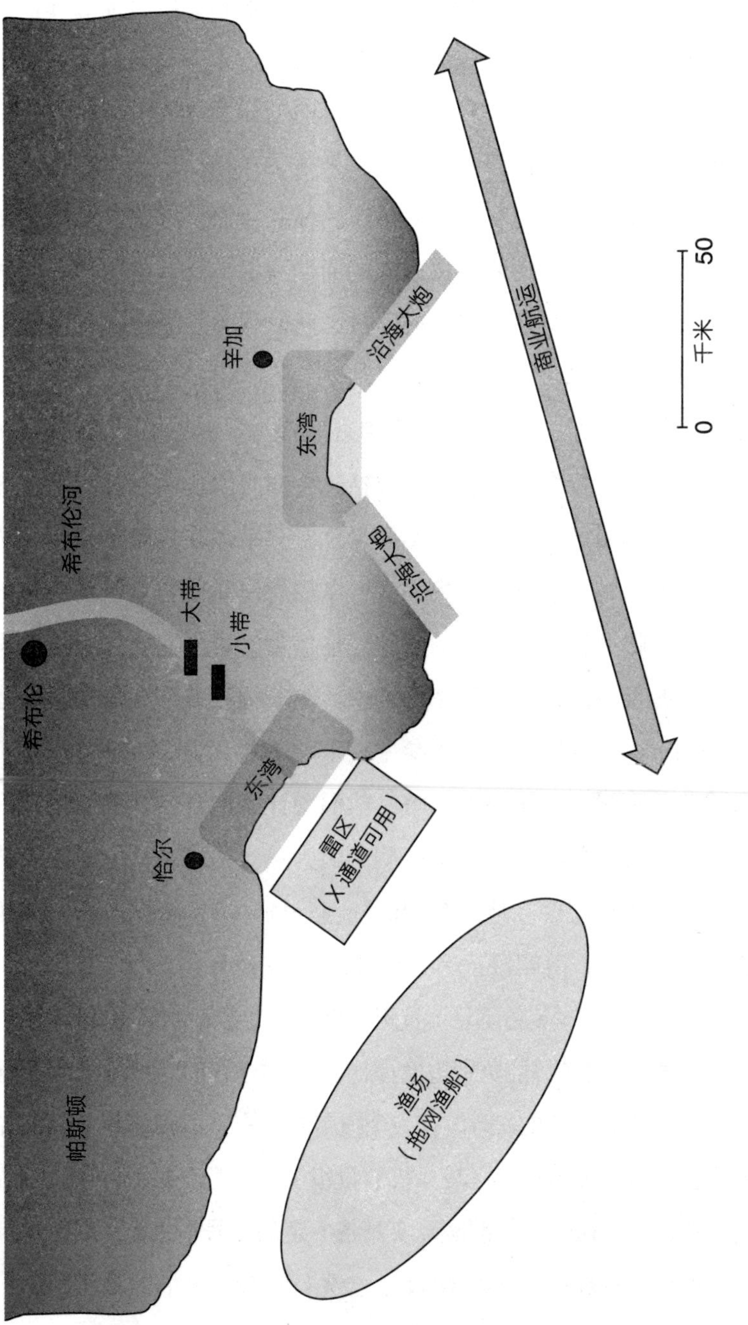
帕斯顿
希布伦
希布伦河
大带
小带
恰尔
东湾
辛加
东湾
沿海大炮
沿海大炮
商业航运
雷区
（X通道可用）
渔场
（拖网渔船）
0
千米
50

图 14-6 帕斯顿态势图

有人员每天都要前往“收容中心”报到。尽管尼伯利亚政府警告称，若有任何针对尼伯利亚族人员的进一步行动，都将是一个严重的错误，但 1 周后，帕斯顿开始围捕所有在收容中心登记过的尼伯利亚族人员，并将他们关在遍布整个半岛的各个拘留营中。其结果是，在帕斯顿并不知情的情况下，尼伯利亚海军接到尼伯利亚政府下达的任务：做好准备，将以突然袭击的方式对帕斯顿半岛发动两栖攻击。帕斯顿武装部队对于即将发生的进攻一无所知。他们的依据是一项政治评估：尼伯利亚还没有被逼到极限。

1. 帕斯顿武装部队

2015—2016 年，帕斯顿的军事防御有所提升，因为当时帕斯顿在半岛海防做了一些重大投资。这些提升包括某位高官宣称的在西湾附近部署了“不可逾越”的雷区。雷区通道寥寥无几，只掌握在帕斯顿武装部队领导人的手中，而且每 4 周便会变换一次。东湾海岸防御依靠钢筋混凝土建造的地上结构，帕斯顿武装部队的安全评估认为，至少需要 3 天轰炸才能将其摧毁，因此足以降低突袭到来的概率。帕斯顿武装部队还加强了驻希布伦（Hebron）机动装甲预备队（参见表 14-4）的兵力——这些部队可以迅速投入战斗。不过，如果爆发战争，他们预计这些预备队的活动范围有限，将被限制在希伯伦河两岸的某一侧，因为只有 2 座桥梁能够支持装甲部队通行，而且很可能会在战争初期的任何一场冲突中被拆除。北侧桥梁名为大带（Big Belt），南侧桥梁名为小带（Little Belt）。

帕斯顿武装部队海军装备不足，且资金匮乏，主要依靠海岸警卫队的轻型巡逻艇，然而这些巡逻艇只能负责边境管制、搜索救援和渔业管制。帕斯顿武装部队海军没有潜艇，但在东湾设有一个覆盖范围有限的海岸声呐站。帕斯顿武装部队空军力量极为有限，战斗机数量极少，每月会被派往领海边界巡逻两三次。不过，帕斯顿武装部队确实具备一定的信号情报能力。为确保表现出无威胁姿态，帕斯顿在巡逻领海时，会先行宣布，再于 3 天后实施。

西湾外是国际渔场，位于帕斯顿领海以外的大浅滩（Grand Banks）。在那里活动的拖网渔船来自帕斯顿和尼伯利亚，总计大约 80 艘。任何时候人们都有可能看到这些渔船在大浅滩出没，但 12 月除外，那时它们都要遵守共同商定的休渔令。东湾外是国际公认的商业航道，对所有船只开放通行。

表 14-4　帕斯顿武装部队第 1 预备装甲师

第 1 摩托化步枪团
第 2 摩托化步枪团
第 1 坦克团
第 2 坦克团
炮兵团
反坦克营
信号连
后勤团

表 14-5　帕斯顿海岸警卫队

西湾	东湾
巡逻艇“卡普兰”号	巡逻艇“莱文特”号
巡逻艇“纳菲希”号	巡逻艇“绍丹”号
巡逻艇“莱特里克”号	巡逻艇“公爵”号
	巡逻艇“沃尔夫”号

2. 进攻部队

尼伯利亚皇家武装部队将投入 2 个满编坦克师，用来参加此次战役。其计划是，第 1 坦克师将作为先锋进攻部队，第 2 坦克师作为占领部队紧随其后。历来两栖登陆都会面临一个难题，这里也是一样：必须抢在守军投入优于进攻方的兵力之前，动用足够多的力量抢滩登陆。尼伯利亚皇家海军可以动用两栖和空中突击力量，并已承诺将在适当时机投送足够的兵力。

尼伯利亚皇家海军拥有一支两栖登陆部队，规模不大，但装备精良。它由 2 个海军陆战旅和若干登陆舰组成，提供支持的是 1 艘空中攻击舰、12 架“支奴干”重型直升机和 8 架攻击直升机。在理想状态下，这些力量将在联合行动中同步发动，以便在最短的时间内，产生最大的效果。

表 14–6　尼伯利亚皇家武装部队机动地面部队

第 1 坦克师	第 2 坦克师
第 1 坦克团	第 1 坦克团
第 2 坦克团	第 2 坦克团
第 3 坦克团	第 3 坦克团
第 4 坦克团	第 1 摩托化步枪团
摩托化步枪团	第 2 摩托化步枪团
摩托化炮兵团	摩托化炮兵团
后勤团	后勤团

表 14–7　尼伯利亚皇家海军两栖部队

第 1 海军陆战旅
第 2 海军陆战旅
第 3 海军陆战旅
第 4 海军陆战旅
10 艘两栖货船
50 艘机械化登陆艇
70 艘步兵登陆艇

表 14–8　尼伯利亚皇家武装部队空中突击部队

1 艘空中攻击舰
12 架“支奴干”
8 架攻击直升机

（二）任务

两栖登陆的窗口期是 2017 年 11 月 16—30 日之间的某个时刻，所以欺骗行动应当分阶段展开，从 2017 年 8 月 10 日起，至 2017 年 11 月 15 日止。在国家情报局的帮助下，尼伯利亚皇家海军掌握了雷区通道数据。虽然通道狭窄，但尼伯利亚皇家海军专家认为扫雷部队可以迅速拓宽通道，因此他们决定，真正的登陆行动将在西湾展开。你被任命为 J2 主官，任务是与 J3 合作，拟定一个欺骗行动构想初稿，以支持两栖进攻。为了提高突然程度、减少伤亡和增加成功概率，指挥官希望 J2 和 J3 能够拟定一个军事欺骗行动构想。按照优先顺序，该行动构想目的如下：

1. 在政治领域保持和推动战略突然性；

2. 将帕斯顿武装部队的总体关注重点引向东湾；

3. 取信帕斯顿武装部队，致其在实际登陆的不久之前，将预备队派往希伯伦河东岸。

因为突然性对行动获胜是非常重要的，所以欺骗行动的时间线将尽可能地驱动实际登陆行动的策划工作。因此，所策划的欺骗行动必须依次布设（登陆前 1 天、登陆前 2 天和登陆前 3 天等）。为达成欺骗目的，指挥官调拨尼伯利亚皇家海军 20% 的兵力备用。行动构想初稿应当已经准备完毕，将以一两张演示幻灯片的形式，供指挥官进行第一次决策简报使用。

（三）指导

1. 使用给定传感器绘图（图 14-7），建立渠道跟踪图表，它可以布设欺骗，还可以对欺骗行动的进展进行最终评估。

2. 备好该项军事欺骗行动构想的初稿供陈述使用，它应当包括时间线

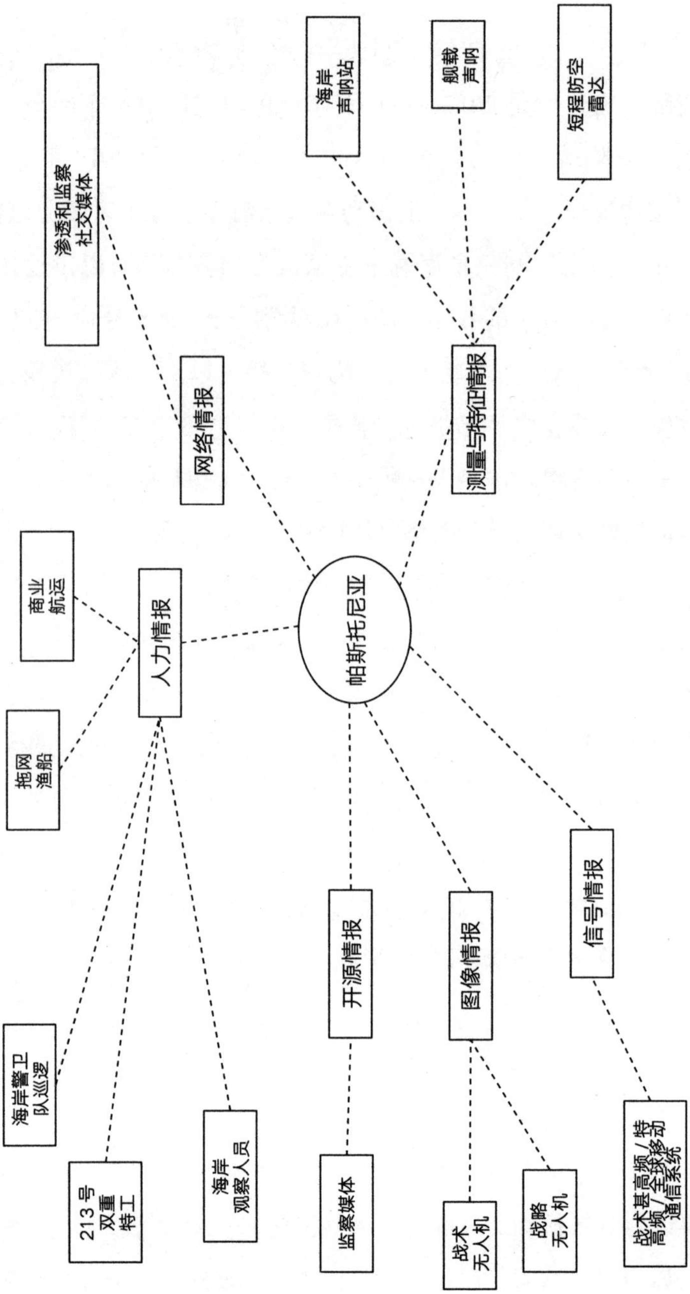

图 14-7 帕斯顿的传感器绘图

和阶段分解，最好使用一两张幻灯片。

3. 列举并讨论可在布设欺骗期间搜集的效果测量和（或）信息需求，用于控制效果。

四、练习3：“打烊时间行动”（OPERATION CLOSING TIME）

（一）想定

在 3 年来的大部分时间里，北约地面联合特遣队一直驻扎在塔曼（Taman）国，支持其旨在打击激进宗教叛乱分子的战争。地面联合特遣队负责哈尔顿（Haldun）河谷北段的防御。这个河谷位于一个较为干旱的高原。河谷周围被称为“绿区”，是一条有水源灌溉的狭长地带。2017 年年初，地面联合特遣队为塔曼部队建立了多个巡逻基地，它们自东向西，呈链状遍布整个绿区，被称为巡逻基地线（Patrol Base Line）（参见图 14-8）。假设现在是 2017 年 6 月 12 日。根据总体计划，已经运行 3 年的主作战基地“犀牛”将于 2017 年 9 月 30 日关闭。南部的主作战基地“龙”将继续运转 6 个月，这期间塔曼亚部队将重新建立对山谷的控制权。

关闭主作战基地“犀牛”是一件非常复杂的工作，它需要大量的人力和设备，以便将主作战基地“犀牛”搬迁至主作战基地“龙”。计划是（相关人员）在 9 月 30 日凌晨从主作战基地“犀牛”出发，在下午晚些时候返回主作战基地“龙”，届时“犀牛”将会关闭。这次搬迁为叛乱分子提供了一个非常诱人的进攻目标，因为在此过程中，主作战基地“犀牛”周围的防御阵地将停止运行。与此同时，特种部队派出一支特遣队，第 222 特遣队在该作战空间行动，他们的任务是抓捕或击毙绿区北部叛

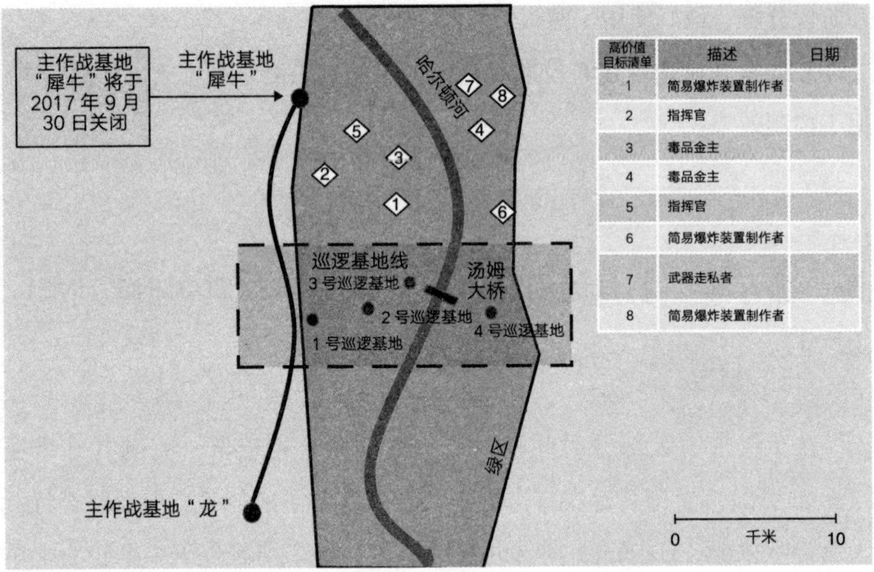

图 14-8　绿区态势图

军网络中的关键成员。他们的任务还有在未来 3 个月内，基于所提供的高价值目标清单，策划 8 次袭击活动（参见图 14-8）。第 222 特遣队尚未拟定发动这些袭击的时间线。发动袭击存在两个复杂问题：一是该特种部队必须在夜间从地面潜入，二是该部队只能从某个主作战基地或巡逻基地出动。

（二）任务

你是第 222 特遣队的 J2，你和你的团队已经接到命令，将协调支援主作战基地“犀牛”的关闭工作，具体做法就是精心选择目标，布设欺骗。目的是在 2017 年 9 月 30 日关闭主作战基地“犀牛”期间，破坏叛乱分子对“犀牛”发动协同攻击的能力。为了提高突然程度、减少伤亡和增加成功概率，你需要拟定一份欺骗行动构想初稿，以支持关闭主作战基地“犀牛”的行动。按照优先顺序，该行动构想目的如下：

1. 让叛乱分子相信，主作战基地“犀牛”在 2017 年 9 月 30 日当天仍在运行。

2. 让所有高价值目标清单的打击活动，必须在 2017 年 9 月 30 日前执行完毕。

（三）指导

1. 使用给定传感器绘图（图 14-9），建立渠道跟踪图表，它可以布设欺骗，还可以对欺骗行动的进展进行最终评估。

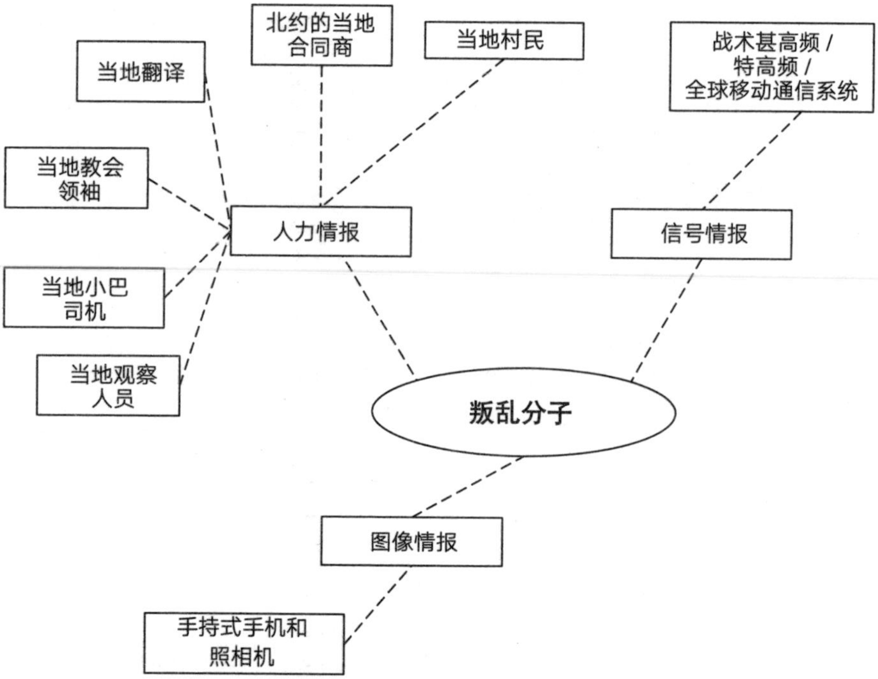

图 14-9 绿区叛乱分子的传感器绘图

2. 备好该项军事欺骗行动构想的初稿供陈述使用，它应当包括时间线和阶段分解，最好是在一张幻灯片上。它还应当通过高价值目标清单来提示进度。

3. 比较并讨论高价值目标清单中优先次序的差异；列举并讨论可在布设欺骗期间搜集的效果测量和（或）信息需求，用于控制效果。

[第 15 章]

欺骗侦测练习

本章提供简短练习，可供读者演练如何侦测欺骗。对于一种态势中的三个 OODA 视角，是否有能力在一个或多个视角间切换，这是布设欺骗的一个基本技能集。在开展欺骗侦测工作时，必须用到所有三个视角。在完成本章练习时，务必谨记这一点。在练习过程中，学员应当提出并讨论以下问题：

1. 敌方在开展欺骗时，观察和判断能力都是怎样的？

2. 在你方的观察和判断能力中，有哪些弱点可以帮助敌方开展欺骗？

3. 敌方的观察和判断能力，能否识别和利用这些弱点？

最后强调，这些想定都是基于有限信息的。值得讨论的是，在现实生活的想定中，哪些要素能够进一步推动欺骗的侦测活动？（但这些要素很难通过练习进行复制。）

一、练习1：疑谷（Valley of Doubt）

（一）想定

假设现在是 2017 年 11 月 15 日。蓝国预计红蓝两国之间的和平协议将会失效，并预计红国将于 2017 年 12 月 15—19 日，沿两国边境线发动进攻。若红国发动进攻，将有两条路线可用：最直接的选项是沿红国后勤主干道 40 千米长的虎道（Tiger）前进，穿过东谷发动进攻。这里是蓝国第 20 师的防区，他们接到的命令是扼守东谷（参见图 15-1）。

红国进攻的第二个选项是穿过西谷发动攻击。然而，这个选项需要维修或更换小马河（Pony River）大桥，它位于大本（Gran Ben），已被破坏。这个选项需要将后勤路线延长 40 千米，才能支持穿过西谷发动进攻，但路线长度几乎是东谷方案的两倍。西谷是蓝国第 10 师的防区，他们接到的命令是扼守西谷。

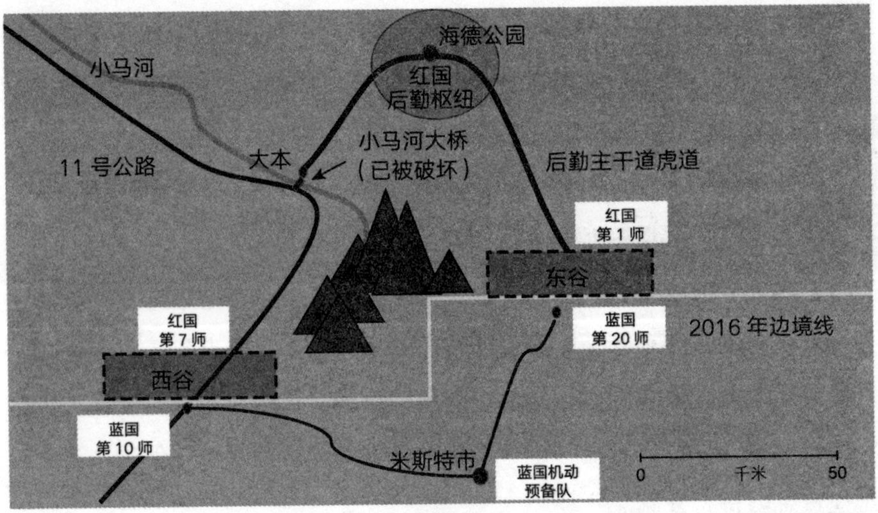

图 15-1　红蓝两国态势图

（二）态势

尽管红国拥有更多的可用部队，兵力优势接近三比一，但有些部队由新兵和预备役人员组成。蓝国拥有一支专业的国防部队，普通士兵拥有更加丰富的经验。红国只能将大部分进攻部队部署到一条进攻路线上，这样才能确保相对数量优势，以突破边境线。蓝国已经察觉这个态势，于是建立起一支组织严密的机动预备队，如果他们能够出现在正确的时间和地点，应当足以击败一切进攻。然而，为击退红国进攻，蓝国必须在 2017 年 12 月 15 日之前，判定应当将这支机动预备队部署在哪个山谷：东谷，还是西谷？究其根本，双方都必须把主力部队部署在正确的地点，以确保进攻或防守取得成功。红国要想取胜，就必须进攻蓝国机动预备队缺席的地点。蓝国要想成功防守，就必须将机动预备队部署到进攻将要发生的地点。

（三）任务

作为蓝国 J2 主官，你的任务是在 2017 年 12 月 15 日之前，就蓝国机动预备队应当部署于哪个山谷的问题提出你的意见。你预计红国敌方会尝试误导你方指挥官，致其将预备队部署到错误的山谷。你方分析部门已经整理并制作出一份渠道跟踪图表，可以识别出能够证明敌方开展欺骗活动的指标（参见表 15-1）。

表 15–1　红蓝两国渠道跟踪表

渠道编号	日期	渠道	故事
1	2017年7—8月	开源情报概要	海德公园的当地媒体一直都在采访红国军方人员（经身份识别，发现他们来自两个坦克师，然而这两个师通常并不驻防海德公园）。记者询问这些士兵对海德公园及当地夜生活的看法。 有媒体持续报道称，有人投诉11号公路交通堵塞，原因是“最近”军方人员大量涌入。另有持续报道显示，11号公路将于秋季大修。 另有持续报道显示，小马河大桥工程预计将于2017年11月完工。

（续表）

渠道编号	日期	渠道	故事
2	2017年7—8月	人力情报概要	**线人045（B-3）：** 有报道显示，驻海德公园的红国司令部的活动变得频繁，一些红国高级军官连夜加班。其司令是默坎特（Mercant）将军，他因在两国上次冲突的开始阶段，成功对蓝国部队发动突然袭击而成名。 **线人011（D-2）：** 有报告显示，多个可执行特别侦察任务的特种兵小分队已被派往大本。
3	2017年7—8月	图像情报	**海德公园：** 图片显示有军方部队（行动部队和支持部队）集结于海德公园地区。值得注意的是，该地区坦克数量似乎翻倍，原因是有运输坦克的活动。 **大本：** 有报告称，小马河大桥附近有建造轻型建筑的活动。11号公路有建造轻型建筑的活动。 **东谷：** 发现红国防线进行常规维护。 **西谷：** 发现红国防线进行常规维护。边境线地区的11号公路上出现一些轻型建筑。
4	2017年8—9月	开源情报	红国国家媒体暗示称，或许有可能解决与蓝国的争端，且不会爆发进一步冲突。多位知名政治家表示，妥协可能是最好的解决方案。 在此期间，当地媒体一直没有关于红国驻海德公园部队的报道。 有媒体持续报道称，在东谷边境线周边地区，部分红国当地居民对“临时”土地征用后发放的款项感到不满。
5	2017年8—9月	情报概要	**西谷蓝国第10师：** 总结这段时期所有巡逻报告后发现，红国侦察活动有所增加。前线部队报告称，当前的娱乐活动就是看红国工程兵开着重型推土机，一米一米爬上大桥，有条不紊地测试小马河大桥。 **东谷蓝国第20师：** 情况正常——无报告。

（续表）

渠道编号	日期	渠道	故事
6	2017年9—10月	图像情报	**海德公园：** 图像显示海德公园的军事活动有所减少。士兵和支持部队的数量似乎有所减少。目前，大部分运输坦克的活动已从之前地点消失。部分迹象显示，警方新设了几个检查站，地点位于海德公园郊区附近，特别是在后勤主干道虎道的第一个路段上。 **大本：** 之前在海德公园看到的坦克运输车，现停放在小马河大桥以北不远处。据估计，上个月在海德公园看到的运输坦克活动，目前至少有一半出现在大本。看起来像是架桥设备的东西，目前出现在大本以南和小马河大桥以北。小马河大桥被认为可以使用，但承重不明。 **东谷：** 发现红国防线进行常规维护。出现几个新的简易加油站，位于边境线地区以北的后勤主干道虎道沿线上。上个月，为红国前线士兵提供补给物资的活动增加10%——几乎都是运送弹药的卡车。 **西谷：** 红国侦察部队已在边境线地区设立多个新的观察平台，可以俯瞰边境沿线地区。
7	2017年9—10月	网络情报	**社交媒体入侵：** 红国多名高级军官的个人公开资料已遭黑客入侵。其与家人进行在线聊天时，语调更加严肃、忧郁和夸张。有人发现，有几条评论暗示称，到了“圣诞节”或“明年”时，“情况将会有所不同”。 **系统入侵：** 已遭黑客入侵的两个系统透露，截至2017年12月1日，部分预备役人员已被召回现役。其他文件透露，10月份坦克运输车的维修数量很高，有人抱怨为什么要把钱浪费在一些“更加老旧的运输车”上面。 **网络情报：** 10月份共发生15次网络侦察活动，重点针对与蓝国第10师有关的系统和人员。

（续表）

渠道编号	日期	渠道	故事
8	2017年 9—10月	信号 情报	**通信情报：** 观察到大本和西谷边境地区以及两地周边，卫星通信活动有所增加。通信的大部分内容与海德公园承包商开展的桥梁维修有关。 **通信情报：** 红国东谷的手机活动减少。红国西谷的手机活动增加。有限的截获内容显示，不论是西谷还是东谷的士兵，至少在新年伊始之前都会一直驻扎在那里。东西两谷的红国士兵似乎没有圣诞假期的轮休计划。 **甚高频/超高频：** 通信活动正常，因为红国驻边境地区的部队一切如常。海德公园桥梁承包商的公开通信显示，小马河大桥已经启用。在一次谈话中，有承包商开玩笑说，这座桥“足够坚固，可以承载3辆MX-40（红国军方最重的坦克）”。
9	2017年 10—11月	开源 情报	红国国家媒体报道称，红国高层政治家已经提出一些新的要求，目的是重启谈判进程。报道称，留给蓝国做出回应的最后期限是2018年1月1日，逾期红国将会收回这些条件。 海德公园的当地媒体正在报道一切相关情况，但并未报道东谷军事态势。
10	2017年 10—11月	人力 情报	**线人045（B-3）：** 默坎特将军已将司令部的参谋部迁至大本的一座别墅中。一些参谋不仅抱怨搬到大本一事，还抱怨圣诞无法休假，称这对于解决自己目前面临的婚姻问题并无裨益。有些线人的工作是提供前往海德公园的公交服务，他们表示2017年12月11—14日的公交服务，“全都”被军方预订了。 **线人011（D-2）：** 红国计划于圣诞节前，向西谷前线发动突然袭击。

（四）指导

1. 使用给定渠道跟踪图表（参见表15-1），识别异常一致性或不一致性。

2. 根据渠道跟踪图表拟定存在欺骗的假设，列出并讨论此类假设所能带来的益处。

3. 列出优先信息需求清单，它可以帮助确认或否定一切已经拟定的假设。

二、练习2：悠太的“幽灵”号

（一）想定

自 2017 年 2 月起，联合国一直试图对斯拉迪维斯塔国（Sladivista）实施武器禁运，防止斯拉迪维斯塔政府与国内几个少数民族派系之间的暴力冲突继续升级。在这片土地上强制实施禁运一直都很困难，联合国主要依靠其邻国来强制实施。另外，联合国试图在海上强制实施禁运。然而，许多国际犯罪网络都已做好准备，想利用一切机会走私武器赚钱。尽管叛军和政府都遭到禁运，但海上武器走私对斯拉迪维斯塔政权是有利的，对拥有航海装备的犯罪网络也是有好处的。

（二）态势

联合国南方海军司令部第 91 联合国特遣队负责在斯拉迪维斯塔海岸强制实施武器禁运。特遣队提供的情报报告显示，国际犯罪组织“悠太”（YUTA）将于 2017 年 11 月 23 日，试图使用微型潜艇运送一批非法武器。假设现在是 2017 年 10 月 10 日。你的团队是第 34 联合国任务小队（task group），负责拦截这次预期的发货活动。困难在于，你们的资源无法同时覆盖整个沿海地区，所以将其分为三个海上巡逻区。但是，你只能同时兼顾其中两个巡逻区。第 34 联合国任务小队有两艘中型潜艇可用来执行巡逻任务：“加特纳”号（Gartner）和“派克”号（Pike）。

已知悠太只有一艘微型潜艇，但这艘潜艇颇有名气，原因是它可以成功地利用漏洞开展走私，并赢得了一个恰如其分的称号，“幽灵”号（Ghost）。此外，悠太还拥有两艘支援船，可以用来支持这艘微型潜艇，它们是“鲨鱼”号和“加姆林”号（Gamlin）。两船均可用来投放和回收“幽灵”号。

海岸线也被划分为不同的关注区，相关工作由第 34 联合国任务小队的 N2（海上情报部门）主持，这些关注区是：阿尔法海岸区，主港口是布拉马维尔（Bramaville）；布拉沃海岸区，主港口是劳达尔；查理海岸区，主港口是基普顿[1]（参见图 15-2）。

（三）任务

你的部门是联合国任务小队的 J2，负责向指挥官提供评估意见：在 2017 年 11 月 23 日，为了阻截“幽灵”号，她应当在哪两个海上巡逻区域部署这两艘潜艇。你方分析人员已经整理情报报告，并制作出一个渠道跟踪图表，用于识别能够证实敌方发动欺骗的可能指标（参见表 15-2）。

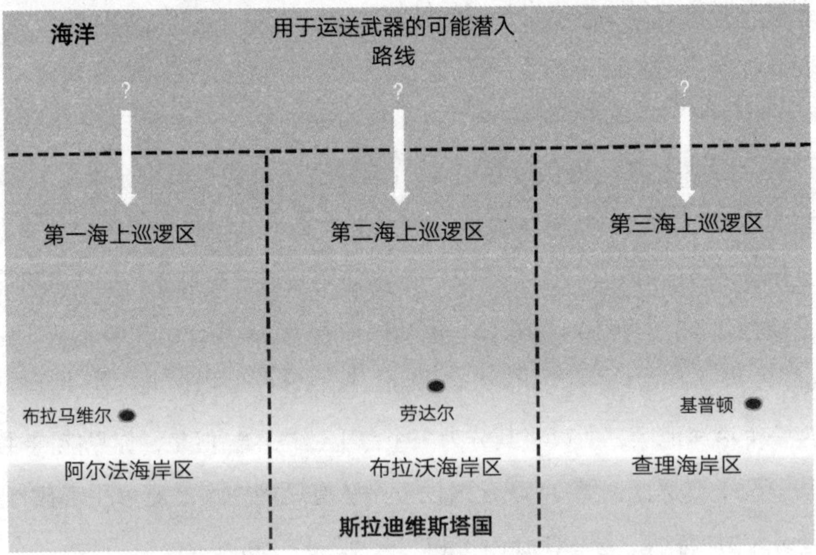

图 15-2 悠太“幽灵”号态势图

[1] 译注：阿尔法（Alpha）、布拉沃（Bravo）和查理（Charlie），即英文字母 A、B 和 C 在无线电通信中的代称。

表 15–2 悠太"幽灵"渠道跟踪表

日期	渠道	故事		
		A海岸区（布拉马维尔）	B海岸区（劳达尔）	C海岸区（基普顿）
2017年8月	人力情报	线人 203（B-1）：来自该线人的 2 项持续报告显示，布拉马维尔地方当局武器弹药短缺，原因是叛军在夏季打了几次胜仗。他们正在积极设法突破联合国封锁，以获得更多的武器。 线人 011（C-3）："鲨鱼"号是已知属于悠太的船只。本月它在该港多次加油，时间均在 22 时至凌晨 2 时之间。	线人 007（A-2）：2017 年 8 月 20 日，多名身份不明的斯拉迪维斯塔军人会见约翰 · 塔维什（John Tavish），地点位于劳达尔一家著名的餐厅。约翰 · 塔维什身份明确，是悠太的海上行动主官。 线人945（F-6）：悠太有大约20名成员在劳达尔生活，他们为当地政府工作，担任武器教官。 线人068（B-2）：有人无意中在劳达尔听到2名斯拉迪维斯塔军官谈论，称11月之前一直存在弹药需求。	线人556（B-3）：7月过后进入战争平静期间，自那时起，斯拉迪维斯塔国驻基普顿的军事人员一直在接受训练，学习使用新的反坦克导弹系统。据报道，训练是在虚拟设备上进行的。
2017年8月	开源情报	受到严格管控的媒体继续发表反联合国言论，并强调联合国对斯拉迪维斯塔国施加制裁是不公平待遇。		
2017年8月	测量与特征情报	悠太支援船"鲨鱼"号 8 月份已经 5 次进入第一巡逻区。"鲨鱼"号 5 次进入该区时，均使用主动声呐和部分水文测绘设备。 悠太支援船"加姆林"号8月份5次进入第一巡逻区。它只使用主动声呐，似乎是在测试静默状态运行设备。	悠太支援船"鲨鱼"号8月份已经7次进入第二巡逻区。"鲨鱼"号7次进入该区时，均使用主动声呐和部分水文测绘设备。 悠太支援船"加姆林"号8月份4次进入第二巡逻区。它4次进入该区时，均使用主动声呐。	悠太支援船"鲨鱼"号 8 月份已经 9 次进入第三巡逻区。"鲨鱼"号进入该区的 9 次中，5 次使用主动声呐和一些水文测绘设备，另外 3 次只使用水文设备。 悠太支援船"加姆林"号8月份2次进入第三巡逻区。它每次都使用主动声呐。

（续表）

日期	渠道	故事 A海岸区（布拉马维尔）	 B海岸区（劳达尔）	 C海岸区（基普顿）
2017年8月	信号情报	斯拉迪维斯塔国官员和悠太之间的各种通信显示，有一批武器将在2017年11月23日，通过“最隐蔽的可用手段”运抵海岸。		
2017年8月	情报概要	**联合国“加特纳”号：**在第一巡逻区开展6次巡逻，其中可能有1次在近海区边缘遭遇“幽灵”号。此外，观察“鲨鱼”号的结果显示，它的船员数量异常庞大，且有几名成员几乎不会在甲板上看到。 **联合国“派克”号：**在第一巡逻区开展8次巡逻。观察到“加姆林”号故意在布满渔网的区域穿行。	**联合国“加特纳”号：**在第二巡逻区开展7次巡逻。无报告。 **联合国“派克”号：**在第二巡逻区开展7次巡逻。观察到“加姆林”号故意在布满渔网的区域穿行出入。同样行为在第一巡逻区也能观察到。	**联合国“加特纳”号：**在第三巡逻区开展8次巡逻。其中有一次，“鲨鱼”号似乎是在游弋，使用所拖曳的水文设备对海底进行网格绘图。 **联合国“派克”号：**在第三巡逻区开展6次巡逻。无报告。
2017年9月	人力情报	**线人203（B-1）：**准备工作正在进行当中，拟于2017年12月进攻布拉马维尔的叛军。相关讨论提及一个反坦克导弹系统的部署情况，但斯拉迪维斯塔国军队尚未拥有或部署该系统。 **线人011（C-3）：**近日以来，悠太支援船“鲨鱼”号一直购买2倍于标准容量的燃料。当港务长问及为何持续需要额外燃料时，他被明确地告知少管闲事。	**线人007（A-2）：**悠太海上行动主官约翰·塔维什收到一大笔银行存款。他被告知，这笔巨款（7位数的美元）只是最终付款的一半。尾款将于“圣诞节前”付清。 **线人945（F-6）：**11月23日，悠太计划通过海运走私，将反坦克导弹系统送到位于劳达尔的悠太训练教官手中。约翰·塔维什会亲自跟船，护送武器上岸。 **线人068（B-2）：**有人在劳达尔看到数名悠太成员于9月26日深夜坐上公共汽车。他们随身携带行李。	**线人556（B-3）：**斯拉迪维斯塔国军方不久前在基普顿建造了一个新的训练场，跑道向内陆方向延伸2千米，并有各种坦克跑道。

（续表）

日期	渠道	故事		
		A海岸区（布拉马维尔）	B海岸区（劳达尔）	C海岸区（基普顿）
2017年9月	测量与特征情报	悠太支援船“鲨鱼”号9月份已经11次进入第一巡逻区。“鲨鱼”号11次进入该区时，均使用主动声呐和部分水文测绘设备。 悠太支援船“加姆林”号9月份7次进入第一巡逻区。它每次都使用主动声呐。	悠太支援船“鲨鱼”号9月份已经3次进入第二巡逻区。“鲨鱼”号3次进入该区时，均使用主动声呐和部分水文测绘设备。 悠太支援船“加姆林”号9月份2次进入第二巡逻区。它每次都使用主动声呐。	悠太支援船“鲨鱼”号9月份已经5次进入第三巡逻区。“鲨鱼”号并未使用主动声呐，推测可能只使用了被动声呐。
2017年9月	开源情报	国家媒体继续指责禁运存在不公，并强调叛军拥有地面补给线，它们来自不遵守联合国对该冲突区实施武器禁运的敌对邻国。		
2017年9月	信号情报	斯拉迪维斯塔官员和悠太之间的各种通信表明，“幽灵”号微型潜艇将被用于运送一套新的反坦克导弹系统。 约翰·塔维什和身份不明的悠太成员之间的对话表明，“幽灵”号在渔场周围航行时遇到问题。塔维什说“或许利大于弊”。 观察到悠太通信的背景噪声强度不断增强，位置是劳达尔和基普顿附近海岸。		
2017年9月	情报概要	联合国“加特纳”号：在第一巡逻区开展5次巡逻。它2次遭遇“鲨鱼”号，“鲨鱼”号明显是在练习发射塔（launch bay）入水操作，时间持续大约30分钟。他们已经察觉自己遭到观察。没有投放微型潜艇。 联合国“派克”号：在第一巡逻区开展7次巡逻。它3次遭遇“鲨鱼”号，期间“鲨鱼”号均立即启动发射塔入水操作。但没有投放微型潜艇。 它1次遭遇“加姆林”号，“加姆林”号停靠布拉马维尔补充燃料，然后保持浅水潜行，情况反常。	联合国“加特纳”号：在第二巡逻区开展6次巡逻。无报告。遭遇“鲨鱼”号和“加姆林”号，两船进入劳达尔补充燃料。 联合国“派克”号：在第二巡逻区开展6次巡逻。它4次对“鲨鱼”号实施隐蔽观察。看起来水文设备似乎已经不在“鲨鱼”号上了。	联合国“加特纳”号：在第三巡逻区开展7次巡逻。无报告。 联合国“派克”号：在第三巡逻区开展5次巡逻。无报告。

（续表）

日期	渠道	故事		
		A海岸区（布拉马维尔）	B海岸区（劳达尔）	C海岸区（基普顿）
2017年9月	图像情报	答复8月的00号情报需求：三个海岸区渔栅和渔网的相对密度是多少？A海岸区渔网密度最高。B海岸区渔网密度次之。C海岸区渔栅和渔网密度最低。		

（四）指导

1. 使用给定渠道跟踪图表（参见表15-2），识别异常一致性或不一致性。

2. 根据渠道跟踪图表拟定存在欺骗的假设，列出并讨论此类假设所能带来的益处。

3. 列出优先信息需求清单，它可以帮助确认或否定一切拟定的假设。

免责声明

本书并非官方发布的中情局资料。本书所有关于事实、意见或分析的陈述，均为作者观点，并不反映中情局或其他任何美国政府机构、丹麦皇家国防学院（Royal Danish Defence College，RDDC）或其他任何丹麦政府机构的官方立场或观点。本书一切内容均不应被解读为确认或暗示美国政府对书中信息表示认可，或相关机构对作者观点表示认可。本材料仅因保密原因接受过审查。

致谢

承蒙美国情报界和欧洲情报界、美军各军种和学术界许多人士提供真知灼见，我们均已采纳；虽然无法一一列举名字，但我们非常感谢他们的帮助。我们特别感谢马萨诸塞大学洛威尔分校的安东尼·毕晓普（Anthony Bishop）、南佛罗里达大学萨拉索塔—海牛分校的格雷·蔡斯（Gary Chase）、马里兰学院大学的凯西·霍根（Kathy Hogan）、宾夕法尼亚大学的弗兰克·普兰坦（Frank Plantan）、约翰·霍普金斯大学的马克·斯托特（Mark Stout）、休斯敦大学的罗纳德·瓦尔迪（Ronald W. Vardy）和佐治亚海岸学院的卡尔·安东尼·韦格（Carl Anthony Wege）等审稿人和几位匿名审稿人，他们贡献了自己的宝贵时间，进一步提升了本书的质量。我们还要感谢国会季刊出版社的斯科特·格林楠（Scott Greenan）、邓肯·马奇班克（Duncan Marchbank）、斯科特·万·阿塔（Scott Van Atta）和特雷西·布扬（Tracy Buyan），特别感谢编辑埃米·马克斯（Amy Marks）在制作成书方面所做的出色工作。最重要的是，我们感谢克拉克博士的妻子兼合作伙伴阿比盖尔（Abigail）所做的努力，她为本书所做的精心整编，极大地提升了书籍质量。

罗伯特·克拉克

于美国北卡罗来纳州威明顿市

威廉·米切尔

于丹麦哥本哈根市

作者简介

罗伯特·克拉克（Robert M.Clark），目前是美国情报界从事威胁分析的独立顾问。他是情报与安全学院的教职人员，还是约翰·霍普金斯大学的情报研究学副教授。他曾经担任国家情报总监“情报界官员课程”的教职人员，以及国家情报总监“情报界入门课程”的课程主任。克拉克博士曾在美国空军担任电子作战官和情报官，军衔达到中校。他曾在中情局担任高级分析师，以及负责管理分析方法的项目组组长。克拉克获得麻省理工学院的学士学位、伊利诺伊大学的电子工程学博士学位和乔治华盛顿大学的法学博士学位。他撰写过三本著作：《情报分析：以目标为中心的方法》（*Intelligence Analysis: A Target-Centric Approach*，2016 年第 5 版），《情报搜集技术》（*The Technical Collection of Intelligence*，2010 年）和《情报搜集：技术、方法与思维》（*Intelligence Collection*，2014 年）。他与马克·洛文塔尔（Mark Lowenthal）博士共同主编了《情报搜集的五大科目》（*The Five Disciplines of Intelligence Collection*，2016 年）。他与威廉·米切尔博士合著了《以目标为中心的网络建模》（*Target-Centric Network Modeling*，2016 年）。

威廉·米切尔（William L. Mitchell），他的军事和情报生涯长达 30 年，曾经参与在阿富汗、巴尔干、伊拉克、非洲和法属圭亚那的军事行动。米切尔博士目前是丹麦国防部的在职人员，担任顾问、教官和讲师。在丹麦皇家国防学院，他的专业方向是情报行动、联合行动和特种行动，负责这些行动在理论、实践和教育等方面的同步发展。他曾担任丹麦皇家国防学院研究委员会成员，并一直支持北约和美国国防部的研究、教育和理论发展项目。他与罗伯特·克拉克合著了《以目标为中心的网络建模》（2016 年），还出版过多部关于军事情报和作战空间敏捷性的著作。因在北约相关研究中所做的贡献，他获得了 2014 年北约科学成就奖。米切尔博士以优异成绩获得肯特大学的学士和硕士学位，并获得奥胡斯大学的政治学博士学位。他是两个国家的授勋参战退伍军人，获得过一个嘉奖令和多枚勋章，其中就有法国战斗者十字勋章（French Croix de Combatant）和丹麦国防勋章。

参考文献

Ackroyd, David, and Julia Silverton, dir. *Wartime Deception*. History Channel (television network), 2001. Video recording.

Bell, J. Bowyer. "Toward a Theory of Deception." *International Journal of Intelligence and Counterintelligence* 16, no. 2 (2003): 244–79.

Bell, J. Bowyer, and Barton Whaley. *Cheating and Deception*. New Brunswick, NJ: Transaction Publishers, 1991.

Bennett, M., and E. Waltz. *Counterdeception: Principles and Applications for National Security*. Norwood, MA: Artech House, 2007.

Breuer, W. B. *Hoodwinking Hitler: The Normandy* Deception. Westport, CT: Praeger Press, 1993.

Central Intelligence Agency. *A Tradecraft Primer: Structured Analytic Techniques for Improving Intelligence Analysis* 2, no. 2 (2005): 14–15.

Cline, Lawrence. *Pseudo Operations and Counterinsurgency: Lessons from Other Countries. Carlisle,* PA: Strategic Studies Institute, 2005, http://www.strategic studiesinstitute.army.mil/pubs/download.cfm?q=607.

Cohen, F. "A Framework for Deception," in *National Security Issues in Science, Law, and Technology*, ed. T. A. Johnson. Boca Raton, FL: CRC Press, 2007.

Cook, Nick. "War of Extremes." *Jane's Defense Weekly*, July 7, 1999.

Daniel, Donald C., and Katherine Herbig, eds. *Strategic Military Deception*. New York: Pergamon, 1982.

Dewar, Michael. *The Art of Military Deception in Warfare*, 1st ed. Newton Abbot, UK: David & Charles, 1989.

Dunningan, James F., and Albert A. Nofi. *Victory and Deceit: Dirty Tricks at War*. New York: William Morrow, 1995.

Godson, Roy, and James J. Wirtz. "Strategic Denial and Deception." *International Journal of Intelligence and Counterintelligence* 13, no. 4 (2000): 424–36.

________, eds. *Strategic Denial and Deception: A Twenty-First Century Challenge*. New Brunswick, NJ: Transaction Publishers, 2002.

Gooch, John, and Amos Perlmutter, eds. *Military Deception and Strategic Surprise*. New York: Frank Cass, 1982.

Grant, Rebecca. "True Blue: Behind the Kosovo Numbers Game." *Air Force Magazine* 83, no. 8 (August 2000): 74–78.

Gray, Douglas F. "Hacker Group: The Future of War Is Information." *Insurgency on the Internet*, CNN, December 30, 1999, http://www.cnn.com/1999/TECH/computing/12/30/info.war.idg/index.html.

Handel, *Michael I. Military Deception in Peace and War*. Jerusalem: Magnes Press, Hebrew University, 1985.

Heuer, R. J. "Strategic Deception and Counterdeception: A Cognitive Process Approach." *International Studies Quarterly* 25, no. 2 (1981): 294–327.

Holt, Thaddeus. The Deceivers: *Allied Military Deception in the Second*

World War. New York: Skyhorse Publishing, 2007.

Jajko, Walter. “A Critical Commentary on the Department of Defense Authorities for Information Operations.” *Comparative Strategy* 21, no. 2 (Apr–Jun 2002): 107–15.

Joint Military Intelligence College Foundation. “Denial, Deception, and Counterdeception.” Entire issue, *Defense Intelligence Journal* 15, no. 2 (2006).

Joint Staff. JP 3-13.4: *Military Deception*. Washington, DC: US Department of Defense, 2006.

Kay, Martin. “Denial and Deception: The Lessons of Iraq,” in *U.S. Intelligence at the Crossroads: Agendas for Reform*, ed. Roy Godson, Ernest R. May, and Gary Schmitt (pp. 109–27). Washington, DC: Brassey’s, 1995.

Larsen, Henry S., III. *Operational Deception: U.S. Joint Doctrine and the Persian Gulf War* (monograph). Fort Leavenworth, KS: School of Advanced Military Studies, 1995.

Lasley, Jennifer. Denial and Deception: *A Serious Threat to Information Superiority?* Washington, DC: National War College, National Defense University, April 2000, http://www.ndu.edu/library/n2/n005605.pdf.

Latimer, Jon. *Deception in War*. Woodstock, NY: Overlook Press, 2001.

Marine Corps Intelligence Activity. *Information Operations/Information Warfare Reference Handbook* (MCIA-2700-001-03). Quantico, VA: Author, November 2002.

Mitnick, K. *The Art of Deception*. New York: Wiley, 2002.

Moore, D. T., and W. N. Reynolds. “So Many Ways to Lie: Complexity of Denial and Deception.” *Defense Intelligence Journal* 15, no. 2 (2006): 95–116.

Perry, James. “Operation Allied Force: The View from Beijing.” *Air &*

Space Chronicles 22 (October 2000).

Plante, Chris, and Charles Bierbauer. "Pentagon's Supply of Favorite Weapons May Be Dwindling." *Focus on Kosovo*. CNN, March 20, 1999, http://www.cnn.com/US/9903/30/ kosovo.pentagon/index.html.

Quinn, John T. U.S. *Marines in the Persian Gulf, 1990–1991. Marine Communications in Desert Shield and Desert Storm*. History and Museums Division, Headquarters, US Marine Corps. Washington, DC: US Government Printing Office, 1996.

Rowe, N. C. "Counterplanning Deceptions to Foil Cyber-Attack Plans." *Proceedings of the 2003 Workshop on Information Assurance*. West Point, NY.

Rowe, N. C., and H. C. Goh. "Thwarting Cyber-Attack Reconnaissance with Inconsistency and Deception." *Proceedings of the 2007 Workshop on Information Assurance*. West Point, NY.

Tiernan, R. K. "Hiding in Plain Sight." *Defense Intelligence Journal* 15, no. 2 (2006):141–52.

Whaley, Barton. Stratagem: *Deception and Surprise in War*. Norwood, MA: Artech House,2007.

______. "Toward a General Theory of Deception," in *Military Deception and Strategic Surprise*, ed. A. Perlmutter and J. Gooch (pp. 178–92). London: Frank Cass, 1982.

Yuill, J., D. Denning, and F. Feer. "Using Deception to Hide Things from Hackers: Processes, Principles, and Techniques." *Journal of Information Warfare* 5, no. 3 (2006): 26–40.

英汉人名对照

Abel Streight　埃布尔·斯特赖特
Adolf Hitler　阿道夫·希特勒
Aldrich Ames　奥尔德里奇·埃姆斯
Aleksandr Zhomov　亚历山大·若莫夫
Angela Merkel　安格拉·默克尔
Anwar Sadat　安瓦尔·萨达特
Augusto Pinochet　奥古斯托·皮诺切特

Barton Whaley　巴顿·惠利
Bruce Bueno de Mesquita　布鲁斯·布埃诺·德梅斯基塔

Cynthia Grabo　辛西娅·格拉博

Desmond Hamill　德斯蒙德·哈米尔
Dmitri Polyakov　迪米特里·波利亚科夫
Donald Trump　唐纳德·特朗普

Edieal J.Pinker　埃迪亚尔·平克尔
Edward Lee Howard　爱德华·李·霍华德
Edward Waltz　爱德华·华尔兹
Eugene Kaspersky　尤金·卡巴斯基
Evgeny Buryakov　叶夫根尼·布里亚科夫
Ewen Montagu　尤恩·蒙塔古

Francois Mitterrand　弗朗索瓦·密特朗
Frans Osinga　弗朗斯·奥辛加

Glyn T. Davies　格林·戴维斯

Harry Hinsley　哈里·欣斯利
Helmuth Karl Bernhard Graf von Moltke　赫尔穆特·卡尔·贝恩哈特·毛奇伯爵
Henry Kissinger　亨利·基辛格
Hillary Clinton　希拉里·克林顿

Howard Hughes 霍华德·休斯

Ibrahim Othman 易卜拉欣·奥斯曼
Igor Sporyshev 伊戈尔·斯波雷舍夫

James Wirtz 詹姆斯·沃茨
John Boyd 约翰·博伊德
John Deutch 约翰·多伊奇
Jon R. Lindsay 乔恩·林赛
Josef Stalin 约瑟夫·斯大林
Joseph Cassidy 约瑟夫·卡西迪
Juan Pujol Garcia 胡安·普霍尔·加西亚

Liam Fahey 利亚姆·费伊
Louis Hammond 路易斯·哈蒙德

Marquis de Condorcet 马奎斯·孔多塞
Michael Hayden 迈克尔·海登
Miles McGrogan 迈尔斯·麦格罗根
Muammar Gaddafi 穆阿迈尔·卡扎菲

Nathan Bedford Forrest 内森·贝德福德·福雷斯特
Neville Chamberlain 内维尔·张伯伦
Niccolò Machiavelli 尼科洛·马基雅维利
Nikita Khrushchev 尼基塔·赫鲁晓夫

Richard Dawkins 理查德·道金斯
Richard Meinertzhagen 理查德·迈纳茨哈根
Richards Heuer 理查兹·霍耶尔
Rob Dussault 罗布·迪索
Robert Hanssen 罗伯特·汉森
Robert M. Clark 罗伯特·克拉克
Ronald Pelton 罗纳德·佩尔顿
Roy Godson 罗伊·戈德森

Sefton Delmer 塞夫顿·德尔默
Sharon Begley 莎伦·贝格利
Scott Gerwehr 斯科特·格韦尔
Steven Spielberg 史蒂文·斯皮尔伯格
Sun Tzu 孙武

Ted Hopf 特德·霍普夫
Thaddeus Holt 撒迪厄斯·霍尔特

Victor Mallet 维克多·马利特
Vincent Heatherington 文森特·希瑟林顿
Vitaly Yurchenko 维塔利·尤尔琴科
Vladimir I. Vetrov 弗拉基米尔·韦特罗夫

William Harris 威廉·哈里斯

Yuri Andropov 尤里·安德罗波夫

英汉术语对照

Abnormality　异常性
ACINT deception　水声情报欺骗
Acoustic signature collection　声学特征搜集
ACOUSTINT deception　声学情报欺骗
Administrative model　行政模型
Advanced persistent threat (APT)　高级持续性威胁
Adversarial analytical process　敌方分析过程
Adversarial collection　敌方搜集
Adversary　敌方
Agent　特工
Al Kibar case　其巴案例
Al Qaeda　“基地组织”
Alternative analysis　备选分析
Alternative futures analysis　备选未来分析
Arab Spring　“阿拉伯之春”
Argo deception　“阿尔戈”欺骗
Arms limitation agreements　军备限制协定
Athena's Prism　雅典娜棱镜
Atlantiksender　大西洋发射台
“A” type deception　“A”型欺骗

Backdoor　后门
Biological weapons program　生物武器项目
Black Boomerang　黑色回旋镖
Black box of orientation　“黑匣子”式判断
Black propaganda　黑色宣传
Blockchain　区块链
Bolo Operation　“大刀行动”
Bona fide　诚意
Botnet　僵尸网络
Branch-point scenario　分支点想定

Case study 案例研究

Chaff 干扰物

Channel 渠道

Channel management 渠道管理

Code word 暗语

Cognitive vulnerability 认知弱点

Collection 搜集

Collection requirement 搜集需求

Collective decision modeling 集体决策建模

Collectivism 集体主义

COMINT (communications intelligence) 通信情报

Command-and-control (C&C) server 指挥与控制服务器

Compartmentalization 隔离

Computer network attack (CNA) 计算机网络攻击

Computer network exploitation (CNE) 计算机网络利用

Concept of operation(CONOP) 行动构想

Congruence 一致性

Counterdeception 反欺骗

Counterespionage 反间谍

Counterintelligence (CI) 反情报

Cover 隐蔽的

Cultural modeling 文化建模

Curveball “弧线球”

Cyber intelligence (CYBER) 网络情报

Cyber operation 网络行动

Dangle 诱饵

Dark web 暗网

Deceit 欺诈

Deception 欺骗

Decision/action 决策和行动

Decision maker 决策者

Decision modeling 决策模型

Deconfliction 规避

Deep web 深网

Defector 叛逃者

Denial 拒止

Denial and deception (D&D) 拒止与欺骗

Distributed denial of service (DDoS) attack 分布式拒绝服务攻击

Diversion 偏离

Document Binder Deception “活页文件夹”欺骗行动

Double agent 双重特工

Economic outcome scenario 经济结果想定

Electronic attack (EA) 电子攻击

Electronic support measures (ESM) 电子支援措施

Electronic warfare (EW) 电子战

Elicitation 诱导

ELINT (electronic intelligence) 电子情报

Embezzlement Sting 侵占骗局

Émigré 流亡者

Emotional model 情感模型

Encryption 加密术

Enigma encryption system 恩尼格玛加密系统
Expected utility theory 预期效用理论

Facial recognition software 面部识别软件
False flag operation “假旗”行动
Farewell Dossier “再会”档案
Feedback channel 反馈渠道
Femininity 女性气质
Foreign instrumentation signals intelligence (FISINT) 外国仪器信号情报

Game theory 博弈论
Global positioning system (GPS) 全球定位系统
GRAB satellite 银河辐射和背景卫星

Haversack ruse 背包诡计
Human intelligence (HUMINT) 人力情报

Igloo White 白色冰屋
Imagery intelligence (IMINT) 图像情报
Incongruence 不一致性
Individualism 个人主义
Information flow 信息流
Information outcome scenario 信息结果想定
Infrared imaging 红外成像
Infrasound 次声
Infrastructure outcome scenario 基础设施结果想定
Interacting-agent model 交互代理模型
Internet of Things (IoT) 物联网
Internet troll 互联网水军
Intranet 内联网
Irish Republican Army (IRA) 爱尔兰共和军
Irrational behavior trap 非理性行为陷阱
Irrationality 非理性

Kaspersky Lab 卡巴斯基实验室
Keystroke logger 击键记录器

Left hook 左勾拳
Liaison channel 联络渠道
Life history data 生活史数据
Long-term orientation 长期导向

Malayan Races Liberation Army 马来亚民族解放军
Malware 恶意软件
Manipulation 操纵
Masculinity 男性气质
Maskirovka doctrine 马斯基洛夫卡学说
Measurements and signatures intelligence (MASINT) 测量与特征情报
Memetic conflict 模因冲突
Microdot 微点
MILDEC concept of operations 军事欺骗行动构想
Military outcome scenario 军事结果想定

Mirai “未来”
Mirror imaging 镜像思维
Mole “鼹鼠”
Moscow Air Show 莫斯科航展
“M” type deception “M”型欺骗
Multi-INT operation 多情报行动
Myers-Briggs personality type 迈尔斯—布里格斯性格类型

Natanz facility 纳坦兹（核）设施
National Reconnaissance Office （美国）国家侦察局
Nonofficial cover (NOC) 非官方掩护身份
Nonstate actor 非国家行为体

Observation 观察
Observe-Orient-Decide-Act (OODA) loop “观察—判断—决策—行动”循环
OPELINT (operational electronic intelligence) 作战电子情报
Open source intelligence (OSINT) 开源情报
Operation Mincemeat “肉糜行动”
Operation Quicksilver “水银行动”
Operational information 行动信息
Operational security (OPSEC) 行动安全

Partiya Karkeren Kurdistan (PKK) （库尔德）工人党
Perception management 认知管理
Personality profiling 性格侧写
Political model 政治模型
Political outcome scenario 政治结果想定
Post-truth 后真相
Power distance index 权力距离指数
Preconception 先入之见
Project Azorian 亚速尔岛人计划
Project Sauron 索龙计划
Pseudo operation 伪装行动
Psychological operation (PSYOP) 心理战行动
Psychological warfare 心理战

Rabta/Tarhunah deception and counterdeception 拉布塔、泰尔胡奈欺骗与反欺骗
Rational model 理性模型
Reader response theory 读者反应理论
Recruitment 招募
Red team analysis 红队分析
Reflexive methodology 自反方法论
Roll-up 汇总表
Rootkit 根箱

SAR (synthetic aperture radar) 合成孔径雷达
Selous Scout 塞卢斯侦察队
Sense-interpret-plan-act 感知—判读—计划—行动
Sensor mapping 传感器绘图
Short-term orientation 短期导向
Signals intelligence (SIGINT) 信号情报
Social deception 社会欺骗
Social engineering 社会工程学

Social media 社交媒体
Social outcome scenario 社会结果想定
Soviet Military Encyclopedia 《苏联军事百科全书》
Spectral imaging 光谱成像
Spy 间谍
Spoofing 晃骗
Steganography 隐写术
Stuxnet APT “震网”高级持续性威胁
Subtlety 细微欺骗
Surprise 突然性
Swarm operation “蜂群”行动

Technical collection 技术搜集
Telemetry 遥测
The Sting 《骗中骗》
Thirty-Six Stratagems 《三十六计》
Threat assessment 威胁评估
Traffic analysis 流量分析
Trojan horse 特洛伊木马

Uncertainty avoidance index 不确定性规避指数

Vietnam War 越南战争
Virtual private network (VPN) 虚拟专用网络
Visible imagery deception 可见光成像欺骗
Vividness weighting 生动性加权
Vulnerability assessment 弱点评估

Weapons of mass destruction (WMD) 大规模杀伤性武器
Web-based CNE/CNA 基于网络的计算机网络利用和计算机网络攻击
Wheat crop deception 小麦欺骗事件
World Wide Web 万维网
Worm 蠕虫

Yom Kippur War 赎罪日战争

Zero day vulnerability “零日”漏洞

国家安全与保密参考书目

策划人：朱策英
邮　箱：gwpbooks@yahoo.com

《情报与突然袭击：战略预警案例研究》　[美]埃里克·J. 达尔　著

本书对珍珠港事件、中途岛战役、“9·11”事件等重大突袭事件中的情报成败与决策关系进行了深刻剖析。在介绍了各个学派研究者对情报失误原因的观点后，作者结合上述突袭事件提出了自己的观点，即预防行动理论。最后，作者针对此前发生的未遂阴谋，对情报失误与决策不当的种种动因进行了理论验证。

《减少不确定性　：情报分析与国家安全》　[美] 冯稼时　著

本书介绍了美国情报界的分析人员应该做什么工作，如何工作，以及怎样为国家安全减少不确定性。作者运用大量真实案例，结合自身经验，进行了专业理性的论述。同时，他也针对实际问题，提出各种极有见地的建议。作为战略预警学术著作，本书有助于读者了解美国的情报工作思维、国家安全逻辑和外交思想，为应对挑战提供可资参考的视角。

《珍珠港：预警与决策》　[美] 罗伯塔·沃尔斯泰特　著

本书是世界上首部关于情报失误或预警失误的著作，开启了预警问题的研究之门。作者深刻剖析了 1941 年日本成功突袭美国珍珠港这一事件，从美军预警失败的角度查找原因并总结经验，被奉为“最全面研究情报失误导致被突袭的最佳作品”，具有较高的情报研究价值。

《预警情报手册（完整解密版）：国家安全威胁评估》　[美] 辛西娅·格拉博　著

作者通过回顾美国 1971 年前的预警情报工作，分析经典情报失误案例，总结经验教训，指导如何有效阅读、撰写和分析预警情报，以便更准确预判突发事件。本书为最新完整解密版，涵盖军事情报、政治情报、经济情报、民生情报等各领域，堪称预警情报经典之作。

《先发制人：国际冲突的先制与预防》　[美] 迈克尔·多伊尔　著

一个负责任的政府是应采取预防措施，对潜在敌人发动先制战争以防患于未然，还是待冲突发生后再采取动作？为因应“9·11”恐怖袭击后的挑战，作者就近数十年来的国际冲突案例进行了深入浅出的分析，提出了自己的国家安全主张。

《突然袭击：被袭国的视角》　[以] 伊弗雷姆·卡姆　著

本书系统分析了 1939 年以来的全球 11 个经典突袭案例，梳理致使一国遭受战略突袭的分析困难、判断偏见、组织障碍等，是研究战略突袭的经典之作。它告诉我们，突袭虽极难预防，但只要处理得当，并非完全不可避免。

《美国政府保密史：制度的诞生与进化》　[美] 戴维·弗罗斯特　著

本书论述了美国政府自建国前至今的保密史。作者以大陆会议、宪法制定、曼哈顿计划等各种历史事件为切入点，讲述了保密如何在维护美国国家安全中发挥重要作用，政府保密制度与文化怎样跟随历史不断演变。

《情报欺骗：反欺骗与反情报》　[美] 罗伯特·克拉克　[丹] 威廉·米切尔　著

通过丰富的案例，作者系统论述了情报欺骗的历史、原理和应用，兼顾理论与实践，并提供了各种实操训练方法。其内容包括欺骗的途径、方法，在战争中运用欺骗的优势，案例分析及其复盘，实操练习与批评性思考等等。作为情报欺骗的标杆性理论专著，本书利于我们加深对西方情报欺骗的认识，在复杂的国际局势中有效保护国家安全。

《情报搜集：技术、方法与思维》　[美]罗伯特·克拉克　著

本书详细论述了情报搜集的理论和实践，重点囊括几大方面：一、情报搜集体系：定义、分类、流程、结构、案例等；二、情报搜集工具：思维、技术、模型、平台、仪器等；三、情报搜集管理：前端管理、后端管理、跨界管理等；四、保密工作研究：窃密、泄密、间谍、反间、监控等。本书行文通俗易懂，观点新颖独到，兼具思想性和实操性，堪称情报搜集的圭臬之作。

《情报搜集的五大科目》　[美] 马克·洛文塔尔　罗伯特·克拉克　主编

本书涵盖开源情报、人力情报、信号情报、地理空间情报、测量与特征情报等五大搜集科目，并对情报搜集的定义、历史、流程、管理和趋势等进行了系统介绍。这是一部重要的情报搜集专著，由五位情报实战专家撰稿，两位知名情报理论家担纲主编，有助于正确认识美国情报搜集理论和方法，对我国情报和安全研究具有一定的参考价值。

《情报分析：复杂环境下的思维方法》　[美]韦恩·霍尔　加里·西腾鲍姆　著

本书全面论述了如何在复杂环境下思考、开展情报分析工作，做好应对国际冲突新形势下危险敌人和各种非常规冲突的准备，重点阐述了高级分析方法及其实践应用。本书乃美国情报分析经典著作，为国家安全研究提供了积极的参考视角。

《战略情报：情报人员、管理者和用户手册》 ［澳］唐·麦克道尔 著

本书阐述了战略情报从生产到应用的整个环节，重点论述了战略情报的概念和原理，战略情报分析的流程和方法，战略情报管理思想和决策观念的革新，战略情报批判性与创造性思维的实践应用等，堪称战略情报的首部系统性研究著作。

《分析情报：国家安全从业者视角》 ［美］罗杰·乔治 詹姆斯·布鲁斯 主编

本书从国家安全的视角，汇集美国情报界24位顶级专家的思想，深度阐释情报分析的20个核心议题，包括搜集缺口、认知缺陷、外国拒止与欺骗、分析与政策关系、不确定性、反恐斗争、国内情报等，是情报分析领域论述最为全面的书籍之一。

《情报分析案例·实操版：结构化分析方法的应用》 ［美］萨拉·毕比 伦道夫·弗森 著

本书是《情报分析案例：结构化分析方法的应用》的配套用书，采用情景化示范的方式，论证了结构化分析方法的实际应用，为情报分析及其他行业的决策者和管理者提供有效的工作指南。

《情报分析案例：结构化分析方法的应用》 ［美］萨拉·毕比 伦道夫·弗森 著

作者精选出17个经典案例，指导情报分析人员运用结构化分析方法处理实际问题。本书是《情报分析心理学》和《情报分析：结构化分析方法》的姊妹篇，与《情报分析案例·实操版：结构化分析方法的应用》是配套用书。

《情报分析：结构化分析方法》 ［美］小理查兹·J. 霍耶尔 伦道夫·弗森 著

本书采用结构化分析方法的新理念，将55种情报分析方法分成8大类，不仅阐述每一种分析方法本身的内容，还指出其适用场景、增加的价值、具体的操作步骤等，可有效提升情报用户的预测和决策能力。

《情报研究与分析入门》 ［美］杰罗姆·克劳泽 原著 ［美］简·戈德曼 改编

本书全面探讨了情报研究与分析的各个阶段，重点讨论了情报研究的规范程序和适用的分析方法工具、模型，优秀情报分析人员的必备特质，以及如何提升情报产品的质量，是情报研究与分析入门必备教材。

《战略情报的批判性思维》 ［美］凯瑟琳·弗森 伦道夫·弗森 著

本书关注如何在情报工作中应用批判性思维，系统阐述了20个重点问题，介绍了其中的各种实用技巧与工具，以及简单易懂的解决办法。这是一部情报工作者高效思考力指南，情报分析的三大黄金标杆教科书之一。

《情报搜集技术》 ［美］罗伯特·克拉克 著

本书是首部系统论述情报搜集技术的专著，集中讨论了各种技术搜集手段，情报搜集策略与管理问题等；重点探讨了搜集技术在国家安全领域的三大用途，让读者一窥美国情报界强大的情报搜集能力、发展动向及维护国家安全的最新思维。

《情报：从秘密到政策》 ［美］马克·洛文塔尔 著

本书详细阐述情报的概念、历史、流程、搜集、分析、反情报、隐蔽行动等问题，重点讨论情报在美国国家安全决策中的重要作用。本作品享有极高声誉，多次再版修订，已成为全美外交、国关、国安、情报等诸多学科的权威教材。

《情报分析心理学》 ［美］小理查兹·J. 霍耶尔 著

本书主要探讨了人类在判断不完整或模糊信息过程中的认知心理问题，以及这些问题如何对情报分析产生影响，而我们又怎样有效克服这些影响。本书既是美国情报机构培训员工的经典教科书，也是中情局情报官员的必备参考读物。

《情报分析：以目标为中心的方法》 ［美］罗伯特·克拉克 著

作者创造性地提出运用“以目标为中心”的情报分析方法，完善情报分析的逻辑过程，形成“确定目标—问题分解—建立模型—评估数据—填充模型—进行预测”的情报分析流程，称得上是一部名副其实的情报分析教科书。

《斯诺登档案：世界头号通缉犯的内幕故事》（修订版） ［英］卢克·哈丁 著

本书对“斯诺登事件”进行了全面介绍和解读。它详细追踪了斯诺登的泄密动机、获取机密文件的方式、媒体的报道过程及事件的后续发展，讲述了事件背后各方的博弈较量与攻防策略，披露了美英等国监控全球的手段和规模。

《二战后的美国对外政策》 ［美］史蒂文·胡克 约翰·斯帕尼尔 著

作者将美国置于全球背景下，系统讲述了1945年二战结束后该国对外战略的重大发展与变化，深刻剖析了其外交政策的决策机制，提示了其对外战略的形成过程与规律。通过本书，读者可以了解美国对外政策的根源和复杂性，深入理解其对外战略的全景图。

《谁来监管泄密者？：国家安全与新闻自由的冲突》 [美]盖里·罗斯 著

通过美国政府历史上重大的泄密案例，作者探讨了未授权信息泄露背后的动机、代价、法律困境和解决之道，以提醒全美情报系统：对手如何获取美国情报，获得情报后会取得怎样的优势。本书是信息时代普及国家安全意识的必备佳作。

《情报术：间谍大师杜勒斯论情报的搜集处理》 [美]艾伦·杜勒斯 著

本书作者以第一人称的视角展开，着重阐述了情报的实用技巧——情报如何搜集和处理，以及形成的结果怎样为制定国家政策服务。本书是"间谍大师"、中情局任期最长局长、美国现代情报系统缔造者杜勒斯的收官之作。

《骗中骗：克格勃与中情局的无声战争》 [美]爱德华·爱泼斯坦 著

本书以美国反间谍头目詹姆斯·安格尔顿之死为缘起，追踪了苏联从建国伊始到冷战末期"欺骗对手"的各种行动，以及美国是如何应对和接招的。该书呈现了中情局与克格勃在情报与反情报上的较量，是国家安全研究的重要资料。

《全民监控：大数据时代的安全与隐私困境》 [英]约翰·帕克 著

阿桑奇、斯诺登等的接连爆料警示我们，"全民监控"的时代已经来临。为了获得全方位的监控能力，西方国家利用闭路系统、窃听设备、身份识别技术、定位追踪装置等随时随地监视民众。本书是读者迅速掌握隐私与信息安全知识的必读之作。

《网络战：信息空间攻防历史、案例与未来》 [美]保罗·沙克瑞恩 等著

通过梳理各种经典案例，本书系统探讨了网络战历史、现实和未来。以跨学科的研究方法，作者有机融合理论与实例，涵盖了从个人、组织机构到国家的网络安全问题，细致阐述了网络空间的生存之道。

《秘密情报与公共政策：保密、民主和决策》 [美]帕特·霍尔特 著

全书讲述了美国安全情报的起源与演变，介绍了与国家安全政策制定相关的四大情报活动，穿插了一些情报利用、误用、滥用等的经典案例，并展望了情报和政策两者的未来关系。

《国家安全与情报政策研究：美国安全体系的起源、思维和架构》 [美]伯特·查普曼 著

本书总结和收集了大量以美国为主的世界各国国家安全政策资料，重点介绍了美国国家安全思想和架构的起源和发展历程，以及作为其国家安全基石的情报政策的历史变迁，具有极强的资料性和实用性，是研究国家安全历史的重要案头书。

《恐怖主义如何终结：恐怖活动的衰退与消亡》 [美]奥德丽·克罗宁 著

通过精心研究各种恐怖组织，本书总结出终结恐怖组织的六种模式，分别系统、深入地加以论述，辅以大量实际数据、案例研究和图表作支撑。本书极具历史性、实践性和经典性，论证严谨，是反恐领域的一部不可多得的标杆性读物。

《21世纪犯罪情报：公共安全从业者指南》 [美]理查德·赖特 等主编

本书全面、系统、深入地介绍了以美国为主的西方国家犯罪情报工作的过去、现在和未来，论述了犯罪情报工作的思想、流程、方法、工具和实践。全书在理论上揭示了犯罪情报工作的基本规律；在实践上提供了犯罪情报工作的方法工具。

《数据与监控：信息安全的隐形之战》 [美]布鲁斯·施奈尔 著

在西方世界，大量的个人数据会被政府和企业监控，政治自由与公平、商业公平与平等，甚至隐私以及安全等都因监控岌岌可危。本书给出切实可行的建议，探讨如何才能有效应对监控，保护信息安全和隐私。作者被誉为信息领域的"安全教父"。

《金融情报学》 王幸平 著

本书探讨了金融情报的概念，金融情报的搜集、撰写和分析，金融情报人员的定位，金融情报机构与金融决策机构的关系，以及金融反情报等等。全书思想丰沛，案例多样，构建了一套专业情报学框架，对金融理论创新和国家安全研究均有参考价值。